Ursula von Hanstein • Erzähl doch mal …

Ursula von Hanstein

Erzähl doch mal...

Herausgegeben von Tobias Aichele

Buch IPa

Bildnachweis:
Seite 7, Forever young-Collection by Tobias Aichele, Stuttgart
Seite 213, DaimlerChrysler Konzernarchiv
Alle übrigen Abbildungen stammen aus dem Privatarchiv der Autorin.

Die teilweise geminderte Abbildungsqualität hängt mit dem Alter der Aufnahmen zusammen.

1. Auflage 2000
Lektorat: Jörg Martin
Texterfassung: Erna Angemeer
Gesamtproduktion: IPa, 71665 Vaihingen/Enz
Printed in Germany

ISBN 3-933486-15-7

Inhalt

Vorwort

Liebe Ursel,
alle, die Dich kennen, wissen, daß Du ein Mensch voller Energie und Tatkraft bist, aber auch voller Phantasien und Ideen steckst.
Deine Begabung, ulkige Geschichten zu erzählen, hast Du nie verborgen und Dein Einfallsreichtum bei Geschenken ist unerschöpflich.
1996 erschien Dein Buch „666 Tips für die perfekte Gastgeberin" – eine köstliche Mischung aus Kochrezepten, praktischen Tips rund um das Thema Gastfreundschaft, Fotos, Abbildungen und witzigen Briefen von begeisterten Gästen bei Dir und Huschke zu Hause, und damit schon eine kulinarische Rezeptur an und für sich.
Mit Deinem jüngsten Werk hast Du den Weg fortgesetzt, den Du schon mit Huschke gemeinsam gegangen bist. Zwar war jedem bewußt, daß Ihr beide starke Persönlichkeiten seid, aber auf Eure Umgebung habt Ihr immer den Eindruck einer harmonischen, untrennbaren Einheit gemacht. Aber auch allein neue Wege zu suchen und zu finden, hast Du neuerlich bewiesen.
Als amüsante und originelle Erzählerin ist Dir ein Buch gelungen, das Deine Leser und Leserinnen an dem aufregenden und reichen Leben teilhaben läßt, das Dir ganz offensichtlich seit Deiner Kindheit beschert war.
Ich glaube, wir können gespannt sein, was Dir wohl noch alles einfällt!

Herzlichst

Butzi

Ferdinand A. „Butzi" Porsche

Ursula von Hanstein mit Ferdinand A. Porsche

Prolog

Wir wurden vor der Erfindung des Fernsehens, des Penicillins, der Schluckimpfung, der Tiefkühlkost und des Kunststoffes geboren und kannten Kontaktlinsen, Xerox und die Pille noch nicht. Wir kauften Mehl und Zucker noch lose in den Tante-Emma-Läden, fein säuberlich in Papiertüten abgewogen – und nicht in schön bunten 500-Gramm-Verpackungen. Wir waren schon da, bevor Kreditkarten, Telefax, e-Mail, Internet und Laser zum täglichen Gebrauch zur Verfügung standen. Radar gab es auch noch nicht, wir nannten es schlicht Funkmeßverfahren.

Es gab noch keine Geschirrspüler, Wäschetrockner, Klimaanlagen und Last-minute-Flüge, und der Mensch war auch noch nicht auf dem Mond gelandet. Wir haben erst geheiratet und dann zusammengelebt. Zu unserer Zeit waren „Bunnies" noch keine Kaninchen und Käfer keine Volkswagen. Und mit „jemandem zu gehen" hieß, verlobt zu sein. Wir dachten nicht daran, daß der Wiener Wald etwas mit Brathähnchen zu tun haben könnte, und Arbeitslosigkeit war eine Drohung und kein Versicherungsfall.

Wir waren da, bevor es den Hausmann, die Emanzipation, Pampers, Aussteiger und computergesteuerte Heiratsvermittlungen gab. Wir kannten weder Gruppentherapie, Weight-Watchers, Sonnenstudios noch das Kindererziehungsjahr für Väter.

Wir hörten damals noch keine Musik über UKW aus Transistorradios, und die New Yorker Symphoniker kamen noch nicht via Satellit oder von der CD in unsere Wohnzimmer. Es gab auch keine künstliche Herzen und junge Männer, die Ohrringe trugen. Die Worte „software" für alles, was man beim Computer nicht anfassen und „Non-Food" für alles, was man nicht essen und trinken kann, waren noch nicht erfunden.

In dieser Zeit hieß „Made in Japan" billiger Schund, und man hatte auch nie etwas von Pizza, McDonalds und Instant Coffee gehört. Auch das Kinder-Lieblingsmahl „Pommes mit Ketchup" gab es noch nicht. Wir sagten „Guten Tag“ und nicht „Hallo“ oder „Hi“, und wenn wir etwas schön fanden, sagten wir auch, es ist schön – und nicht „affengeil“.

Wir liefen auf der Straße herum, als man noch für fünf Pfennige Eis, einen Beutel Studentenfutter oder eine Flasche Knickerwasser kaufen konnte. Wir haben Briefe mit Sechs-Pfennig-Marken frankiert und konnten für zehn Pfennige mit der Straßenbahn von einem Ende der Stadt zum anderen fahren.

Wir sind die letzte Generation, die glaubte, daß eine Frau einen Mann heiraten muß, um ein Baby zu bekommen. Wir sammelten und bügelten auch alle Schleifen und Geschenkpapiere, klebten bröckelnde Seifenreste zusammen und waren Meister im Falten von Zahnpastatuben, um auch noch den letzten Tupfen herauszuquetschen.

Wir mußten fast alles selber machen und mit dem auskommen, was wir hatten. Wer mehr ausgab, als er einnahm, war ein krimineller Bankrotteur. Und „Bock“ mußten wir immer haben!

Die ganze rasante Entwicklung der letzten achtzig Jahre haben wir mitgemacht. Und ist es da ein Wunder, wenn wir manchmal etwas konfus und altmodisch erscheinen? Wir haben aber alles überlebt und sind – der Statistik zufolge – die gesündeste Generation! Das ist vielleicht auch ein Beweis für unsere überholte, aber vernünftige Lebensweise. Darum haben wir alle Grund zufrieden zu sein und uns zu freuen.

Meine Geschichten aus längst vergangenen Tagen habe ich niedergeschrieben, um möglichst viele Menschen an der alten Zeit teilhaben zu lassen. Natürlich war es nicht nur die „gute“ alte Zeit, zumal während des Krieges und danach – aber sie war von einer familiären „Nestwärme“ durchströmt, die uns in der Schnelllebigkeit unserer Zeit nicht straucheln ließ.

Kindheit in Schladen

Das Kindermädchen Hilde und mein geliebter Otto – arm und reich

Schladen, der Ort meiner Kindheit und Jugend, liegt nicht in Schwaben oder in Schlesien, sondern am Harz. Bei gutem Wetter kann man den Brocken sehen und alle unsere Gäste hatten natürlich Goslar, die wunderbaren Häuser dort und die Kaiserpfalz zu besichtigen. Im Winter lernte ich im Harz die ersten Rutscher auf Skier am Mollenhaus oder Torfhaus, auf dem Parkteich lernten wir Schlittschuhlaufen und in dem Flüßchen Oker machten wir die ersten Schwimmversuche.

Meine Kindheit und Jugend verbrachte ich in Schladen, und in meinem Elternhaus wurde für Zucht und Ordnung gesorgt. Meine Mutter glaubte vielleicht, ein besonders strenges Regiment führen zu müssen, weil mein Vater verstorben war und sie die Geschicke selbst in die Hand nehmen mußte. Mein vier Jahre älterer Bruder Georg und ich wurden von Kindermädchen erzogen, von Hauslehrern gedrillt und von Mutter, wenn es nötig war, auch gezüchtigt. Doch trotz aller Strenge hatten wir eine unbeschwerte und schöne Kindheit.

Meine Erinnerungen fangen erst mit dem vierten Lebensjahr an. Das war das Jahr, in dem Hilde, mein Kindermädchen, auf den Plan trat. Ich sehe sie noch vor mir: Die schwarzen, dicken Haare waren mit vielen Haarnadeln zu einem Knoten im Nacken aufgesteckt. Lange Haare waren für Frauen üblich. Streng geflochten, wurden sie jedoch immer als „Knust“ auf dem Hinterkopf oder als „Schnecken“ über den Ohren getragen.

Nach Hildes Einzug wurde sie sofort von Mutter in die Mangel genommen, denn in unserem Haus herrschte „Zucht und Ordnung“. Das betraf sowohl den Betrieb als auch den Haushalt. Sie unterwies Hilde in allen Details ihrer Arbeit. Dazu nahm sie sich einen ganzen Tag Zeit und begleitete sie von einer Arbeit zur anderen.

Und so fing der erste Morgen an: Hilde hatte ihr Bett auszulegen, das Fenster weit zu öffnen und mit der weißen Schürze vor ihrem drallen Busen und Leib die Treppe hinunter ins Kinderschlafzimmer zu gehen. Dort schliefen mein Bruder und ich im stets kalten und dunklen Zimmer. Obwohl es genügend Schlaf- und Wohnzimmer im Hause gab, meinte meine Mutter, es sei uns Kindern zuträglicher, wenn wir in einem Zimmer schliefen. Vielleicht wollte sie uns auch die Angst in diesem großen Haus nehmen. Hilde kam ins Zimmer, riß die Gardinen auf, und schon sprangen wir aus den Betten. Dann ging es an die Waschschüssel, die mit kaltem Wasser gefüllt auf dem Waschtisch stand und im Winter oft mit einer dünnen Eisschicht bedeckt war.

Mit Hilde erlebten wir viele originelle Geschichten. Aber die Ohnmacht, die sie vor unseren Betten beinahe hinwegraffte, gehört zu den schönsten Erlebnissen. Eines Abends, beim Abendgebet, fiel sie wie vom Blitz getroffen einfach vor unseren Betten um. Wir krabbelten sofort aus den Federn und erweckten sie schnell wieder zum Leben, indem wir ihr mit unseren Puschen auf den Kopf schlugen. Wir waren stolz wie die Spanier, als sie wieder lebendig wurde.

Oft lief ich meinem Kindermädchen Hilde weg, wenn sie zu einem Schwatz in die Küche gegangen war. Dann konnte sie mich in den Pferdeställen wiederfinden. Tagsüber waren die schweren Ackerpferde, die Bäuche wie Trommeln und Mähnen wie Löwen hatten, zur Arbeit auf den Feldern. Der Kutschstall, der zwischen den Ställen der Ackerpferde lag, war für mich das verlockendste Ziel. Dort herrschte mein Freund Otto, der Kutscher. Er nannte mich Stumpelinchen und erzählte mir oft von meinem Vater, der 1918 in Mitau gestorben war. Er hatte in Kurland viele Güter zu verwalten gehabt und starb innerhalb von ein paar Tagen im eisigen Winter an einer Lungenentzündung. Von 1914 bis 1917 hatte er als Rittmeister im Husarenregiment in

Frankreich gekämpft. In dieser Zeit war Otto sein Bursche gewesen und darum genoß er als Kutscher und Diener auf unserem Gut eine Sonderstellung. Für mich war Otto ein Fels in der Brandung, ein Vaterersatz und Leitbild.

Wenn Otto das Holz für die Öfen aus dem Holzhaus im Park holte, rief er jedesmal: „Stumpelinchen, Stumpelinchen, komm und setz dich in meine Kiepe." So durfte ich dann einsteigen, und er nahm mich auf seinen Rücken. Das war für mich ein herrliches Gefühl von Liebe, Geborgenheit und Wärme. Es war etwas unwahrscheinlich Schönes und zählt noch heute zu meinen liebsten Erinnerungen. Im Holzstall wurde ich abgesetzt und störte ihn wahrscheinlich beim Holzeinfüllen in die Kiepe mehr, als ich ihm half. Aber er hatte nie ein böses Wort für mich.

Der elegante Otto

Immer, wenn ich mit ihm zusammen war, kam er auf meinen Vater zu sprechen und beteuerte: „Dein Vater würde sich jetzt sehr freuen, wenn er wüßte, daß du bei mir bist, und daß er eine so couragierte und nicht so zimperliche Tochter hat." So saßen wir oft im Kutschstall auf der Futterkiste und unterhielten uns.

Wenn ich sah, daß Otto auf dem Hof die Pferde einspannte, rannte ich zu ihm hin und fragte: „Otto, wo fährst du hin?" – „Nach Burgdorf, um deine Mutter vom Bahnhof abzuholen." Während er noch anspannte, rannte ich in den Keller, klaute einige Äpfel und legte sie ihm in den Zylinder, der umgekehrt in der Kutsche lag. Damit habe ich ihn gewissermaßen erpreßt. Er sollte mich mitnehmen. Eigentlich wollte er lieber allein auf dem Bock sitzen, elegant und gut aussehend. Otto war sehr eitel. Er trug eine mit Wappenknöpfen geschmückte zweireihige Jacke und einen Zylinder mit Kokarde. Er war ein exzellenter Kutscher, der es nicht mochte, wenn ich – vielleicht sogar barfuß – mit auf dem Kutschbock kletterte.

Alle Wagen, die in der Remise standen, waren wie aus dem Ei gepellt. Da gab es das Coupé, mit dem meine Mutter immer vom Bahnhof abgeholt wurde. Es wurde auch benutzt, wenn Mutti zu Gesellschaften auf die Nachbargüter fuhr, die bis zu 20 Kilometer entfernt lagen. Auch gab es einen Jagdwagen, der fürs Feld gebraucht wurde. Er hatte hinten einen Korb, in dem man die Spazierstöcke verstaute. Anstatt mit einer Spitze waren sie jedoch mit einem rund zwei Zentimeter breiten Flacheisen versehen. Mit ihm konnte man auf den Feldern graben und kontrollieren, ob das Korn oder die Rüben schon aufgegangen waren. In der Remise stand noch der große „rote Wagen", der rote Räder hatte und an dessen Klapptüren unser Wappen angebracht war. Dann war da noch der „Turnier-Wagen". Er hatte nur zwei Rücksitze und wurde bei Turnieren in Harzburg eingesetzt. Meine Mutter liebte diese Turniere über alles. Sie saß hinten im Wagen mit einem schicken Hut, und Otto kutschierte. Ab und zu gewannen sie auch einen Preis.

Ich war ein echtes Landkind und fand es wunderbar, wenn die Glocken läuteten und eine Dorfhochzeit stattfand. Ich hielt dann zusammen mit den Dorfkindern das Seil für das aus der Kirche kommende Brautpaar, das als „Lösegeld“ Pfennige werfen mußte. Ich war eine ganz Flinke und wahrscheinlich auch sehr raffgierig, denn häufig hatte ich die meisten Pfennige. Mit einer Handvoll ging ich einmal stolz zu Otto. Wir setzten uns dann auf die Futterkiste und ich sagte: „Guck mal Otto, was ich gesammelt habe.“ Daraufhin erklärte er mir, was arm und was reich ist. Er sagte: „Denk doch mal an deine Freundin Ella, mit der du gern zusammen bist.“ Ich fand, daß Ella fast glücklicher war als ich, denn ihre Mutter stand oft am Herd, kochte oder rührte auch mal Pflaumenmus, von dem ich probieren durfte. Auch bekam ich meistens ein Schmalzbrot und saß mit der ganzen Familie an dem Küchentisch. Bei uns zu Hause wurde das Essen serviert und wir hatten uns anständig bei Tisch zu benehmen. Meine Mutter war sehr streng und bei Ella herrschte so eine warme, gemütliche Atmosphäre. Das war für mich eine andere, eine glückliche Welt. „Sie sind sehr lieb“, erklärte ich Otto, und er sagte, daß Ellas Vater und Mutter hart arbeiten müßten, um das Notwenigste kaufen zu können, und nicht immer hätten sie ausreichend Geld für das tägliche Brot. „Und du lebst in einem großen Haus, hast dein Essen auf dem Tisch. Du brauchst dir keine Gedanken darüber zu machen, lebst ein anderes Leben, daß man fast als reich bezeichnen könnte. Du wirst verwöhnt, du hast es gut und brauchst nicht wie Ella zu leben. Und darum bitte ich dich, dieses Geld, das du gesammelt hast, zu ihr zu bringen.“ Ich fing an zu heulen: „Das will ich nicht, das kann ich nicht, ich will das Geld behalten.“ Er strich mir über den Kopf und sagte: „Stumpelinchen, jetzt bist du vernünftig und überlaß das Geld lieber den Kindern, die es viel nötiger haben als Du.“ Ich habe diese Lektion nie vergessen.

Urgroßmutter v. Hoppenstedt – Was ist „tot sein"?

Zu meinen frühesten Erinnerungen gehören die Besuche bei meiner Urgroßmutter Hoppenstedt. An der Hand des Kindermädchens durfte ich bei ihr erscheinen. Vor ihr stand eine kleine, gepolsterte Fußbank für Kinderbesuche und sie saß ganz in schwarz gekleidet und mit schwarzem Häubchen in dem wunderbaren alten Lehnstuhl, mit dem Rücken zum warmen, grünen Kachelofen. Sie kam mir vor wie eine Gestalt aus meinem Märchenbuch. Ich konnte den Blick nicht von ihr wenden während sie Geschichten erzählte, denen ich aber gar nicht zuhörte. Was mich mehr faszinierte, war ihr Gebiß, das beim Erzählen wie Nordseewellen auf und ab schwankte – ich wartete nur auf den Moment, daß sie es vielleicht verschlucken würde.

Sie war eine gütige, kluge, wunderbare, vornehme Dame, was ich natürlich damals noch nicht erfassen konnte. Aber dieser Ruf ging ihr in der ganzen Familie voraus. Ich habe sie sicher nicht geliebt, hatte ein bißchen Angst vor dem vielen Schwarz; sie war für mich einfach eine Ehrfurcht einflößende Person.

Eines Tages kam meine Mutter zu mir und sagte, daß die Urgroßmutter gestorben sei. „Was ist sterben, was macht man dann, wie sieht das aus, ist die Urgroßmutter schon im Himmel?" Daraufhin sagte meine Mutter: „Du wirst es sehen, denn wir werden beide zu ihr hin gehen." Urgroßmutter Hoppenstedt wohnte mit einigen ihrer insgesamt sieben Töchter im Herrschaftshaus, während wir damals noch in der angrenzenden sogenannten „Alten Kirche" wohnten. Das war eine ehemals katholische Kirche, die zu einem Wohnhaus umgebaut worden war.

An der Hand meiner Mutter betrat ich das Sterbezimmer, wo meine Urgroßmutter aufgebahrt lag – auf weißem Leinen, schwarz gekleidet, mit Häubchen und Stehkragen. Um das Bett herum saßen ihre sieben, recht groß geratenen Töchter, von meiner Mutter „Die dreistöckigen Marien“ genannt. Diese Gestalten erinnerten mich an Kolkraben, und ich fing an, mich zu fürchten.

Mutter gab mir ein Sträußchen Vergißmeinnicht und sagte mir, ich sollte es in die Hände der Urgroßmutter legen. Diese aber lag da so leblos und so anders, als ich sie in Erinnerung hatte und plötzlich kam es mir in den Sinn: Das ist „Totsein“! Da packte mich Angst und Grausen. Meine Mutter drängte mich, nun endlich die Vergißmeinnicht in die Hände der Urgroßmutter zu legen. Ich wollte aber die toten Hände nicht berühren und warf die Blumen einfach drauf. Gleichzeitig spürte ich ein schreckliches menschliches Rühren und unter mir entstand ein Riesensee. Und es lief, es lief und lief, ich schämte mich und war voller Angst und Schrecken vor dieser toten Urgroßmutter und den „Kolkraben“.

Ein Klaps von meiner Mutter brachte mich dann jedoch in die Wirklichkeit zurück. Sie rief die Hausmädchen, um die Folgen meiner Angst zu beseitigen. Unter vielen Entschuldigungen verließen wir das für mich so schreckliche Trauerzimmer.

Die verehrte Urgroßmutter

Geliebte Tante Litta – die ausgleichende Gerechtigkeit

Was wäre meine Kindheit ohne Tante Litta gewesen! Sie war eines Tages da, weil meine Mutter das Alleinsein nicht mehr ertragen konnte. Ich war damals sechs Jahre alt. Tante Litta war die Schwester meiner Großmutter Engelhardt, unverheiratet, voller Güte, voller Liebe, voller Bescheidenheit und Nachsicht. Sie besaß alle guten Eigenschaften, die ein Mensch nur haben kann. Sie hatte wunderbare weiße Haare, stets ein Lächeln im Gesicht, war immer schwarz gekleidet, mit einem Stehkragen aus weißer Spitze. Im Stehkragen piksten kleine Stäbchen, die ihn aufrichteten und ihm die Schönheit verliehen. Tante Litta huschte lautlos durchs Haus und übernahm ohne Aufhebens die Führung des Haushaltes. Wie glücklich war ich, daß ich neben meiner strengen Mutter plötzlich eine liebevolle, alles verzeihende Tante hatte. Für mich begann eine neue Zeit, denn Tante Litta stand auf meiner Seite, während meine Mutter ganz dem „Kronensohn" zugewandt war. Was mein Bruder Georg tat, war in den Augen meiner Mutter stets das Amen in der Kirche. Durch sie erfuhr ich immer wieder, daß Mädchen eigentlich nicht viel wert wären; sie könnten keine Familie ernähren und ihr Los wäre es, sich gut zu verheiraten. Schon damals war mir klar, daß ich meinen Bruder nach Kräften zu unterstützen und mich selbst unterzuordnen hatte. Da mein Vater nicht mehr lebte, sah sie in Georg den Landwirt und zukünftigen Ernährer der Familie. Er war einfach die wichtigste Person für sie – entsprechend hatte er es auch für mich zu sein. Gott sei Dank war ich kein zartes, zimperliches Mädchen. Das wußte ja auch Otto, der Kutscher, immer wieder zu betonen. Ich neigte nicht zur Tragik, kehrte statt dessen die Bevorzugungen meines Bruders unter den Teppich und war immer recht vergnügt.

Leider stellte ich als Kind in den Augen meiner Mutter viel Unsinn an; sei es, daß ich in eine Schokoladentasse heißen Tee

einfüllte und ein „Kuhfladen" auf dem weißen Tischtuch entstand; sei es, daß ich über die Wäschestücke lief, die auf dem Bleichplatz ausgebreitet lagen. Es gab so viele Dinge, die ich besser nicht hätte tun sollen – weil es dafür entweder Ohrfeigen gab oder mein Hinterteil unter dem Rohstock zu leiden hatte. Ich kann mich nicht erinnern, daß mein Bruder jemals Schläge bezogen hat. Aber er war auch ein braver, etwas in sich gekehrter Junge, der lieber im Park mit seinen Holzschiffen spielte, statt wie ich auf dem Ackerpferd zu sitzen oder auf dem Heuwagen mitzufahren.

Immer, wenn meine Mutter sagte: „Jetzt setzt es Schläge!", ging Tante Litta dazwischen und sagte vorwurfsvoll zu ihr: „Holz doch nicht immer auf dem Kind rum!" Das war für mich eine neue Erfahrung und ein wunderbarer Schutz. So auch bei Tisch, wenn es Koteletts mit einem dicken Fettrand gab, der so gar nicht nach meinem Geschmack war. Tante Litta nahm den Speck dann heimlich auf ihren Teller – nur damit der Rohstock nicht in Aktion trat. So steckte sie in vielen Dingen „mit mir durch". Hatte ich eine Haarschleife verloren, suchte sie zwei andere, denn meine Zöpfe mußten mit zwei gleichfarbenen Bändern gebunden werden. Von meiner Mutter hätte es wieder Ohrfeigen oder ähnliches gegeben, wenn sie das Malheur bemerkt hätte.

Einmal war Tante Litta verreist, und als sie wiederkam, hatte ich ihr ganzes Bett mit Stiefmütterchen geschmückt. Das sah einem Grab sehr ähnlich, aber sie brach in Tränen aus über diese Liebesbezeugung, die ihr vielleicht gar nicht so gefallen hatte. Dankbar aber nahm sie mich in ihre Arme.

Wenn wir mit Pferd und Wagen einen Sonntagsausflug zum zweieinhalb Stunden entfernten Romkehaller Wasserfall unternahmen, traf Tante Litta vorher in weiser Voraussicht einige Vorbereitungen. So nahm sie immer einen großen Karton mit, der mit leckerem Kuchen gefüllt war. Tante Litta trug bei diesen Ausflügen stets einen weiten schwarzen Mantel und einen Hut mit Veilchen. Wir nannten ihn nur „lila Hut". Sie sah darin bezaubernd aus und ihre Hauptsorge während der ganzen Fahrt bestand darin, daß der Hut von einem Windstoß davongetragen werden könnte. Sie war unermüdlich, wenn es darum ging, vergnügliche Spiele zu erfinden und uns Kinder zu unterhalten. „Ich sehe was, was du nicht siehst", war nur eines der vielen Spiele, mit der sie uns die Zeit in der Kutsche verkürzte.

Erreichten wir dann die Gastwirtschaft am Wasserfall, spendierte Mutter eine Tasse Kakao – sie mußte damals sehr sparsam sein, es war kurz nach der Inflationszeit. Die Pferde wurden ausgespannt und in dem Ausspann der Wirtschaft gefüttert. Dann trat Tante Litta mit dem großen Karton voller Zwetschgenkuchen auf den Plan und wir stürzten uns hungrig auf diese Köstlichkeit – ich kann mir vorstellen, daß der Wirt nicht gerade begeistert war.

Im alten Salonschrank hütete Tante Litta wie einen Gral eine große Büchse: In ihr bewahrte sie stets frische, wie wir sagten „Plätzchen und Schwänzchen" auf. Hatte ich mal ein paar Plätzchen stibitzt, machte sie zwar ein ernstes Gesicht, aber nie im Leben hätte sie mich dafür gemaßregelt. Sie war die ausgleichende Gerechtigkeit zwischen meiner Mutter und mir. Ich liebte sie, wie man einen Menschen nur lieben kann, und es war ein trauriger Tag in meinem jungen Leben, als ich mit zehn Jahren durch ihren plötzlichen Tod Abschied von ihr nehmen mußte.

Die häkelnden Heinzelmännchen – Geben und nehmen

In der Vorweihnachtszeit legte meine Mutter großen Wert darauf, daß die Geschenke eigenhändig angefertigt wurden. Hilde, das Kindermädchen, hatte wenig Geduld mit mir – oder umgekehrt. Wie üblich sollten wir kleine Kalender mit Bildern bemalen oder irgendetwas häkeln, was mir aber gar nicht paßte. Darum ging ich zu Frau Jakobs, der Frau unseres Kutschers Otto und meine große Vertraute. Ich duzte sie nicht wie ihren Mann, sondern nannte sie respektvoll „Frau Jakobs“. Sie hatte ihr kleines Häuschen neben der Remise.

Ich ging also zu ihr und erzählte von meiner Not, daß ich für Tante Litta, Omi, meine Mutter sowie den verwandtschaftlichen Weihnachtsbesuch Geschenke zu basteln hätte. Frau Jakobs erklärte mir dann, wie man Topflappen und Nadelkissen häkelt. Sie wickelte die Wolle um meinen Finger und zeigte mir, was ich zu tun hatte. Ich fand das aber mühsam, hatte kein Sitzfleisch und überlegte, wie ich wohl aus diesem Dilemma rauskommen könnte. Da fiel mir die Geschichte von den Heinzelmännchen ein, die man ja für alle möglichen Arbeiten herbeirufen konnte. Ich sagte zu Frau Jakobs „Meinen sie nicht, daß die Heinzelmännchen mal kommen könnten, um ein bißchen zu häkeln?“ Sie sagte: „Ja, weißt du Kind, die Heinzelmännchen kommen nur in Notfällen.“ Ich aber hielt mich glasklar für einen solchen und überlegte, wie ich die Sache in den Griff bekommen könnte. Schließlich kam ich auf die Idee, die Heinzelmännchen anzulocken und auf mich aufmerksam zu machen. Aus diesem Grund legte ich abends vor Frau Jakobs Tür mehrere Äpfel, einige Kekse und was ich sonst noch fand. Am darauffolgenden Morgen sah ich dann nach und freute mich, daß offenbar die Heinzelmännchen alles abgeholt hatten. Nun war ich mir ihrer Hilfe gewiß, kontrollierte aber noch jeden Morgen, ob sie auch fleißig arbeiten würden.

So begann die große „Mogelei“: Die Heinzelmännchen holten jede Nacht die hingestellten Sachen ab, Frau Jakobs häkelte und ich überreichte zu Weihnachten all denen, die beschenkt werden mußten, prachtvolle Geschenke. Meine Mutter war sehr erstaunt und sagte: „Kind, das ist ja wunderbar, was du da alles gehäkelt hast! Nur in dem Nadelkissen haben sich einige Fehler eingeschlichen.“ Die hatte Frau Jakobs absichtlich reingehäkelt. Es sollte ja so aussehen, als hätte ich die Häkelarbeiten verrichtet.

Den Kontakt zu meinen Heinzelmännchen aber habe ich nie preisgegeben und als mein größtes Geheimnis gehütet. Ich habe felsenfest an sie geglaubt und war von ihrer prompten Hilfe hundertprozentig überzeugt.

Pflichtbewußter Weihnachtsengel

Während meiner Dorfschulzeit wurde ich zu Weihnachten stets als Weihnachtsengel mißbraucht – sei es in der Kirche, sei es beim Kriegerverein. Dort fungierte ich zudem noch als Christkind auf der Bühne. Ich mußte mit segnend ausgebreiteten Armen in einem alten Waschkorb liegen, der auf einem wackeligen Gestell stand. Dazu sang der Kriegerverein Weihnachtslieder. Nach einer halben Stunde fiel der Vorhang und ich war befreit. Diese Vorstellung mußte ich bis zum neunten Lebensjahr geben. Inzwischen war der Waschkorb zu klein geworden und ich lag mit angewinkelten Knien, was dazu führte, daß meine Beine einschliefen. Aber meine Mutter meinte, ich hätte das zu tun, das wäre ich dem Kriegerverein schuldig.

Zur Beleuchtung wurde eine alte Nachtischlampe aufgestellt, die meinen Kopf von hinten anstrahlte. Meine Mutter ging jedoch auf die Bühne und meinte energisch, daß mir die Lampe schaden könnte: „Die Lampe muß weg“. Sie befürchtete für mich wohl einen bleibenden Dachschaden durch diese direkte Beleuchtung. So wurde die Lampe zwei Meter weiter zurückgestellt. Nun lag ich da und sah, wie sich unten meine Schulkameraden vor Lachen krümmten. Mir war das alles so peinlich, aber ich hatte bis zum bitteren Ende, d.h. bis der Vorhang fiel, auszuhalten.

Als nächstes mußte ich in einem Weihnachtsstück als Nesthäkchen auftreten. Ich hatte immerzu Lieder zu singen, die ich zuvor mit Lehrer Nolte am Klavier einüben mußte. Es war ein richtiges Theaterstück, in dem viele ältere Jungen und Mädchen ihre Rollen spielten. Ich saß als kümmerliches, kleines Nesthäkchen an einem Kindertisch und gab lauthals und sicher falsch meine Gesangsvorstellung. Als Belohnung schenkte mir hinterher Lehrer Nolte eine Tafel Schokolade, was zur damaligen Zeit für mich eine große Anerkennung war.

Neben den Weihnachtsstücken und Konzerten blieb mir der

Kriegerverein durch die „Lüttjen Lagen" in Erinnerung: Man nahm seinen Bierseidel in die Hand und darüber mit zwei Fingern ein Schnapsglas mit Korn, den man gleichzeitig mit dem Bier in sich hineinschüttete. Das war ein Kunststück, das erst nach längerer Übung gelang. Wen wunderte es, daß das „Absingen" der obligatorischen Weihnachtslieder immer melodischer wurde. Bevor jedoch die richtige weihnachtliche Hochstimmung erreicht wurde, mußten mein Bruder und ich zu unserem großen Bedauern heim in die Betten.

Dann kam am Heiligen Abend mein Einsatz in der Kirche. Mit Ella Heinemann zusammen stand ich vor dem Altar und mußte ein Gedicht aufsagen. Lange Proben gingen diesem Schaustück voraus, und meine Mutter hatte das Problem der Flügel, des Diadems und des Engelsgewandes zu lösen. Nach längerem Suchen fand sie in Braunschweig ein Paar passende Flügel für Ella und mich. Sie waren einmalig schön, weiß mit viel Goldglimmer drauf, und man konnte sie um die Schultern und um den Bauch festbinden. Wegen der Kälte in der Kirche nahm meine Mutter ein dickes Barchent-Nachthemd aus der Schublade. Ich aber hätte so gerne ein feines Engelsgewand angezogen, denn in dem Barchent-Nachthemd sah ich aus wie unter einer Käseglocke. Aber nachdem einige Sterne darauf genäht wurden, war ich wieder getröstet.

Ich setzte noch das Diadem auf, und dann fuhr uns Otto im Kutschwagen-Coupé zur Kirche. Ich wurde hin und her gebeutelt und hatte furchtbare Angst, daß den Flügeln etwas passieren könnte. Endlich standen Ella und ich vor dem Altar und ich war der stolzeste, geflügelte Engel. Wir sagten unsere Gedichte auf und meine Mutter saß mit unseren Weihnachtsgästen im Patronatssitz.

Immer wieder warf ich meine Blicke zur Prieche* nach oben, ob ich auch gebührend bewundert werde. Dabei entdeckte ich, daß alle mit gesenkten Köpfen dastanden, ihre Blicke aber nicht auf ihre betenden Hände richteten, sondern sie über die untenstehende Gemeinde schweifen ließen. Diese wenig andachtsvolle Neugier meiner Familie hatte mich nachhaltig beeindruckt.

Nie habe ich, während ich neben Mutter in der Prieche saß, meine Augen umherschweifen lassen, und stets blickte ich auf meine Hände.

* Patronatssitz

Schladener Kirche – Blick auf Prieche und Altar

Weihnachtsfest – „Oh, Du Fröhliche...“!

Wieder einmal war Weihnachten. Meine Mutter bereitete die Gabentische vor, und wir lagen bäuchlings vor der Glastür, die das große Eßzimmer von den Salons trennte, in denen Weihnachten gefeiert wurde. Die Glastür hatte unten einen solchen Spalt, daß man die flache Hand durchschieben konnte. Wenn Mutter unsere Kinderhände sah, legte sie jeweils einen Keks in die Hand. Das war die Wonne der Vorweihnachtszeit. Man konnte sogar manchmal ein Auge riskieren, indem man sich auf die Seite legte und mit einem Auge durchblinzelte. Unauslöschlich meine Enttäuschung, als ich einmal sah, daß meine Mutter ein Paar kleine rote Hausschuhe für mich von der Erde aufhob und überlegte, ob man sie noch auf den Weihnachtstisch stellen sollte. Dann aber sagte sie zu Tante Litta: „Nein, das Kind bekommt schon genug, die Hausschuhe geben wir ihr zum Geburtstag, der ja schon im Februar ist“. Meine Mutter war sparsam genug, die Geschenke einzuteilen.

In meiner Kindheit war jeder Adventsonntag ein Erlebnis. Es war schon fast wie Weihnachten, denn am Nachmittag war der Teetisch immer festlich geschmückt. Jedes Mal hielten wir beim Betreten des Zimmers den Atem an. Vor jedem Gedeck lag ein Tannenzweig mit einer Silberschleife, darauf eine Kerze und zwei Stückchen eingewickelte Schokolade. Es war so feierlich und festlich, daß ich diese Stimmung auch später trotz aller Bemühungen nie mehr wieder so hervorbringen konnte. Mit großer Geduld und vielen bunten Schokoladentalern hatte meine Mutter auch eine Art Knusperhäuschen gebastelt, aus dessen Schornstein weiße Watte hervorquoll. Solch ein Adventsonntag war immer sehr stimmungsvoll – erstaunlich, daß meine preußisch-strenge Mutter, die von Ohrfeigen und Rohrstöckchen viel Gebrauch machte, für uns zu einer Märchenfee wurde.

Ich weiß noch, wie mein Bruder in Wolfenbüttel ein kolossales Weihnachtsgeschenk für meine Mutter erstand. Er war gerade elf Jahre alt und hatte lange vor einem Schaufenster gestanden und sich alles genau angesehen – bis ihm eine Flasche ins Auge fiel, auf der „4711“ stand. Er ging in den Laden und verlangte „Viertausenddsiebenhundertundelf“. Das war sein erstes selbst gekauftes Geschenk. Er hatte auch für mich seine Spardose geplündert und eine kleine Mokkatasse aus Schokolade erstanden.

Nach dem vierten Advent warteten wir mit Spannung auf den Heiligen Abend. Wie ich schon erzählt habe, spielte Frau Jakobs die große Heinzelmännchen-Rolle für meine Geschenke. Georg und ich übten unsere Gedichte, die wir aufzusagen hatten. Das Geheimnisvolle des Heiligen Abends versetzte uns in eine erwartungsvolle Stimmung.

Vor dem Dunkelwerden hatten wir die Pflicht, auf den Friedhof zu gehen und an unseren Vater zu denken, der mit 35 Jahren in Kurland verstorben war. Der Hauslehrer, das Kindermädchen oder die Hausdame begleiteten uns. Mutti blieb im Haus bei den Vorbereitungen für den Heiligen Abend. Ich weiß noch, daß wir oft vor dem Grab standen, das weihnachtlich mit einem Tannenbaum geschmückt war. Eigentlich wußten wir nicht so recht, an was wir denken sollten, denn beide hatten wir unseren Vater ja nicht erlebt. Bei seinem Tode waren wir noch zu klein.

Trotzdem standen wir mit gefalteten Händen da, legten einen Tannenzweig nieder und zündeten bei Windstille die Kerzen des Weihnachtsbaumes an. Oft überkam mich dabei eine Traurigkeit, weil meine Freundinnen ihre Väter noch hatten und mir in der Dorfschule immer wieder gesagt wurde, ich sei eine Halbwaise. Mein Bruder litt weniger darunter, da er der große Liebling meiner Mutter war. Anschließend fuhren wir alle zusammen in die Dorfkirche, wo der Weihnachtsgottesdienst stattfand, bei dem ich als Kind oftmals als Engel auftreten mußte.

Wieder zurück in unserem Kinderzimmer mußten wir uns festlich anziehen. Ich legte Wert auf weiße Söckchen, Lackschuh und einem Unterhöschen mit Spitzen. Wir übten noch einmal unsere Gedichte. Da wir jedoch beide laut sprachen, gerieten wir in heftigen Streit. Auf dem Silbertablett meines Bruders, auf dem er später seine Geschenke zu überreichen hatte, stand die Schokoladen-Moccatasse versteckt unter einem schmuddeligen Taschentuch. In seinem Ärger zeigte er mir die Tasse und bestrafte mich damit, daß er sie ringsherum mit der Zunge ableckte. Dabei sagte er: „So, das ist dein Geschenk“.

Endlich ertönte, sehnsüchtig erwartet, der Gong, der uns in die Halle herunter rief. Dort trafen wir mit der Mamsell, den zwei Hausmädchen, dem Gärtner Schrittchen sowie unseren Verwandten, Omi, Tante Vally, Onkel Org, manchmal auch Tante Öhm und selbstverständlich Tante Litta zusammen. Zur Einstimmung auf den festlichen Abend wurde für die Erwachsenen ein Glas Sekt und für uns Kinder ein Saft gereicht. Zum Heiligen Abend lud Mutter auch immer Schwester Elsbeth ein. Sie war die alleinstehende Gemeindeschwester und die gute Seele von Schladen. Prinzipiell saß sie nach dem Essen in dem bequemsten Sessel und fünf Minuten später war sie sanft entschlummert. Die Haube rutschte ihr dann vom Kopf, und sie schnarchte genüßlich vor sich hin. Von da an mußten wir leise sein und durften nicht herumtoben, weil meine Mutter ihr den wohlverdienten Schlaf nach einem harten Arbeitstag gönnte.

Schließlich öffnete sich die Tür zum Weihnachtszimmer. Mutti hatte die Kerzen am großen Weihnachtsbaum mit Hilfe unseres Gärtners angezündet, nahm vor dem Flügel Platz und begrüßte uns mit einem huldvollen Lächeln. Wir nahmen um den Flügel herum im Halbkreis Aufstellung und fingen an zu singen. Zunächst kam „O du fröhliche“, was so hoch angesetzt war, daß keiner die hohen Töne erreichte und wir nur wie die Katzen jaulen konnten. Nur Schrittchen hielt mit seinem Superbaß die Stimme. Ich glaube, dreißig Jahre entschuldigte sich Mutter für dieses „O Du fröhliche“, weil es eigentlich für Engelsstimmen komponiert war. Sie versprach jedes Mal, andere Noten in einer tieferen Tonlage zu besorgen. Sie hatte es aber nie geschafft. Dann kam selbstverständlich „Stille Nacht, heilige Nacht“. Wir waren uns immer uneins, ob nach dem ersten Vers die Hirten oder Gottes Sohn zuerst kamen. Aber letzten Endes einigten wir uns auf das eine oder andere.

Nun begann die lästige Gedicht-Aufsagerei, bei der man eigentlich immer stecken blieb und keiner soufflieren konnte. Aber irgendwie haben wir es dann doch geschafft. Endlich war es dann soweit, daß wir unsere Geschenke übergeben konnten. Sie wurden immer mit Knicks bzw. Diener und bei den Damen mit Handkuß überreicht. Je schneller wir unsere Geschenke los wurden, desto eher hatten wir die Chance, an unseren Gabentisch zu kommen.

Die Bescherung erfolgte nach einem bestimmten Ritual. Für jede Person war ein Tisch vorbereitet, auf dem die Geschenke von einem weißen Tuch überdeckt waren. So führte meine Mutter die Mamsell, die Haus- und Küchenmädchen sowie Schrittchen jeweils zu ihren Tischen. Das Personal bekam im allgemeinen Bettwäsche, Handtücher und ähnliche praktische Sachen, die sie zur Aussteuer dringend benötigten. Dann erst waren wir an der Reihe. Unter einem kleinen Extra-Tannenbaum waren rechts und links unsere Geschenke aufgebaut, auf die wir uns voller Freude stürzten. Mal fand ich dort eine Puppe, Puppenmöbel, später auch Skier oder Bücher, wie z.B. die „Oberheudorfer Buben- und Mädelgeschichten“. An unserem Kinderbaum hingen sehr viele Süßigkeiten. Mein Bruder, praktisch wie er war, teilte den Baum sofort in zwei Hälften: „Das ist deine Hälfte, das ist meine.“ Wehe, man nahm ein Stück Schokolade von der falschen Seite.

Am ersten Weihnachtstag gingen wir natürlich mit unseren Gästen auch in die Kirche und gegen Abend mit unserer Mutter ins „Rettungshaus“. Dort waren sechzig bis siebzig schwererziehbare Jungen, Waisen und Kinder aus gestörten Familienverhältnissen, untergebracht. Sie trugen Uniformen und wurden immer von Erziehern überwacht. Sie hatten eine eigene kleine Schule auf ihrem Grundstück und manchmal arbeiteten sie auch auf dem Acker, der zum „Rettungshaus“ gehörte. Meine damalige beste Freundin hieß Mariechen. Ihr Vater war der landwirtschaftliche Leiter im „Rettungshaus“, und so war ich häufig dort. Immer taten mir diese Kinder leid.

Mutter brachte eine Spende ins Heim und begrüßte die Lehrer und die Kinder. Wir brachten Bonbons mit und von unserer Mamsell gebackene Kekse, die dann großzügig verteilt wurden. Mein Bruder und ich standen immer etwas verlegen da, denn plötzlich wurde uns bewußt, wie schön wir das Weihnachtsfest feiern konnten. Diese armen Kinder mußten dieses Fest ohne große Weihnachtsgaben, ohne liebevolle Zuwendung von Eltern und Verwandten verbringen. Noch heute finde ist es richtig, daß unsere Mutter uns dorthin mitnahm. Es war eine ihrer Erziehungsmaßnahmen die uns vor Augen führte, wie gut es uns ging. Natürlich strich sie uns nach einem solchen Besuch das auch immer mal wieder aufs Butterbrot.

An einem der Weihnachtsfeste bekam mein Bruder ein Luftgewehr geschenkt, welche Sensation! Er war vielleicht zehn Jahre und ich etwa sechs Jahre alt. Sofort fing die Überlegung an, wie wir das Luftgewehr einsetzen können. Im Winter gefiel es uns nicht, mit dem Ding herumzufuchteln. Aber sobald das Frühjahr hereinbrach, legten wir die Bleikügelchen in den Lauf und gingen auf den „Kastanienberg“, wo auf der anderen Seite unsere wunderschönen Weideschweine den Frühling genossen. Mein Bruder legte auf die Schweine an und wir fanden es toll, daß sie jedes Mal einen Grunzton von sich gaben, wenn unser Geschoß getroffen hatte. Sicher prallte das Bleigeschoß von der dicken Schwarte ab, aber wir fühlten uns wie die großen Jäger und träumten von Wildschweinjagden und ähnlichen Dingen. Plötzlich erschien unser Gärtner Schrittchen und schimpfte uns wegen unserer gedankenlosen Tierschinderei. „Moppen“ durfte er uns nicht geben, und so stampfte er zornig von dannen.

Nun suchten wir uns ein neues Ziel und zum ersten Mal durfte auch ich das Gewehr in die Hand nehmen: Ich schoß ziellos in

Richtung Hühnerauslauf. Was für ein toller Erfolg! Ich traf ein Huhn, dieses sprang fünf Meter in die Höhe, einige Federn fielen zur Erde, dann lief es weiter. Nun hatten wir ein neues, lohnendes Ziel. Ab und zu trafen wir eine dieser kostbaren Legehennen. Es schien ihnen aber nicht allzuviel auszumachen, denn erstens waren wir weit entfernt und zum zweiten gingen die Bleikugeln vermutlich nur unter die Federn. Doch nun kam die Mamsell. Ich bekam Ohrfeigen links, Ohrfeigen rechts. Mein Bruder in seinem stattlichen Alter von zehn Jahren wurde nicht angerührt. Damit war auch dieser Spaß zu Ende.

Endlich fingen wir an zu kapieren, daß man, wie die Mamsell sagte, nicht auf Lebewesen schießen dürfe: „So etwas tut man einfach nicht", sagte sie.

Mein Gott war das schwer, wieder neue Ziele zu finden. Tiere waren endgültig tabu, also konzentrierten wir uns auf den Hof. In die Bäume zu schießen war langweilig. Doch bald schon entdeckten wir ein neues Ziel – die Hofglocke. Da sie im Turm hing, war es eine Kunst, sie zu treffen. Natürlich ärgerte es mich wahnsinnig, daß mein Bruder als erster der Glocke einen Ton entlockte. Es machte „bim" und er fühlte sich wie der Größte. Nach längerem Üben war ich dann endlich auch so weit, dieses erstrebenswerte Ziel unserer Bleikugeln zu erreichen. Peng, peng, peng – wunderbar, ich war endlich meinem Bruder ebenbürtig. Plötzlich sah meine Mutter aus dem Fenster und befahl, sofort ins Haus zu kommen. Nicht nur Schrittchen hatte aus Sorge um uns Kinder gepetzt, sondern auch die Mamsell. Zudem hatten wir noch die alte Glocke traktiert. Ohrfeigen rechts, Ohrfeigen links, dieses Mal auch für meinen Bruder. Das Luftgewehr wurde, um größeres Unheil zu verhüten, unter Verschluß genommen. Wie schade für meine Mutter, die uns eigentlich eine große Freude mit dem Luftgewehr machen wollte, sich aber über die eventuellen Folgen gar nicht im klaren gewesen war. So war das ein Lernvorgang nicht nur für uns, sondern auch für sie. Die Epoche des Luftgewehrs war damit endgültig beendet.

Bei einem anderen Weihnachtsfest machte mein Bruder ein trauriges Gesicht, denn es war nicht viel, was da auf seinem Tisch lag. Aber plötzlich öffnete meine Mutter die Salontür und brachte uns zur Haustür: Da stand das große Geschenk, ein wunderbarer Esel, der auf den Namen Jule hörte. Mutti hatte ihn von einem befreundeten Nachbargut besorgt. Ich werde den Moment nie vergessen, wie dieses liebe Tier im Eingang stand und plötzlich „I-a, I-a, I-a" schrie. Auch ich war völlig selig. Von nun an war Jule auch mein Spielgefährte, der unsere Kindheit wie ein Freund begleitete. Vielleicht war ich Jule noch mehr verbunden als mein Bruder, denn ich war ja die kleinere und lebte sowieso lieber in den Ställen als Georg.

Oft saß ich vor Jule auf der Absperrstange, die die Box vom Mittelgang trennte, und unterhielt mich mit ihr. Sie wackelte dann mit den Ohren und hörte mir zu. Manchmal war ich enttäuscht, weil sie „äpfelte", während ich ihr etwas erzählte. Ich dachte, sie versteht mich ja gar nicht, denn sonst würde sie jetzt nicht einfach „äpfeln".

Jule hatte ein so warmes, wunderbares Maul und sie prustete mir ins Gesicht und in die Ohren und das war Wärme, Liebe und Freundschaft. Auf Jule durfte ich nicht alleine reiten, weil sie ja meinem Bruder gehörte. So saß er vorn auf dem Esel und ich durfte hinter ihm sitzen, was ich schon als große Auszeichnung empfand. Wir trabten durch den Park, und ich hatte das Glücksgefühl gepachtet. Wir hatten auch eine Art Handwagen, der, mit einer Deichsel versehen, zu unserem „Eselswagen" wurde. Mein Bruder kutschierte, und ich saß als Fahrgast hinten drin; oder wir spielten Zirkus Sarrassani und machten um und auf Jule kleine Kunststücke, die meine Mutter oder wer immer da war, bewundern mußten. „Zigeunerwagen" war auch sehr beliebt. Wir hingen Decken an kleinen Gestellen über den Wagen und machten alles dicht. Jule mußte sich dann allein mit dem Wagen ihren Weg durch den Park suchen. Der Esel war für mich das größte Abenteuer, war mein Liebling, mein Spielgefährte und mein Gesprächspartner.

Natürlich bestand Weihnachten für uns Kinder vor allem aus den vielen wunderbaren Geschenken. Aber die Spannung, die Stimmung und Feierlichkeit machten die Festtage immer wieder zu einem unvergeßlichen Erlebnis.

Die Dorfschulzeit – Teilen lernen

Zu meiner Dorfschulzeit gehörte auch Kalle Kuckuck. Er wohnte mit seinen Eltern im Haus direkt neben der Schule. Er kam aus einer bitterarmen Familie und war ein bescheidener, netter Junge. Während ich von der Mamsell gut belegte Brote mitbekam, lief Kalle in der Pause oft schnell nach Hause, um einen mehr oder weniger trockenen Ranken dort zu essen. Während ich herzhaft in mein Butterbrot biß, stand er oft mit begehrlichen Augen neben mir. Dabei wurde mir zum ersten Mal so richtig klar, daß ihm seine immer in schwarz gekleidete, magere und von schwerer Arbeit gezeichnete Mutter solche Brote nicht mitgeben konnte. Darum habe ich die Mamsell gefragt, ob sie mir wohl jeden Tag für Kalle ein Extrabrot machen könnte. Von ihr bekam ich zu hören, daß ich halt auch lernen müsse zu teilen, aber gern würde sie mir ein Wurstbrot für Kalle mitgeben.

So wurden wir beide zu dicken Freunden, setzten uns in eine Ecke des Schulhofes und futterten gemeinsam die Brote, die ich mitgebracht hatte. Ich war so stolz darauf, ihm einen besonderen Genuß vermitteln zu können. Aber wir ließen es die anderen Schulkinder nicht wissen, daß wir unser Brot teilten. Das war unser Geheimnis.

Eines Tages erschien er nicht zum Unterricht und ich schlich mich in der Pause in sein Elternhaus. Himmel, wie arm und kalt sah es schon unten an der Treppe aus! Ganz dunkel war es, und in der Ecke sah ich einen aufrecht stehenden Sarg. Mir wurde plötzlich angst und bange, ich flüchtete zurück in die Schule, rannte zum Lehrer und sagte: „Herr Brackhahn, bei Kalle im Haus steht ein Sarg.“ Daraufhin nahm er mich in die Arme und erklärte mir, daß gestern Kalles Vater gestorben sei. Das war ein großer Schock für mich, unbegreiflich. Eine Frage aber blieb: Warum stand der Sarg senkrecht?

Gruppenbild mit Lehrer – die Klassengemeinschaft traf sich im Schulhof zum Erinnerungsfoto

Die Toten mußten damals noch drei Tage im eigenen Haus bleiben, denn eine Friedhofshalle gab es noch nicht. So bahrte man die Verstorbenden im Hause auf. Kalles Eltern aber hatten nur eine Wohnküche und ein Schlafzimmer. Der Sarg konnte also wegen Platzmangel nur an der Wand im Hauseingang neben der alten, klapprigen Tür aufgestellt werden. So wartete Kalles Vater stehenden Fußes auf seine Beerdigung.

Bestürzt erzählte ich meiner Mutter von diesem Drama und flehte sie an, doch irgendwie zu helfen. Natürlich konnten wir den Sarg nicht ins Haus nehmen. Aber meine Mutter ging sofort zu Frau Kuckuck und versprach ihr, sie und Kalle jeden Tag mit einem guten Mittagessen aus der Gutsküche zu versorgen. Von da an saß Frau Kuckuck schon immer zehn Minuten vor zwölf Uhr auf der Küchentreppe – ein trauriges schwarzes Häuflein Mensch. Manchmal setzte ich mich neben sie und versuchte, ein paar dumme Trostworte zu finden. Doch sie sah mich immer nur liebevoll an. So blieb es ein Jahr lang, bis meine Mutter ihr mit einer kleinen monatlichen finanziellen Zuwendung das Leben etwas erleichterte.

Sechzig Jahre später, ich war inzwischen verheiratet und lebte nicht mehr im Dorf, traf ich Kalle wieder. Er war wie ich inzwischen alt geworden. Er ging mit gekrümmtem Rücken, auf einen Stock gestützt. Ich kam mir neben ihm geradezu unanständig jung vor. Aber er guckte von unten rauf in mein Gesicht und sagte: „Ach Ursel, bist du aber gealtert!". In diesem Moment war das ein regelrechter Schock für mich, der mir zeigte, wie schnell doch die Zeit zwischen Kindheit und Alter vergeht. Mein lieber Kalle, noch nie hat mir jemand das so vor Augen geführt.

Gutsverwalter Tötenhey – Auf dem Sattel zu zweit

Gutsverwalter Tötenhey war Junggeselle und aß deshalb selbstverständlich mit uns am Tisch. Am Kopf des Tisches hatte Mutter ihren Platz, rechts von ihr saß der Inspektor. Linker Hand tummelten sich die Gäste aus der Verwandtschaft; es folgte die Hausdame, dann kamen wir Kinder. Da um 12 Uhr der Gong zum Essen geschlagen wurde, standen wir rechtzeitig „Gewehr bei Fuß" hinter unseren Stühlen. Mein Bruder und ich sprachen abwechselnd das Tischgebet. Dann setzten wir uns und sofort wurde angefangen zu servieren. Wir hatten im Höchstfall drei Gerichte: die Suppe, den Hauptgang – zu dem immer Apfelmus auf einem kleinen Teller gereicht wurde – sowie den Nachtisch. In unserer Schäferei standen rund 800 Schafe und wöchentlich wurde eines für den Hausbedarf geschlachtet und zu den von uns gehaßten Hammelgerichten verarbeitet. Dabei erklärte der Inspektor manchmal, ob dieses arme Vieh an Durchfall oder am Drehwurm oder an einem gebrochenen Bein gelitten hatte – was den Essensgenuß nicht gerade erhöhte.

Das ganze Essen mußte in zwanzig Minuten abgewickelt sein. Wenn man sich überlegt, daß das alles aus der Souterrain-Küche über Treppen nach oben getragen werden mußte, war es jedes Mal eine Meisterleistung der beiden Hausmädchen, der Zeit gerecht zu werden. Das Tempo war nötig, weil Punkt 12.30 Uhr wieder angestellt wurde. Das heißt, der Inspektor mußte mit dem Hofmeister und dem Aufseher besprechen, wann, wie und wo die Leute eingesetzt werden sollten. Punkt 13 Uhr rollten die Pferde- und Ochsenwagen auf die Felder. Danach ging Tötenhey für eine halbe Stunde in seine Junggesellenwohnung und legte sich aufs Ohr.

Zur Ausstattung des Inspektors gehörten karierte Hosen und wunderbar gewichste braune Reitstiefel, die Otto mit Spucke und

Schuhwichse auf Hochglanz brachte. Dazu trug er eine Tweedjacke und hielt ein Reitstöckchen in der Hand. Wenn Inspektor Tötenhey nicht im Jagdwagen auf die Felder fuhr, wurde sein Hannoveraner für ihn gesattelt. Herr Tötenhey war nur sehr klein geraten und das Reitpferd, das auf den stolzen Namen „Prinz" hörte, war sehr groß. So mußte extra ein Gerüst gebaut werden, damit der Inspektor überhaupt ein Bein in den Steigbügel setzen konnte. Saß er dann aber im Sattel, ritt er stolz über die Äcker und fühlte sich wie der Herrscher aller „Reußen".

Noch heute denke ich voller Freude daran zurück, daß er mich als Fünf- oder Sechsjährige ab und zu auf seinem Riesenpferd mitgenommen hat. Von Otto in den Sattel gehoben, saß ich glücklich vor Herrn Tötenhey – im Sommer mit nackten Beinen, fast in Grätschstellung – und hielt mich am Sattelknauf fest. Welch ein Hochgefühl, im Schritt durchs Dorf zu reiten und den Acker im Trab und kleinen Galopp, der mir die Schenkel zum Glühen brachte, zu überqueren. Das war ein herrliches Gefühl und ein großes Erlebnis.

Inspektor Tötenhey war für meinen Bruder und mich ein sehr gütiger Mensch. Oftmals, wenn er sich gerade zu einem Nickerchen hingelegt hatte, traten wir beide in sein Zimmer, um mit ihm „Krieg" oder „Indianer" zu spielen. Er gab sich alle erdenkliche Mühe, uns zu ertragen. Selbst, als er einmal von meinem Bruder mit einem Holzschwert auf den Kopf geschlagen wurde und eine Platzwunde davontrug, schwärzte er uns nicht bei Mutter an. Obwohl er von uns Störenfriede und unserem Spieltrieb sicher nicht begeistert war, übte er sich in Geduld und blieb immer freundlich. So trauerten wir ihm nach, als er uns nach einigen Jahren verlassen mußte.

Die Gärtner – Respekt und Spaß

Neben meiner Mutter gab es noch eine weitere Respektsperson bei uns, und das war Herr Thielemann, unser Gärtner, der immer wie ein englischer Lord aussah. Er war der einzige Gärtner, der von uns jemals mit „Herr“ angeredet wurde – ein Zeichen dafür, daß wir Kinder gehörig „Manschetten“ vor ihm hatten. Herr Thielemann war in allem perfekt, sei es bei der Arbeit im Park, in seinem Gemüsegarten oder im Haus. Wenn Gäste bewirtet wurden, fungierte er mit Sachverstand und vornehmer Zurückhaltung als „Obermundschenk“ in Livrée. Mit erzieherisch ernster Miene reichte er uns Kindern an solchen Abenden im kleinen Eßzimmer das Essen und flößte uns einen unauslöschlichen Respekt ein, so daß wir in gerader Haltung und mit gefalteten Händen bei Tisch saßen. Sofort traf uns sein strafender Blick, wenn wir uns unmäßig viel auf den Teller packten. Dann sagte er mit ernster Miene: „Benehmt euch anständig, es wird zweimal serviert!“

Eines Tages sagte meine Mutter, es wäre zuträglich für mich, im Gemüsegarten zu helfen. Ich fand die Idee mittelmäßig. Trotzdem ging ich zu den Gemüsebeeten, um der Maßregelung meiner Mutter zu entgehen.

Herr Thielemann war leider nicht da, denn er hatte im alten Gewächshaus zu tun, das etwas weiter entfernt stand. Mein Tatendrang war groß, ich wollte schnell fertig werden. Mit der Hacke bewaffnet, rückte ich einem langen Beet zu Leibe und befreite es gründlich von Unkraut. Danach ging ich befriedigt nach Hause. Es dauerte nur zehn Minuten, bis Herr Thielemann mit vorwurfsvoll ärgerlichem Gesicht vor meiner Mutter stand und ihr erklärte, ich hätte sein ganzes Maiglöckenchenbeet zerstört – ein unersetzlicher Schaden! Ich wurde hinzugerufen und erwartete hoffnungsvoll ein großes Lob wegen meiner soliden Arbeit. Statt dessen bekam ich von Mutter rechts und links eine Ohrfeige. Das war

für mich eine große Enttäuschung, da ich annahm, etwas Gutes getan zu haben. So endete mein Garteneinsatz.

Nachdem uns Herr Thielemann verlassen hatte, kam der Junggeselle Schritt in unser Leben. Wir nannten ihn liebevoll „Schrittchen". Er war in allem das genaue Gegenteil von Thielemann. Dieser war mittelgroß und hager, während Schrittchen klein und dick war – und eine Seele von Mensch. Wir liebten ihn wie einen Freund und Kameraden und merkten sehr schnell, daß er kitzelig war. So bereitete es uns stets ein großes Vergnügen, ihn unterm Arm oder am Bauch zu kitzeln, wobei er lustige Grunzlaute ausstieß. Er nahm nie etwas übel, war immer freundlich und hatte stets ein Lächeln im Gesicht.

Für Schrittchen mußte eine Extra-Livrée angeschafft werden, weil sein kugelrunder Bauch in die vorhandenen Livrées nicht hineinpaßte. Schrittchen servierte immer mit großem Einsatz, Vergnügen und Charme bei Gesellschaften und Jagddiners. Er amüsierte sich, wenn Georg und ich die noch halbvollen Gläser austranken, die die Gäste auf dem Eßtisch stehengelassen hatten. Beschwipst und fröhlich gingen wir dann oft ins Bett.

Schrittchen war Gärtner mit Leib und Seele. Er pflanzte für uns verschiedene Beerensorten, Pfirsiche, Weintrauben und viele, viele Schattenmorellen an. Natürlich lockten uns die Pfirsiche und zu seinem Ärger grabschten und drückten wir jeden erreichbaren Pfirsich, um festzustellen, ob er schon reif und somit süß genug war. Die Weintrauben hingegen zeichneten sich durch eine gräßliche Säure aus, so daß sie für uns uninteressant waren. Die Schattenmorellen verhalfen uns oftmals zu fürchterlichen Bauchschmerzen, weil wir nach ihrem reichlichen Genuß Durst bekamen und Leitungswasser tranken. Bei allen diesen kleinen Schandtaten hat Schrittchen uns nie verpfiffen.

Er wohnte in zwei kleinen Zimmern in der „Alten Kirche“, und diese hatten, wie damals alle Zimmer, kein fließendes Wasser. Es gab nur eine Waschschüssel in einem Gestell. Das kalte Wasser holte er sich aus der nahegelegenen „Milchküche“, die über einen ganz dunklen Flur zu erreichen war. Brach der Sommer herein, ging Schrittchen mit Waschlappen und Seife zum nahegelegenen Fluß, der Oker, wo wir auch unsere ersten Schwimmkünste erprobten. So konnte er sich endlich von Kopf bis Fuß waschen – wenn auch nur kalt, so doch körpergerecht in fließendem Wasser.

Als Schrittchen uns nach vielen Jahren freiwillig verließ, waren wir voller Trauer. Er hatte uns noch viele, viele Jahre gefehlt und noch heute denke ich oft an ihn.

Emma Lipsch –
mit dem Teufel im Bunde

Zu meiner Kindheit gehörte auch Emma Lipsch. Sie galt als Sonderling, den ich fürchtete, der mich aber auch magisch anzog. Sie hatte, wie sie selbst behauptete, das „Zweite Gesicht" und brachte uns Kindern das Gruseln und Grauen bei. Ihr Arbeitsplatz war der Kornboden, wo sie das gelagerte Korn zum Trocknen umschaufeln mußte.

Ich kannte Emma Lipsch nur in schwarzer Pelerine; darunter trug sie eine schwarze Riesenschürze, auf dem Kopf ein ebenso schwarzes Tuch und unterm Arm das unheimliche Gruselbuch „Die Schwarze Hand". Ihr scharf geschnittenes Gesicht zierten einige längere Barthaare. Sie sah so aus, wie ich mir als Kind eine Hexe vorstellte. Trotzdem war sie für mich die verlockendste Gestalt auf dem Hof. Wenn ich wußte, daß Emma frühstückte, ging ich oft zu ihr auf den Kornboden. Dort setzte ich mich neben sie und unterhielt mich mit ihr, oder sie erzählte mir Schauergeschichten aus der „Schwarzen Hand". Der Kornboden, der recht dunkel war, trug dazu bei, sich richtig schön zu gruseln. Und wenn ich schaudernd fragte „Emma, hast du denn gar keine Angst hier so alleine auf dem Kornboden?", dann antwortete sie nur: „Wo es dem einen bei bleibt, da bleibt's mich auch bei."

Am besten gefielen mit ihre Geschichten über den Teufel, den sie leibhaftig schon gesehen haben wollte und auch beschreiben konnte: mit einem Pferdefuß und einem Ziegenfuß, wobei sie mir leibhaftig zeigte, wie er hinkte. Sie wußte auch, daß, wenn jemand im Herrschaftshaus stirbt, ein Rad über den Flur rollen würde. Als meine geliebte Tante Litta starb, hatte ich es in der Nacht auch gehört, das Rad, wie es über die Holzdielen des Flures rollte.

Wenn ein schweres Gewitter über Schladen niederging, mußten wir alle nachts aufstehen, um uns mit unserer Mutter auf die

„Gewitterbank“ zu setzen. Das war eine sehr schöne, alte weiße Bank in der Halle. Damals gab es noch keine Blitzableiter auf den Häusern. Ein Gewitter war somit immer eine kleine Zitterpartie, wegen der Brandgefahr und den Überschwemmungen, die ein starkes Gewitter auf dem Hof bewirken konnte. So saßen wir auf der Gewitterbank und gedachten der Stimme Emma Lipschs: „Den Schläfer laß schlafen, den Beter las beten, den Fresser schlag tot.“ Das war deutlich und für mich hieß das, nicht einen der Kekse zu essen, die meine Mutter in der Nähe der Bank deponiert hatte. Später, als ich schon größer war, hätte sich der Spruch beinahe einmal bewahrheitet: Wir saßen damals gemütlich beim Mittagessen, als ein Blitz direkt in den Kachelofen neben uns einschlug. Es krachte mächtig aus dem Ofen heraus, und da Emma nicht mehr lebte, war mir natürlich klar, daß dies eine Drohung und Ermahnung von ihr war.

Morgens kam sie verhältnismäßig leichten Fußes in ihren alten Stiefeln zur Arbeit, während sie mittags schleppenden Schrittes nach Hause ging. Jeder wußte, daß sie unter ihrem großen schwarzen Rock einen Sack umgebunden hatte, in dem sie mehrere Kilo Korn nach Hause schleppte. Aber keiner wagte es, sie zur Rede zu stellen. Man konnte ihr ja nicht einfach unter den Rock greifen.

Glockenläuten

Durch Zufall lernte ich eine Nichte und einen Neffen des katholischen Pfarrers kennen. Obwohl wir evangelisch waren, öffneten sich mir dadurch Tür und Tor zur katholischen Kirche. Alltäglich war das in der damaligen Zeit nicht, vielleicht sogar aus Glaubensgründen halbwegs verboten. Ich fand die Begegnung mit der anderen Konfession aber spannend und schlich mich eines Tages in die katholische Kirche. Es roch dort so gut nach Weihrauch, was ich schaurig-schön fand.

Ich hielt Kontakt zu der Nichte und dem Neffen des Pfarrers, die nun auch häufiger zu uns nach Hause kamen. Wenn wir auf dem Hof spielten und die Abendglocke läutete, gingen sie zur Seite, bekreuzigten sich und beteten. Das war beeindruckend und brachte meinen Bruder und mich auf den Gedanken, mit dem er mich schließlich ganz schön fertig machte: Wir wollten auch wie unsere Freunde beten. Mit diesem Wunsch standen wir aber vor einem Problem, denn schließlich beteten die beiden in der Kirche den Rosenkranz, der mit vielen Gebeten gespickt war, während wir nur zwei auf Lager hatten. So entschied Georg, daß ich zwanzigmal das Nachtgebet „Ich bin klein …" aufsagen sollte, während er zehnmal „Müde bin ich, geh zu Ruh …" betete. Meine Herren, war das mühsam. Der einzige Trost war für mich, daß Georg das gleiche Pensum hatte wie ich. Gottlob setzte Mutti diesen Reihengebeten eines Tages ein Ende.

Wenig später hatte ich den Wunsch, einmal die Glocken läuten zu dürfen und auch mein Bruder fand diese Idee hervorragend. Wir gingen also zum katholischen Pfarrer und baten um die Erlaubnis, schließlich hatte sein Neffe schon mehrfach die große Glocke geläutet. Ich wurde eingeteilt für die Betglocke: drei mal drei Schläge – mein Gott, war ich stolz! So stiegen wir die Treppen zu dem Kirchturm hoch und erreichten den Boden, auf dem die Seilzüge betätigt wurden. Ich wollte aber gern die große

Glocke sehen und stieg weiter über eine Leiter auf den Oberboden. Dort angekommen, machten mein Bruder und der Neffe schnell die Klappe hinter mir zu. So saß ich allein unter der riesigen Glocke und plötzlich ging das Geläute los. Ich hatte Todesangst und heulte wie ein Schloßhund. Die Gebetsglocke konnte ich dann auch abschreiben. Die betätigte mein Bruder, der aber dafür einen Riesenrüffel vom Pfarrer bekam, weil er einmal drei- und einmal mal viermal geläutet hatte.

Nach diesem Zwischenfall war ich noch oft auf dem Boden. Auch durfte ich häufiger noch die Betglocke läuten – die große Glocke aber, an der man sich hochschwingen mußte, um ihr einen Ton zu entlocken, blieb dem Neffen des Pfarres vorbehalten. Ich war sehr traurig, als unsere beiden Freunde zum Ferienende Schladen wieder verlassen mußten und ich sie dann aus den Augen verlor.

Fräulein Ziegenbein – Vom Kleidchen zum Kleid

Ab meinem zehnten Lebensjahr war die „Dorf-Designerin“ Fräulein Ziegenbein für meine Backfischkleider zuständig. Die Botenfrauen des Dorfes, die täglich in die Kreisstadt fuhren, schleppten alles Notwendige heran: Knöpfe, Spitzenkragen, Bordüren, Litzen und Bänder. So war Fräulein Ziegenbein ein Teil meiner „Entwicklungsstufe“ vom Kind zur Jugendlichen. Bevor sie in mein Leben trat, waren die Schweine- und Schafmeisterfrauen für das Nähen meiner Bekleidung zuständig.

Als Kinder trugen mein Bruder und ich im allgemeinen Matrosenanzüge und Röcke, die meine Mutter aus dem Katalog „Die Kieler Sprotte“ auswählte. Da gab es für den jeweiligen Anlaß weiße und dunkelblaue Röcke und Hosen, mit dazu passenden Blusen, Schlips und Matrosenkragen. Natürlich mußten wir diese Sachen schonen.

Als kleines Mädchen hatte ich nicht den unbedingten Wunsch, ein feines Kleid für besondere Anlässe von der Schweine- oder Schafmeisterfrau genäht zu bekommen – aus gutem Grund. Meine Muttter hatte dabei ihre bestimmten Ideen, wie z.B. ein hellblaues, schulterfreies Kleidchen mit großem weißen Kragen, an dem in Bauchhöhe gehäkelte Blumen angebracht wurden. Solche Gebilde kosteten natürlich viel, viel Zeit für die Vorbereitung und das Nähen. Da diese Frauen mit der Nadel nicht so gut umgehen konnten wie eine richtige Schneiderin, wurde direkt am Körper genäht. Welch ein Graus für mich: Die Stillstehprozedur fand auf einem niedrigen Tisch statt. Zu allem Überfluß wurden mir dabei die Augen verbunden, weil die Kleider ein Geschenk sein sollten. Kurz vor der Ohnmacht wurde ich dann für ein paar Minuten auf einen Stuhl gesetzt – immer noch mit der verflixten Augenbinde – bis die Frauen endlich dieses schreckliche Prachtstück zu Hause fertigstellen konnten.

Schon die Ankündigung, mich für eine Anprobe bereit zu halten, veranlaßte mich, im Park ein Versteck zu suchen, um auf das Rufen zur Anprobe nicht reagieren zu müssen. Die „Drohung" meiner verärgerten Mutter lautete: „Dann wirst du eben in Zukunft in Säcken gehen". Ich flehte sie an, mich doch in Säcken gehen zu lassen, nur um diesem „Martyrium" zu entgehen. Aber daraus wurde nichts, und schließlich lag das Kleid dann auf dem Weihnachtstisch. Natürlich war es sehr hübsch – aber der Preis, den ich gezahlt hatte, war auch entsprechend hoch. Meiner Puppe Henriette wurde ebenfalls ein Kleidchen auf den Körper genäht, worüber ich mich sehr freute.

Viel Gelegenheit hatte ich indessen nicht, mein neues Prachtstück zu tragen, es sei denn, wir gingen ins Theater zu einer Märchenaufführung. Dort kannte ich mich jedoch mit den Klappsitzen nicht aus und landete auf der Erde. Dafür kassierte ich einen Klaps von meiner Mutter.

Diese feinen Kleider waren bei mir denkbar unbeliebt. Entweder hieß es, daß Gäste kommen oder daß wir eingeladen waren. Beides bedeutete für mich, diese „Gewänder" anziehen zu müssen.

Es war ein großer Fortschritt, als ich in den Händen von Fräulein Ziegenbein landete. Sie verband mir weder die Augen, noch mußte ich bei ihr auf den Tisch klettern. Auch nähte sie nicht am Körper, sondern heftete alles mit flinken Stecknadeln an mir zurecht. Eine Anprobe dauert nie länger als eine halbe Stunde. Wie glücklich war ich, daß ich nun individuelle Kleider hatte, die ich sowohl in der Schule als auch bei kleinen Festlichkeiten oder Einladungen auf den Nachbargütern tragen konnte und die meiner Mutter kein Vermögen kosteten. Ich war nun auch bereit, diese Kleider etwas sorgsamer zu behandeln, denn es gab kein Kindermädchen mehr, das meine Garderobe betreute. So lernte ich, wenn auch ungern, unter den wachsamen Augen meiner Mutter selbst für Ordnung zu sorgen.

Unser verrückter Hauslehrer – „Blut muß spritzen!“

Nachdem mein Bruder zwei Jahre in der Dorfschule gesessen hatte, fand meine Mutter, daß er zu Höherem geboren sei und holte für ihn einen Lehrer ins Haus. Sie hatte ihn aus vielen Bewerbern herausgepickt, und nun stand er in seinem blauen Zwirnanzug vor ihr, mit schwarzen Haaren, weißen Händen, etwas geniert und eingeschüchtert. Er kam aus dem Ruhrgebiet, was meine Mutter für unfein hielt. Beim ersten Mittagessen unter den strengen Blicken meiner Mutter schrumpfte er noch mehr zusammen und versuchte, mit Messer und Gabel fertig zu werden. Obwohl er einen Doktortitel hatte, kam er aus sehr einfachen Verhältnissen. Plötzlich in das Szenario eines konservativen Gutshauses zu kommen, überforderte ihn sichtlich.

Dieser Dr. Otto Zilling war die Sensation unserer Jugend, eine echte Bereicherung für uns Kinder. Die große Attraktion war das Morgenritual von Dr. Zilling. Wie die Schulzimmer, so hatte auch seine Schlafzimmertür viele Ritzen und Gucklöcher, denn unser Haus war schon weit über 100 Jahre alt. Wir rissen uns darum, die größten Ritzen zu erhaschen, um Dr. Zilling bei der Morgentoilette zu beobachten.

Er sprach vor sich hin, wusch sich mit alten abgetrennten Hemdsärmeln, die er naß um seinen Körper schleuderte. Das sah fabelhaft und sehr ungewohnt aus. Dann schritt er zum Spiegel, nahm einen großen, scharfen Kamm und fuhr sich damit hart durch die Haare. Dazu knirschte er mit den Zähnen und murmelte vor sich hin: „Blut muß spritzen, Blut muß spritzen.“ Das war sensationell! Selbstverständlich verschwiegen wir alle diese „Rituale“ unserer Mutter. Wir hatten Angst, daß sie ihn deshalb vielleicht entlassen würde. Seine Haare trug er lang, fast wie ein Beatle, denn er bildete sich ein, daß lange Haare gut für die Augen wären.

Seine große Angst aber galt den Bazillen, die uns seiner Meinung nach immerzu umschwirrten. Darum durften auch die Hausmädchen das Frühstück nicht mehr ins Zimmer bringen – sie waren für ihn Bazillenträger. Hatte er ein Buch angefaßt, rannte er sofort ins Schlafzimmer und wusch sich in der Porzellanschüssel die Hände – sicher dreißig bis vierzig Mal am Tag. Toll fanden wir auch, daß er manchmal „große Wäsche" machte. Um die Hemden nach dem Tragen nicht komplett waschen lassen zu müssen, war es möglich, die Kragen und Manschetten gesondert abzunehmen und nur sie zu reinigen. Dr. Zilling bevorzugte aus Kostengründen die billige Ausführung aus Gummi. War nun Waschtag, holte er seine gebrauchten weißen Gummikragen und Gummimanschetten aus seiner Schublade, und wir durften mithelfen, den Schmutz wegzuradieren.

Mutti erwartete eines Tages anläßlich einer Gesellschaft, daß auch wir Kinder unsere Referenz machen. Sie beauftragte Dr. Zilling, mit uns, „anständig angezogen" bei den Gästen zu erscheinen. Mein Gott, war das ein Spaß! An dem besagten Tag kam Dr. Zilling in Strümpfen aus seinem Zimmer und stieg die nicht mit Teppich belegte obere Treppe herunter. In der Hand hielt er ein Paar Lackschuhe. Dann setzte er sich auf den nächsten mit Teppich belegten Treppenabschnitt. Wir nahmen neben ihm Platz und fragten: „Herr Doktor, warum tragen Sie die Schuhe in der Hand?" Er meinte, daß diese Lackschuhe nur auf Teppichen getragen werden. Unter den Schuhen, auf den Sohlen, hatte er sorgfältig notiert, wann und wo er sie an den Füßen hatte: Ich glaube, er hatte sie nur dreimal getragen. Dr. Zilling besaß neben den Lackschuhen auch ein Paar Schuhe mit Lack-Kappen. Mit denen durfte er auch auf Holzböden und Linoleum gehen, während ein weiteres Paar Lederschuhe für draußen gedacht war.

Nun gingen wir zu den Gästen, machten unseren Knicks und Diener. Der Doktor, nunmehr mit den Lackschuhen an den Füßen, blieb in der Tür stehen und „dienerte" stumm nach allen Richtungen vor sich hin.

Ich hatte mir zu diesem Anlaß vom Kindermädchen meine schönsten Spitzenhöschen erbeten, die knietief unter meinem Röckchen hervorlugten. Ich hatte sie nur für Onkel Robert Wätgen angezogen. Als ich vor ihm stand, hob ich meinen Rock bis zu den Schultern hoch und ließ ihn wissen, daß ich diese, meine schönste Hose nur für ihn angezogen hatte. Meine Mutter sah es und – klatsch – hatte ich eins auf den Fingern. Rock runter und ab aus dem Empfangszimmer.

Als Hauslehrer hatte sich Dr. Zilling eine eigenartige Lehrmethode ausgedacht. An einem Tag lehrte er nur Mathematik, am anderen nur Englisch, am nächsten nur Lesen – was schließlich den Protest meines Bruders hervorrief. Meine Mutter gab nun die strenge Anordnung, daß der Unterricht einem normalen Schulunterricht angepaßt werden sollte. Ab und zu schlich sie sich in das oberste Stockwerk und horchte an der Tür des Schulzimmers, ob auch alles mit rechten Dingen zuging, denn auf den Nachbargütern gab es beängstigende Geschichten über Hauslehrer. Bei ihren Kontrollen konnte sie aber nichts Nachteiliges im Unterricht feststellen.

Als Fünfjährige durfte ich an den Pausen teilnehmen, die meine Mutter vorgeschrieben hatte und die im Park stattfanden. Schon zehn Minuten vor der Pause stand ich vor der Tür, um meinen Bruder und seinen Hauslehrer nicht zu verpassen. Das Schulzimmer lag im dritten Stock. Um im Geschwindemarsch in unseren Park zu kommen, durften wir jedoch nur die hinteren Holztreppen benutzen. Die mit Teppich belegte Vordertreppe benutzten wir, um in die Salons oder in das Eßzimmer zu kommen. Dann begann endlich die heiß ersehnte Pause, die Tür wurde schwungvoll geöffnet und wir drei rannten die erste Treppe runter, dann über einen langen Flur auf die hintere Treppe. Wir machten ordentlich Lärm, unter unseren Sohlen knarrten und krachten die alten Holzdielen. Im Park dann lief Dr. Zilling mit angewinkelten Armen und vorgestrecktem Zeigefinger, in Selbstgesprächen vertieft, vor uns her. Wir folgten ihm prustend und lachend und flüsterten uns zu: „Der ist verrückt, der ist verrückt."

Nachdem der Park durchlaufen war, ging es quer über den Hof zum Ochsenstall. Dort stand der sogenannte „Milchochse", mit dem die frisch gemolkene Milch zum Bahnhof gefahren wurde. Dr. Zilling faßte den Ochsen an den Hörnern, schüttelte ihn, soweit das möglich war, hin und her und sagte: „John Bull, du bist klüger als mancher Mensch!" Das hatten Georg und ich zu wiederholen – wir fanden das wundervoll. Dann ging es zurück zum

Schulzimmer und der Unterricht wurde fortgesetzt.

Mit sechs Jahren kam ich in die Dorfschule und mußte im Schulzimmer unter den Augen unseres Dr. Zillings meine Hausaufgaben machen. Als ich einmal meine Schiefertafel nicht sauber vollgeschrieben hatte, meinte er, eine Strafe wäre nun fällig. Ich hatte eine Bärenangst davor. Herr Doktor zog einen Weidenstock hervor und stellte zwei Stühle nebeneinander. Ich mußte mich über den einen Stuhl legen, den Po nach oben. Neben mir stand nun der zweite Stuhl, den der Doktor wie ein Wahnsinniger verprügelte, so daß der Staub in Wolken aufstieg. Das war eine für mich neue und aussergewöhnliche Betrafung. Dr. Zilling ließ uns auch auf trockenen Erbsen knien – mit hochgehaltener Bibel in der Hand. Das war zwar etwas schmerzhafter, aber noch immer verrückt genug, um uns bei Laune zu halten. Wenn wir mit Zinnsoldaten spielten, befahl er, daß jeder Soldat, der in die Schlacht zog, auf eine von ihm selbst entworfene Toilette gehen mußte. Das war nun endlich mal etwas Neues.

Mutter meinte, daß es gut wäre, wenn er des Abends mit uns beten würde. Wir fanden das besonders spannend, weil diese Abendvorstellungen weniger mit Gebeten als mit unanständigen Geschichten zu tun hatte. Meistens aber konnten wir die grauslichen Geschichten gar nicht richtig einordnen. Unsere Zuneigung zu diesem extraordinären Hausgenossen – sprich Hauslehrer – steigerte sich von Woche zu Woche – wer von den Nachbargütern hatte schon einen solchen „Doktor“.

In Begleitung von Dr. Zilling mußte mein Bruder zweimal im Jahr eine Prüfung im Wolfenbütteler Gymnasium ablegen. Damit wurde festgestellt, ob er das jeweilige Klassenziel erreicht hatte. Nach einer Prüfung kamen sie erst spät abends mit dem Zug in dem Nachbarort Burgdorf an. Da es zu dieser Uhrzeit keinen direkten Zug mehr nach Schladen gab, mußten sie die drei Kilometer im Dunklen zu Fuß gehen. Plötzlich kam ihnen eines der wenigen Autos, die zur damaligen Zeit fuhren, auf ihrem Weg entgegen. Da schrie Dr. Zilling: „Rette sich wer kann!“ und rannte in den Rübenacker. Mein Bruder stand ganz allein und verlassen auf weiter Flur. Erst nach rund fünf Minuten kam Dr. Zilling, mit Erdschollen an den Lederschuhen, wieder zögernd zum Vorschein. Er hatte sich vor imaginären Fremdenlegionären, die ihn wohl kidnappen wollten, in Sicherheit gebracht.

Der Doktor legte großen Wert auf gute Augen. Seiner Meinung nach konnte man sich die Sehkraft dadurch erhalten, daß man sich die Haare kämmte, „bis das Blut spritzt". Ferner hatte man für eine hervorragende Beleuchtung über dem Arbeitstisch zu sorgen. Dafür mußte man die elektrische Zuglampe, die über dem Tisch im Schulzimmer hing, bis zum äußersten runterziehen – was bewirkte, daß sich allmählich die Verdrahtung an der Decke lockerte. Nach einiger Zeit brannte die Lampe nur noch, wenn man an dem Griff ein Seil befestigte und dieses an den Tischbeinen festband. Es lag eine lange Samtdecke auf dem Tisch und einer von uns kroch darunter. Dann befahl er „ziehen!" und „nochmal ziehen!" Schließlich blinkte die Lampe, es bröckelte etwas aus der Decke, wir zogen nochmals und endlich brannte sie richtig.

Eines Tages hatte das Hausmädchen das Seil abgeschnitten. Aus Wut darüber hatte der Doktor die Lampe einfach aus der Decke gerissen. Wir waren im Kutschwagen mit unserer Mutter unterwegs und kamen erst abends nach Hause. Als wir im Hof eintrafen, rannten Georg und ich sofort zu unserem Doktor und trafen ihn in seinem Schlafzimmer an. Um der dortigen Deckenbeleuchtung näher zu kommen, hatte er sich ein Gestell aus Stuhl und Fußbank gebaut. So stand er dicht unter der Deckenlampe, lesend, mit einem Buch in der Hand. „Was machen Sie denn da, Herr Doktor?" Darauf die Antwort: „Ich lerne in vierzehn Tagen acht Sprachen." Das fanden wir bombig. Wir liefen zu unserer Mutter und berichteten, daß der Doktor unter der Deckenlampe stehe und in vierzehn Tagen acht Sprachen lerne. Mutter war entsetzt und fragte, warum er denn nicht am Tisch sitze. Darauf konnten wir nur sagen: „Die Lampe ist aus der Decke gerissen und

Der elegante Dr. Müller mit seinen Zöglingen

die Reste liegen sortiert auf dem Tisch.“ Daraufhin stürmte meine Mutter sein Zimmer – das war das Ende vom Lied. Nun war es vorbei mit dem Indianergeschrei „hi ho ha ha hi ho“ und vorbei auch mit den herrlich unanständigen Witzen vor dem Schlafengehen. Wir trauerten unserem Doktor nach. Oft hatte uns Mutti in ihrer ständigen Angst nach dem Benehmen von Dr. Zilling ausgefragt, aber diese Art Abwechslung war uns schon eine kleine Lüge wert. Erst viel später haben wir unserer Mutter von Dr. Zillings für uns so faszinierenden Marotten erzählt.

Als Nachfolger kam Dr. Paul Müller, ein Schweizer aus sehr gutem Haus, zu uns. Er war ein eleganter, gut aussehender Mann und integrierte sich sofort im Hause. Leider hatte Dr. Müller nur eine Schwäche: Das Schulzimmer behängte er mit schrecklichen Zerrbildern, die von geistig behinderten Menschen gemalt waren. Mein Bruder mußte ihm dann sagen, was er in diesen Bildern sieht. Wir sahen nur Schaudern und Grauen darin, aber brav, wie mein Bruder nun einmal war, sagte er dann einige höfliche Floskeln.

In den Ferien lud er meinen Bruder in die Schweiz ein. Dort verbrachten sie in seinem Lenzburger Elternhaus die Ferien – in einer wunderbar eleganten Villa. Vorher aber sah er sich mit Georg den Stuttgarter Hauptbahnhof an, der damals für ihn ein Beispiel für die moderne Baukunst war. Der Neubau war vom Architekten Paul Bonatz errichtet worden. So vermittelte er meinem Bruder schon frühzeitig das Interesse für den neuenBaustil. Dr. Müller wurde ihm ein echter Freund, der ihm noch im Krieg Pakete an die Front schickte. Und auch während seiner amerikanischen Gefangenschaft bekam Georg regelmäßig Post und Pakete von seinem früheren Mentor.

Dr. Müller blieb bei uns, bis mein Bruder ins Gymnasium nach Wolfenbüttel kam. Damit war die Hauslehrer-Epoche für meinen Bruder beendet. Für mich sollte sie jedoch erst noch beginnen. Allerdings waren meine beiden Hauslehrerinnen weniger interessant, und so trauerten wir beide den verflossenen Doktoren noch lange nach.

Radio – Musik aus dem Kasten

Meine erste Berührung mit einem Radio – für mich damals Sphärenklänge aus einer anderen Welt – erlebte ich in Berlin bei der Mutter meines verstorbenen Vaters. Es war in den 20er Jahren. Großmutter lebte mit ihren zwei erwachsenen Töchtern, einem Sohn und einem Neffen in einer wunderbaren, großen Wohnung in Berlin-Schöneberg. Dort gab es ein sogenanntes „Berliner Zimmer", das damals zu jeder eleganten Wohnung in Berlin gehörte. In diesem Raum stand ein runder Tisch, auf dem fünf Kopfhörer lagen. In der Mitte des Tisches zog uns ein ganz geheimnisvoller, oben offener Kasten – Detektor genannt – magisch an, denn wir durften ihn laut Order weder berühren noch auch nur genauer angucken.

Eines abends kam dann der große Moment, mein Bruder und ich durften jeweils einen Kopfhörer auf unsere Kinderohren setzen und auf das große versprochene Ereignis warten. Es begann mit einem fürchterlichen Gekratze, hervorgerufen durch eine Nadel, die von der Hand meines Onkels auf irgendwelchen Magnetfeldern hin und her gerückt wurde. Das war für uns Kinder ein reichlich unverständlicher und geheimnisvoller Vorgang. Endlich kam Musik, sicher keine erbauliche, wie wir sie heute hören, aber irgend etwas trompetete und klimperte in unseren Ohren. Wir waren hingerissen und konnten es nicht begreifen, daß man musikartige Töne aus solch einem Kasten hervorzaubern konnte.

Selbstverständlich mußten wir die Kopfhörer schnell wieder abgeben, denn nunmehr wollte die ganze Familie um den Tisch herumsitzen und Musik hören. Jeder hatte seinen speziellen Kopfhörer – die einen etwas gepolstert, die anderen „nackt" – aufgesetzt. Mit verklärten Gesichtern lauschten sie dann den Sphärenklängen. Mein Bruder und ich fanden das natürlich wahnsinnig komisch, denn keiner der Kopfhörenden verzog eine

Miene. Eine Unterhaltung war sowieso nicht möglich, und wir guckten nur von einem Gesicht zum anderen. Wenn dann wieder durch diese schreckliche Nadel aus dem Detektor kratzende Töne kamen und alle verzerrte Gesichter machten, konnten wir uns nur noch vor Lachen ausschütten.

Wie oft haben wir später noch an diese primitive Art, Musik zu hören, gedacht – besonders in der Zeit, als wir unser eigenes Radio zu Hause hatten. Mit ihm allerdings konnten wir nun „richtige“ Konzerte und Tanzmusik hören – und das sogar ohne „Ohrwatscheln“.

Hofmeister Mäuselein – der Kinderfreund

Einer meiner großen Freunde war der Hofmeister Mäuselein. Er wohnte direkt am Eingangstor in einem kleinen Pförtnerhäuschen. Sein stabiler Körper wurde von kräftigen x-Beinen getragen. Steckten diese in den dicken Manchesterhosen*, erzeugten sie beim Gehen über den Hof ein unnachahmliches Geräusch. Auch mit geschlossenen Augen hätte ich gewußt, daß das mein Freund Mäuselein ist, der da an mir vorübergeht. Seine Frau war eine liebe, hagere und große Person, vor der ich ein wenig Respekt hatte, die aber voller Güte war. Gern saß ich an ihrem Küchentisch und bekam dann ein Stück Zucker- oder Streuselkuchen.

Wenn die Kartoffelzeit begann, stand ich oft wartend vor der Schuppentür, wo die Kartoffeln für die Familie Mäuselein hingeschüttet wurden. Knieend verlas ich dann mit Frau Mäuselein und Martha, ihrem Adoptivkind, die Kartoffeln und kam mir sehr nützlich vor.

Imposante Parade der Ackerpferde vor den Stallungen

Martha war nicht unbedingt meine Freundin, da sie in eine höhere Schulklasse ging und sehr zurückhaltend, ja beinahe scheu war. Trotzdem beneidete ich sie, weil sie einen mit Fell bespannten Schultornister hatte. Ich hingegen mußte mich mit einem ganz schlichten Ledertornister zufrieden geben, aus dem seitlich Schwamm und Lappen zum Saubermachen der Schiefertafel hingen. Martha trug diese Utensilien in einem Blechkästchen innerhalb des Tornisters. Mein Wunsch nach einem Felltornister wurde von meiner Mutter kategorisch abgelehnt. Sie war die Sparsamkeit in Person und so fand sie es nur selbstverständlich, daß ich den abgelegten Schultornister meines Bruders auch weiterhin zur Schule trug.

Sonnabends war Mäuselein der Chef der „Besenfrauen". Rund zehn Frauen mit Reisigbesen hatten am Wochenende den Hof zu fegen und zu harken. Der Hof war nicht gepflastert; er bestand schlicht aus festem Erdreich. Kein Kuhfladen und keine Blätter durften den sonntäglichen Anblick des Hofes stören. Mäuselein schritt wie ein General über den Hof, um zu kontrollieren, ob er nicht noch irgendwo einen übersehenen Pferdeapfel finden konnte. Das Unkraut wurde mit einer kleinen Flachhacke weggehackt, so daß der Hof am Abend wie geleckt aussah. Mäuselein gefiel es daher gar nicht, wenn dann die Dorfkinder mit mir auf dem großen, wunderbar gereinigten Hof Völkerball spielten. In Windeseile war das sauber geharkte Bild des Hofes zerstört – unser Hofmeister aber blieb nachsichtig und ließ uns unsere Freude.

* Cordhosen

Sanitätsrat Grothjan – die knorrige Eiche

Für alle anfallenden Gebrechen im Haus war Sanitätsrat Grothjan, von uns nur „Sani“ genannt, zuständig. Er war ein seriöser, älterer Herr, der noch bis ins hohe Alter seine Krankenbesuche machte – immer mit dem Fahrrad und ausgerüstet mit einer uralten Doktortasche. Kurios war die Art, wie er aufs Rad kam: Er schwang nicht das rechte oder linke Bein über den Sattel. Er bestieg sein Rad von hinten, indem er den einen Fuß auf eine rund zehn Zentimeter überstehende Radschraube setzte, um mit Anlauf das zweite Bein nachzuziehen. Dann fuhr er in aufrechter Haltung von dannen.

Sein Schuhwerk bestand aus Hakenschnürstiefeln. Über die Waden wurden Ledergamaschen gestülpt, die bis zum Knie reichten. Darunter war eine Brigdeshose, während der Oberkörper in einer grünen Lodenjacke steckte. Eine Schirmmütze, die im Sommer hochgeklappt und im Winter über die Ohren gezogen wurde, bedeckte sein bereits schütteres Haar.

Schon sein Vater war ein außergewöhnlicher Mensch gewesen. Er hatte die Schladener Grothjan-Stiftung ins Leben gerufen. Zuerst entstand daraus das sogenannte „Rettungshaus“, in dem Waisen, aber auch schwer erziehbare Jungen untergebracht waren. Sie sollten dort in der Gemeinschaft zu ordentlichen und christlichen Menschen erzogen werden. Uniformiert erschienen sie jeden Sonntag in der Kirche und zwei von ihnen mußten den Blasebalg an der Orgel treten. Wochentags arbeiteten die Buben auf dem zum Rettungshaus gehörenden Feld. Auch bekamen sie dort Schulunterricht. In der heutigen Zeit ist aus der Grothjan-Stftung ein hervorragend betreutes Altersheim geworden.

Grothjan lebte mit einer Haushälterin, Fräulein Lauterbach, unter einem Dach. Leider nahm sie nur selten einen Telefonanruf entgegen. Das Telefonieren machte damals noch Schwierigkeiten und war mit einigen Hindernissen verbunden. So mußte ich dann meistens zum Sani-Haus laufen, um die Bauchschmerzen der Mamsell oder die Ohnmacht des Kindermädchens zu melden und Hilfe zu holen. Mein erster Blick galt der im Entrée stehenden Kommode, auf der ein Wasserglas stand. Waren die Zähne vom Sani drin, war er zu Hause; das leere Glas gab Auskunft, daß er noch unterwegs war.

Er kam gern zu uns ins Haus, ein Schnäpschen und eine nettes Gespräch mit meiner Mutter, für die der Sani eine Respektsperson war, machte ihm Freude. Immer hatte er ein „Elendspülverchen" dabei. Als Kind durfte ich in seinem Auftrag auch manchmal Pillen aus der Apotheke holen. Dabei fiel für mich stets ein Bonbon aus der grünen Dose ganz oben im Regal ab – das war schon die Mühe wert.

Häufig hatte ich Bauchschmerzen, weil ich dadurch für einen Tag meiner strengen Hauslehrerin entgehen konnte. Dann verschrieb mir der von uns allen geliebte Sani, mit meinem Ball auf dem Bauch herumzurühren, das würde Bauchweh, Verdauung und Blähungen schnell zum Entweichen bringen.

Einmal zur Winterzeit – meine Mutter war in Berlin – hatte ich aus der von mir sehr geliebten Knopfdose, in der ein Sammelsurium von abgetrennten Knöpfen aufbewahrt wurde, einen Knopf verschluckt. Der Sani wurde alarmiert, er trat an mein Bett, riß mir den Mund auf, guckte hinein – Knopf weg – Abführmittel, fertig. Bevor er das Kinderzimmer verließ, rückte er noch unsere Betten von den Wänden ab, die bei der Winterkälte total vereist waren. Geheizte Schlafzimmer gab es nicht. In kalten Zimmern zu schlafen war selbstverständlich, und sich kalt zu waschen sollte abhärten. Aber die Eiswände in unserem Schlafzimmer waren selbst dem Sanitätsrat zuviel.

Später, im Krieg, war der Sanitätsrat nicht mehr so „beinig". Da habe ich ihn mit meinem Pferd „Frechdachs" über Land gefahren. Es gab nicht mehr so viele Ärzte, und so mußte er auch die Nachbargemeinden betreuen. Auf diesen Fahrten war er oft knurrig. Er merkte wohl, daß er älter und abhängiger wurde, was er für seine Person bis zu seinem Tode verachtete. Er war wie die große, uralte knorrige Eiche, die noch heute im Garten des ehemaligen Sanitätsrats Grothjan steht – gezeichnet von der Zeit, aber trotzig gegen den Lauf der Dinge.

Grothjans knorrige Eiche – heute spendet sie im Sommer einem Kinderspielplatz Schatten

Das Rätsel des Milchochsen

Besonders während der Sommerzeit kamen Verwandte und Freunde aus der Stadt zu uns „auf Weide“, wie wir es nannten. Wir alle genossen diese Besuche sehr, denn sie brachten auch für uns Kinder viel Abwechslung. Die Tanten waren alle groß und mager, so daß wir als echte Landkinder den Wunsch hegten, etwas an sie „heranzufüttern“. Daher stellten wir sie auch gleich am ersten Tag ihres Besuches auf die „Sackwaage“, die genauer das Gewicht angab als die altersschwache Waage im Bad. Diese dünnen Tanten machten uns auch die Freude und marschierten brav alle acht Tage wie das Mastvieh zur Gewichtskontrolle.

Diese Besucher brachten uns auch den täglichen Genuß von Kalb- und Rindfleisch, denn unsere geliebten Tanten vertrugen weder Schwein noch Hammel, was sonst auf unserem Speiseplan stand.

Eines Tages erschien unser Inspektor beim Nachmittagstee auf der Terrasse und fragte meine Mutter, ob ihr wohl das Filet vom

Milchochsen, den man schlachten müsse, für den Küchenzettel des nächsten Tages recht sei. Unsere Gäste lachten schallend, denn sie glaubten sich veralbert. Wo gab es schon einen Milchochsen? Meine Mutter und wir Kinder kannten natürlich das „Geheimnis“ und beharrten darauf, daß wir das Phänomen eines Milchochsen im Stall hätten. Es folgten lange Diskussion, das Lexikon wurde gewälzt und schließlich gingen alle Mann entschlossen zum Objekt, um zu sehen, was es dort unmöglich geben konnte. Wir amüsierten uns königlich, als die Damen und Herren in Hockstellung unter dem Tier saßen und unter dem Bauch nur das Teil erspähen konnten, was dem Ochsen nun einmal zu eigen ist. Sie waren aber auch nicht böse, als sie erfuhren, daß der Ochse deshalb „Milchochse“ genannt wurde, weil er täglich die Milch auf einem Wagen zur Molkerei zog.

Muttis Marotte: Geflügelte Worte

Eine besondere Vorliebe hatte meine Mutter für „geflügelte Worte“, die sie ohne Rücksicht auf passende oder unpassende Gelegenheiten verkündete. Wir Kinder waren allerdings im Laufe der Jahre recht allergisch gegen Muttis „Weisheiten“ geworden, da sie für uns nur Ge- und Verbote enthielten.

Da ich schon als kleines Mädchen sehr praktisch veranlagt war, verstand ich nur selten die Doppelsinnigkeit der geflügelten Worte. So stellte ich mir beim „Krug, der so lange zum Brunnen geht, bis er bricht“ meine altmodische Porzellan-Wasserkanne auf dem Waschtisch vor – die dann eines Tages das Sprichwort auch wahr machen sollte. Bei dem Teufel, dem wir noch eine Kerze aufsetzen sollten, dachte ich nur daran, wie man die Kerzen an den Hörnern befestigen könnte und ob sich das wohl dekorativ ausnehmen würde.

Daß jeder Stock einmal zurückschlagen sollte, konnte ich als Kind absolut nicht verstehen. Weder Muttis Rohrstock noch der des Lehrers hatten es jemals getan. Nur ich alleine blieb der „Prügelknabe“ und wartete, leider völlig vergeblich, auf die Erfüllung dieses Sprichwortes.

Bestgehaßt war auch der Rat: „Early to bed and early to rise makes a man healthy, wealthy and wise.“ Das hieß für uns: „Marsch in die Betten, damit ihr morgen früh nicht so verschlafen seid.“ Besonders an warmen, gemütlichen Sommerabenden, wenn wir auf der Terrasse sitzend dem Froschkonzert am Teich lauschten, auf das zärtliche Schlagen der Nachtigall warteten und Gänsehaut beim schauerlichen Ruf des Käuzchens – „kommit, kommit“ – bekamen, hielten wir absolut nichts von dieser Weisheit. Wenn Mutti uns allerdings versprach, bei geöffneten Salonfenstern noch Klavier zu spielen, sausten wir hinauf in unser Zimmer und lagen nach einer Katzenwäsche schnell in unseren Betten – um nur ja keinen Ton zu verpassen.

Beim Sprichwort „Die Suppe, die man sich einbrockt, muß man auch auslöffeln“ konnte ich mir wenigstens etwas vorstellen: Ich hatte sofort die dickflüssige, sonnabendliche Erbsensuppe mit Speck vor Augen, die wahrlich nicht nach meinem Geschmack war. Zu ihrer geschmacklichen Verbesserung nahm ich mir meist zuviel von den kleinen, in Butter gerösteten Weißbrotwürfeln. Während ich nun langsam und lustlos meine Suppe löffelte, wurde aus den so knusprigen Bröckchen eine mit Erbsensuppe vollgesogene, schwammartige Masse, die am Ende unangenehmer zu essen war als die Erbsensuppe selbst. Ja, das war in der Tat die Suppe, die ich mir eingebrockt hatte und nun auslöffeln mußte. Dieses Sprichwort hat sich auch später immer wieder bewahrheitet. Ich habe in meinem Leben noch so manche „dicke Erbsensuppe“ auslöffeln müssen – wie damals in meiner Kindheit.

Trauer um Ebert

Wie schon erwähnt, liebte ich Hochzeiten, aber auch Beerdigungen, vor allem katholische. Sobald die Glocken von der katholischen Kirche läuteten, stand ich gewissermaßen schon in den Startlöchern, sprang über den Zaun im Krügarten, der am Park angrenzte, und gesellte mich zu den Leidtragenden. Das wichtigste für mich war, daß auch ordentlich geweint wurde. Darum beobachtete ich so gern die trauernden Gesichter. Wenn der Pfarrer dann noch mit dem Weihwassersprenger kam, war das für mich der Höhepunkt. Eines Tages erschien ich wieder bei einer Beerdigung, der auch meine Mutter beiwohnen mußte – was ich aber nicht gewußt hatte. Sie sah mich bei den Leidtragenden stehen, barfuß, mit wilden Haaren und konnte ihre Empörung kaum in Zaum halten. Zu Hause kriegte ich dann meine Abreibung. Das war dann das Ende meiner Beerdigungen, was mich arg schmerzte.

Nach dieser herben Enttäuschung sollte sich jedoch schon kurze Zeit später eine neue Möglichkeit zur Tragik ergeben. Unser Dorfschullehrer berichtete mit sehr ernster Miene, daß unser „lieber, hochverehrter" Reichspräsident Ebert gestorben sei – ich hörte zum ersten Mal von diesem Menschen. Sein ganzer Lebenslauf wurde uns daraufhin nahegebracht und so erfuhr ich, daß er ursprünglich Sattlergeselle war, was mir besonders imponierte, denn unser Sattler, Herr Klenke, der unsere Geschirre und Sättel bearbeitete, war einer meiner ganz großen Freunde. Wenn ich ihn in seiner Werkstatt besuchte, hob er mich meistens auf den Tisch, und ich durfte ihm bei der Arbeit zusehen. Frau Klenke kam dann mit einem Stück Kuchen, das mir in der wohlriechenden Lederwerkstatt natürlich besser schmeckte als das leckerste Tortenstück zu Hause.

Gleich nachdem ich die so traurige Nachricht in der Schule erfahren hatte, rannte ich zu Herrn Klenke, der viel Bewunderung für Ebert aufbrachte – gleiche Berufe verbinden, und so empfand er den Schmerz über Eberts Tod genauso wie ich.

Zu Hause bat ich das Kindermädchen sofort um eine große schwarze Schleife für meine Haare. Auch bestand ich darauf, schwarze Strümpfe anziehen und eine schwarze Schürze vorbinden zu dürfen. So gewandet, ging ich am nächsten Tag gemessenen Schrittes zur Schule, so wie es sich bei einem Trauerfall gehört. Auf dem Gutshof erwischte mich unser Hofmeister und fragte voller Sorge, ob jemand im Hause gestorben sei. Ich verneinte, sagte jedoch stolz: „Aber Ebert!“. Auch in der Schule zeigte ich unserem Dorfschullehrer meine tiefste Trauer um den Reichspräsidenten. Genauso würdevoll schritt ich wieder nach Hause, um die Tragik dieses Todesfalles mit meiner Mutter zu teilen. Doch bei ihr stieß ich auf völlige Verständnislosigkeit. Meine Mutter war natürlich keine „Linke“, sondern deutsch-national bis ins Mark. Sie konnte daher meinen Kummer um Herrn Ebert nicht so recht teilen. Eine „Moppe“ sollte mich wieder auf den Boden der Tatsachen zurückbringen. Meine schwarze Schleife wurde ebenso konfisziert wie meine schwarze Schürze. Damit endete meine tiefe Trauer um Ebert.

Erntezeit mit Kind und Kegel

In der Ferien- und Erntezeit war es das Schönste für mich, mit den Pferden und Ackerwagen raus auf die Felder zu kommen. Kaum waren wir aus dem Hof heraus und auf dem Feldweg, bettelte ich beim Gespannführer, mich auf einen der strammen Belgier zu setzen – obwohl es meine Mutter verboten hatte und ich nur hinten auf dem Wagen mitfahren durfte.

Auf den Ackerpferden mit den dicken Bäuchen saß ich fast im Spagat. Ich genoß nicht nur den scharfen Pferdegeruch, sondern auch die Wärme des Körpers und das Schnauben der Pferde.

Es war Sommer und schon von weitem sah ich die Hocken auf dem Acker. Auf dem Feld angekommen, fingen die Frauen sofort an, die in Hocken stehenden Garben auf den Wagen zu laden. Ich durfte mit dem Knecht die Pferde von Hocke zu Hocke führen. Das Schönste aber war, nachher mit allen Leuten im Schatten eines Baumes zu vespern. Das gleiche zu essen und zu trinken gab mir das Gefühl, dazuzugehören. Die Männer hatten einen Knust Brot sowie ein Stück Speck dabei, von dem sie auch für mich mit dem Taschenmesser eine Scheibe abschnitten. Dann kam der Wagen mit dem „Milchochsen“ und brachte aus der Gutsküche in einer Kanne ein durstlöschendes Getränk, bestehend aus Wasser, Zucker und Essig. Nie hätte ich das zu Hause getrunken. Aber hier auf dem Acker, wo jeder mit der gleichen Kelle aus der Kanne schöpfte und trank, schmeckte mir das genauso gut wie die beste Limonade. Diese Vesperpause hatte für mich noch einen weiteren Reiz: Aus den Gesprächen erfuhr ich auch immer den neuesten Klatsch über Hinz und Kunz und alle Dorfbewohner. Voller Stolz konnte ich dann zu Hause alles zum Besten geben und vielleicht auch noch etwas ausschmücken. Darum nannte mich meine Mutter nicht nur „die Tageszeitung“ oder „die Neuesten Nachrichten“, sondern auch „kleiner Münchhausen“.

Kam der Feierabend, war ich hundemüde, obwohl ich nicht viel getan hatte. Aber ich hätte es mir nie entgehen lassen, mit den Pferden noch in die Schwemme zu reiten. Unter der uralten Steinbrücke, die in den Hof führt, floß die Wedde. Seitlich der Brücke hatte sich im Flußbett eine Vertiefung gebildet, in dem die Pferde ihre Hufe und Beine abspülen konnten. Es war für mich das größte Vergnügen des Tages, wenn drei, vier oder fünf Gespanne mit ihren Gespannführern in dem Wasser herumritten und ich auf einem der dicken Belgier sitzen durfte und auch manches Mal naßgespritzt wurde.

Leider hatte mein Bruder an der Wasserschwemme und den Ackerpferden kein großes Vergnügen. Er war ein Träumer, der allein am Parkteich mit seinen kleinen hölzernen Kriegsschiffen herumhantierte, sich Geschichten ausdachte und immer als Admiral oder Feldherr große Schlachten gewann – im Geiste! Mit dem Bach im Park und dem Teich verband er die Abenteuer der

Krönender Abschluß nach getaner „Knochenarbeit“ – die Erntekrone

christlichen Seefahrt. Schwere Ackergäule und Feldarbeit liebte er weniger.

Nachdem die Pferde im Stall aus dem großen steinernen Trog getränkt waren, wurden sie gefüttert. Das Mahlen, Prusten und Schnauben sowie der Geruch der Pferde gaben dem Stall eine recht gemütliche Atmosphäre. Manchmal saß ich noch mit dem Futtermeister Schulz auf einer Futterkiste, ließ die Beine baumeln, kaute auf Melasse herum und schwätzte noch ein bißchen mit ihm.

Seine Frau Anna war eine der tüchtigsten Arbeiterinnen auf unserem Gut. Ich hatte sie in mein Herz geschlossen. Sie war schon mit fünf Kindern gesegnet und mit Hilfe der Hebamme hatte sie gerade das sechste geboren. Bis zum Tag der Geburt hatte sie noch gearbeitet, und auch nach der Geburt gönnte sie sich nur einen Tag Erholung. Sie mußte für die Großfamilie sorgen und so schnell es ging wieder an die Arbeit.

War es Sommer, ging Anna schon wenige Tage nach der Geburt mit dem Neugeborenen aufs Feld. Dort wurde das Baby dann auf eine Decke gelegt und mit der umgestülpten Kiepe vor Sonnenlicht und Wind geschützt. Oft wurde der Nuckel in Schnaps getaucht, so daß das Kind für Stunden ruhig blieb.

Ihre große Kraft schöpfte Anna aus vier bis fünf rohen Eiern, die sie täglich auf dem Weg zur Arbeit austrank. Ich habe all diese Frauen bewundert, die mit beiden Beinen auf dem Boden standen und ihr Leben meisterten.

Schlachtefest und Eisbein

Unsere Verwandten und die Städter, die uns ein- bis zweimal, manchmal auch öfter im Jahr besuchten, wurden meist von uns Kindern durch sämtliche Ställe geführt: durch den Pferde-, Kuh-, Schaf-, und Ochsenstall und natürlich auch durch den Schweinestall. Die Gerüche, besonders die im letzteren, gefielen ihnen allerdings gar nicht. Trotzdem blieb ihnen diese Visite nicht erspart. Im Schweinestall, wo ich als kleines Kind oft auf die Boxenteile kletterte, zeigte ich ihnen ganz stolz die acht strammen Jungschweine, die sie sich mit großer Aufmerksamkeit ansehen sollten, denn im nächsten Jahr würden sie als Filets und Würste auf ihren Tellern liegen. Die Gäste wandten sich mit Grausen ab, obwohl sie gerne am Abend ein Filetstück von den „Vorgängern" genossen haben.

Die ersten Schweine wurden schon vor Weihnachten geschlachtet. Bei diesem „Schlachtefest" war mir gar nicht festlich zumute. Das laute, angstvolle Quietschen der Tiere, die auf den Hof getrieben wurden, schreckte mich schon frühmorgens aus tiefstem Schlaf. Mit angehaltenem Atem wartete ich auf das Verstummen, denn das bedeutete den Tod der armen Viecher, und ich war wie erlöst.

Nun hörte ich das Rollen der Handkarren, mit denen man die toten Tiere an die Hintertür der Gutsküche brachte. Dort wurden sie in einer großen Molle mit kochendem Wasser überbrüht und rasiert, um anschließend an der Wand wie Fahnen gehißt zu werden. Das war der Moment, wo ich als Kind dabei sein sollte, um als eventuell spätere Gutsfrau mit den Schlachtritualen vertraut zu sein. Mamsell, Kochlehrling, Männer und Frauen rannten geschäftig durch die dunklen Flure. Es war schrecklich kalt, doch für alle Helfer bedeutete ein solcher Schlachttag ein richtiges Fest. Es gab reichlich Schnaps, echten Kaffee, Fleischbrühe, Wellfleisch, Gehacktes und ein sehr gutes Mittagessen. Meine Mutter war hauptsächlich darum besorgt, daß die Schweine nicht schon am selben Tag aufgegessen wurden. Vor allen Dingen behielt sie die köstlichen Filets im Auge.

Um neun Uhr morgens war meistens schon die erste Flasche Schnaps geleert und die Leute schritten zum zweiten Frühstück. In den Kesseln kochte das Fleisch für die Wurst, und der Schlachtgeruch legte sich wie ein Alptraum auf das ganze Haus. Im Souterrain gab es keine Türklinke mehr, die nicht vor Fett tropfte, der Steinfußboden wurde zur klebrigen Rutschbahn und die Kälte pfiff durch die offenstehenden Türen. Vor dem Haus wurden die Därme der Schweine gereinigt, was bei mir jedes Mal Übelkeit verursachte; nicht nur wegen des Geruchs, sondern auch bei dem Gedanken, daß da hinein unsere gute Mettwurst gefüllt wurde, die wir so gerne aßen. Ich stand neben dem riesigen großen Herd in der Küche und mußte auf einem Tisch das heiße, fettige Wellfleisch schneiden, das mir die Finger verbrannte.

Besondere Anerkennung fand derjenige, dem es gelang, den abgeschnittenen, widerlichen Schweineschwanz jemandem heimlich anzuhängen. Man lachte sich schadenfroh, nur ich graulte mich vor dem kalten, haarigen Ding. Doch dieser Ulk gehörte nun einmal zum „Fest". Ein weiterer Spaß war es, daß jeder Neuling, ganz gleich, ob es sich dabei um einen Verwalter, Kochlehrling oder Hauslehrer handelte, die „Sülzenpresse" aus der Stellmacherei holen mußte. Das war eine mit Steinen gefüllte und mit Säcken abgedeckte Kiepe, die der Betreffende in die Küche schleppen mußte. Doch die Hoffnung, etwas „Gewichtiges" zum Gelingen des Tages beigetragen zu haben wich der Enttäuschung, als er erfuhr, daß es überhaupt keine Sülzenpresse gab, und er nur Steine geschleppt hatte. Damit mußte er beim Schlachtfest sein Lehrgeld bezahlen.

Nachdem die zweite Flasche Schnaps geleert war, wurde die Stimmung recht vergnügt. Bei der Arbeit wurden Witze erzählt, über die alle laut lachten. Als Kind verstand ich sie leider nie und war traurig, daß ich nicht mitlachen konnte. Später, als ich sie verstand, durfte ich nicht lachen, weil sie natürlich unanständig waren.

Am Abend wurden die Würste, die mit Bindfäden zugebunden und mit Ösen versehen waren, auf lange Stangen gehängt, die entweder in die Räucherkammer kamen oder zum Trocknen in die „Mehlkammer“ – eine Bezeichnung aus alter Zeit. Der Kutscher Otto mußte mit einem Einspänner die gefüllten Konservendosen zum Verschließen in das Geschäft von Herrn Oppermann bringen. Schließlich war dieser Tag und das Schlachtefest beendet und ich war froh, kein Stück von diesen armen geschlachteten Tieren am selben Tag essen zu müssen.

Schlachtreif

Dorftanzstunde – mit Speck fängt man Mäuse

Vom sechsten bis zum neunten Lebensjahr ging ich in die Dorfschule. Das war wohl mit eine der schönsten und unbeschwertesten Zeiten meines Lebens. Die Sitzordnung in den Klassen folgte damals nach der erbrachten Schulleistung. Die besten saßen in den hintersten Reihe, die schlechtesten in der ersten. Ich saß als Dritte in der Schulbank, dank des Dorfschullehrers Brackhahn. Meine Mutter hatte ihm erlaubt, unsere Jagd zu beschießen, denn er war ein passionierter Jäger. Meinem Können nach war ich eigentlich Mittelklasse, aber Herr Brackhahn hatte mich aus „jagdlichen Gründen“ unter die ersten Drei plaziert.

Nachdem ich der Schiefertafel entwachsen war und schon in ein Heft kritzeln durfte, kam eines Tages, wahrscheinlich war ich acht oder neun Jahre alt, eine sogenannte „Dame“ in unsere Klasse. Heute würde man sie in ihrer Aufmachung wohl als „Puffmutter“ bezeichnen. Sie forderte uns zu einer Tanzstunde im Gasthof Ahlburg auf. Selbstverständlich war ich sofort Feuer und Flamme und erklärte meiner Mutter, daß ich zu dieser Tanz- und Anstandsstunde gehen würde. Meine Mutter fand den Entschluß denkbar dumm, machte aber gute Mine zum bösen Spiel. So schritt ich mit Oktavheft und Bleistift zu meiner ersten Anstandsstunde. Vorher jedoch gab es noch einen kleinen Kampf zu Hause, denn ich besaß ein Paar Lackschuhe, die ich gerne angezogen hätte. Aber meine Mutter bestand auf Stiefel mit Wollsocken. Ich habe diese Stiefel gehaßt wie nichts in meinem Leben. Sie wurden bei Dr. Scholl ausgesucht, denn man bescheinigte mir dort Platt-, Senk- und Spreizfüße. Deshalb hieß es, ich dürfe von nun an nur noch in Stiefeln gehen, die mit Einlagen und Korsettstäbchen ausgerüstet waren. Von Stund an hatten sie einen Fakir aus mir gemacht. Klagen wurden nicht akzeptiert – also hinein in die Tanzstunde mit diesen berühmten Stäbchenstiefeln.

Meine erste Anstandsstunde brach an. Die „Puffmutter" fragte: „Wie ißt man Fisch?" Ich hob sofort den Finger, denn ich hatte ja meine berühmte preußische Schule schon längst hinter mir, während die Landkinder alle etwas geschockt da saßen und sagten: „Mit Messer und Gabel." Die nächsten Fragen lauteten: „Wie ißt man Kartoffeln?", „Wie sitzt man am Tisch?", „Wie begrüßt man einen Fremden?", „Wie macht man einen richtigen Knicks" und „Wie macht man einen richtigen Diener?" Bei all dem mußte man aufstehen und es vormachen. Ich war die Alllergrößte in der totalen Beherrschung dieser Umgangsformen.

Nun ging es ans Tanzen. Es begann mit einer Polka. Die hochgedreßte Tanzlehrerin mit gefärbten Haaren und roten Lippen tanzte mit ihrem Kompagnon, Typ Gigolo, vor. Die Jungen und Mädchen saßen sich in Reihen gegenüber. Dann hieß es : „Auffordern zur Polka!". Alle Mädchen wurden aufgefordert, nur ich nicht. Ich ahnte warum: Erstens waren sie wahrscheinlich verärgert über mein Benimmwissen, zweitens kam ich ja aus dem sogenannten „Herrschaftshaus". Also erbarmte sich der Gigolo. So stampfte ich mit meinen Stäbchenstiefeln über den abgenutzten Holzboden im Gasthof und fand das fabelhaft – auch wenn mein Partner nicht gerade entzückt war.

Zu Hause überlegte ich mir, daß ich kein zweites Mal als Mauerblümchen sitzen bleiben wollte. Ich nahm in meiner Schultasche sechs Äpfel mit, die ich aus dem Schuppen stibitzt hatte – vor allem die wohlschmeckenden Gravensteiner und Cox Orange. Dann marschierte ich wieder zur Tanzstunde. Mein Platz war vor der Theke, wo sonst Bier und Schnaps ausgeschenkt wurde. Auf diesem Tresen dekorierte ich meine Äpfel. Mir gegenüber saßen zwei sehr nette Jungens, die Söhne des Postbotens, die in einem Haus nahe unserer Toreinfahrt wohnten. Ich hielt einen Apfel hoch und sagte: „August, wenn du mit mir tanzt, kriegst du den Apfel". Von Stund an hatte ich Tänzer, denn mit Speck fängt man Mäuse. Den Abschluß dieser fabelhaften Tanz- und Anstandsstunde krönte das Gruppenfoto.

Die bösen Buben –
Mitspielen und Verlieren

Nachdem mein Bruder die Hauslehrer-Epoche hinter sich hatte, wurde er nach Wolfenbüttel auf das Humanistische Gymnasium geschickt. Dort fand er seinen Freund Ludwig, der ebenso wie er Matrosenanzüge trug. An Ludwigs zwölftem Geburtstag durfte ich mit meinem Bruder an der Geburtstagsfeier teilnehmen. Wir saßen im Eßzimmer bei köstlichem Kirschkuchen, als mir mein Bruder ins Ohr flüsterte: „Sieh mal dort oben, in dem Topf auf dem Buffet, da ist die Asche vom Großvater drin.“ Ich war entsetzt, guckte die große Urne an und dachte: „Oh Gott, oh Gott, den müssen sie ja Stück für Stück da reingesteckt und zu Asche verbrannt haben.“ Seitdem war mir Ludwigs Eßzimmer vergällt. Ich betrat es nie wieder.

Seit dieser Feier wurde Ludwig häufiger an Wochenenden und in den Ferien nach Schladen eingeladen. Ludwig kam mit dem Zug und Georg spannte daheim Jule, unseren Esel, an, um seinen Freund vom Bahnhof abzuholen. Seine Kutsche war ein Handwagen mit zwei Sitzbrettern. Mein großer Bruder forderte mich höflich auf, auf einem dieser Bretter Platz zu nehmen. Für mich war das eine große Auszeichnung.

Am Bahnhof mußte ich den Esel halten, Georg stand an der Sperre, um Ludwig in Empfang zu nehmen. Mit einem netten, kleinen Lederkoffer kam er schließlich aus dem Bahnhofsgebäude, mein Bruder drückte mir den Koffer in die Hand und sagte: „Nun kannst du zu Fuß nach Hause laufen, ich fahre jetzt mit Ludwig.“ Ich bekam noch ein Himbeerbonbon von Ludwig in die Hand gedrückt und weg waren die beiden. Ich war dumm genug, den Koffer nach Hause zu schleppen. Das passierte mir aber nur einmal und dann nie wieder. Diese verdammten Jungs!

Schon am nächsten Tag begannen die Spiele im Park. Beliebtestes Spiel war „Ritter und Knappe“. Natürlich waren Georg und

Ludwig die Ritter und ich der gehetzte Knappe. In zwei Gebüschen, die im Park weit auseinander lagen, errichteten sie ihre sogenannten Burgen. Das Wichtigste war nun, durch den Knappen Nachrichten von einer Burg zur anderen zu übermitteln. Ich durfte nicht einmal auf Jule reiten, sondern mußte alles zu Fuß erledigen. Dabei wurde mir von den Jungen noch befohlen, mich zu beeilen. So rannte ich von Burg zu Burg, um die dusseligsten Nachrichten, die es gab, zu überbringen. Als ich zu langsam wurde, banden mich die beiden an einen Baum und erklärten mich für untauglich.

Bei schlechtem Wetter fanden die Spiele im Hause statt. Aus zusammengestellten Tischen, die mit Decken verhängt wurden, bauten wir ein meterlanges Schiff. Natürlich war Georg auf diesem Schiff der Kapitän und Ludwig der Erste Offizier. Ich war Matrose und glücklich, mitspielen zu dürfen. Zuletzt brauchten die Jungs noch Wassergeräusche – ich bekam also eine Blechschüssel unter einen der Tische gestellt. Darauf lag ein Brett mit lauter Löchern und mit einer Gießkanne mußte ich nun das Wasser durch die Löcher in den Napf gießen. Fertig war das Meeresrauschen. War die Blechschüssel voll, mußte ich das Wasser in die Gießkanne zurückschütten und es wieder pladdern lassen. Schon nach wenigen Minuten saß ich in einer Wasserlache und maulte, woraufhin der Erste Offizier kam und sagte: „Weitermachen!" Und der Kapitän aus der Kajüte rief „Wir machen überhaupt keine Fahrt!" Also mußte ich platschen und platschen – bis mein Kindermädchen kam, den Jungens eine Ohrfeige verpaßte und mich aus dem Sumpf zog.

Danach wurde das Schiff neu besetzt: Der Kapitän blieb, der Erste Offizier blieb und ich wurde Passagier. Mit Hilfe einer Nähmaschine mußte ich Geräusche machen, die das Anlegen des Schiffes akustisch darstellen sollten. Hörte das Geräusch auf, mußte ich auf den Tisch klettern und den Lumpensack mitnehmen – das war mein Gepäck. Dann stand ich auf dem Tisch und war stolz wie ein Spanier, daß ich ein Passagier sein durfte. Plötzlich rief der Kapitän: „Alle Passagiere von Bord!“, nahm den Lumpensack und schmiß ihn runter. Dabei leerte sich der Sack und der Inhalt breitete sich auf dem Boden aus. Das führte selbstverständlich zu einigen Tränen. Aber nach dem Versprechen, meinen Lumpensack zukünftig besser zu behandeln, ging das Spiel weiter.

Sehr beliebt war auch das Soldaten-Spielen mit den wunderbaren, buntbemalten Zinnsoldaten, die mein Bruder immer zu Weihnachten geschenkt bekam. Er hatte Regimenter auf Regimenter – Engländer, Franzosen und Deutsche – vor allem jedoch Deutsche mit Heeresführern wie Seidlitz, Blücher und Moltke. Das kleinste Heer war das der Franzosen, die allesamt rote Hosen trugen. Ich mochte sie nicht, weil sie in ihren Hosen so ungewöhnlich aussahen.

Natürlich war mein Bruder der Deutsche mit dem größten Heeresaufgebot, Ludwig war Engländer, auch er hatte sehr viele Soldaten. Ich hatte nur ein kleines Regiment Franzosen. Wir bauten Schlachtfelder mit kleinen Hügeln, Forts und allem, was man sich denken kann. Schließlich ging es kräftig ans Morden. Dazu

wurden kleine gedrehte Papierkügelchen verwendet. Wir kauten sie im Mund mit Spucke weich und formten sie dann zur festen Munition. Jeder legte rund zwanzig bis dreißig Kügelchen vor sich hin. Dann kam der Befehl meines Bruders: „Die Schlacht ist eröffnet." Jeder pfefferte auf jeden los und ich hatte selbstverständlich den Krieg sofort verloren. Trotzdem spielte ich meistens weiter mit, weil ich selig war, von den Jungens akzeptiert zu sein.

Doch hatten wir damit unser „Pulver noch nicht verschossen". In Büchern hatte mein Bruder über orientalische Basare gelesen, und so entstand ein anderes, von uns favorisiertes Spiel. Dazu mußten zwei bis drei kleine Stände eingerichtet werden, in die ich meine Puppenkleider hängte. Georg und Ludwig verkauften sie und ich war diejenige, die kaufen mußte. Aus Papier hatte ich Zahlungsmittel herzustellen, die mir aber schon im ersten Geschäft geklaut wurden. Statt dessen durfte ich dann eine Opiumhöhle betreiben. Als mein Bruder und Ludwig hineinkamen, fingen sie sofort an, zu randalieren und schmissen alles kaputt. Dann verschwanden sie, und ich blieb heulend in meiner Opiumhöhle zurück. Ich wußte überhaupt nicht, was Opium war und ich nehme an, die Jungens auch nicht. Aber sie hatten irgendwas von Opiumhöhlen gelesen und meinten, das wilde Verhalten gehörte dazu. Da die Buben vier Jahre älter waren als ich, war ich für sie das „gefundene Fressen" als Verlierer.

Mein erster Hund – Glückseligkeit und dicke Tränen

Heimlich still und leise besorgte ich mir mit zwölf Jahren meinen ersten Hund. Ich ging zu Herrn Brackhahn, dem Dorfschullehrer, der auch Jäger war und unsere Schladener Jagd hegen, pflegen und bejagen durfte; ich bat ihn, für mich einen süßen kleinen Dackel zu finden. Er konnte nicht wissen, daß dies ohne die Erlaubnis meiner Mutter geschah. Als Städterin war sie nicht wie ich mit Tieren aufgewachsen und hatte eine Aversion gegen Vierbeiner im Haus. Bei uns war alles so fabelhaft gepflegt, daß allein schon die Vorstellung von vier Pfoten, die den Schmutz vom Hof und vom Park ins Haus trugen, sie mit Grausen erfüllte.

Im Hause des Lehrers wurde mir dann ein goldiger, kleiner, krummbeiniger und kurzhaariger Dackel übergeben. Ich nahm ihn sofort in meine Arme und taufte ihn Seppel. Welch ein Glücksgefühl, als ich durch den Wildenhof den kleinen Trampelpfad am Polenteich entlang mit „meinem Juwel" der zu erwartenden Schimpfe meiner Mutter entgegenstapfte. Mein kleiner süßer Seppel fühlte sich sofort zu Hause und hob wie selbstverständlich das Bein an dem erstbesten Sessel – während meine Mutter mit Mordgedanken das kleine krummbeinige Hündchen beäugte. Das Personal wurde zu meiner Schande zusammengerufen, und stehenden Fußes entschied meine Mutter, daß der Hund in den Stall gehöre. Zum ersten Mal versuchte ich nun, mein Recht zu behaupten: Dieses goldige kleine Dackelchen wollte ich um keinen Preis mehr hergeben. So zog ich mich mit ihm in mein Kinderzimmer zurück, während meine Mutter unter Drohungen verbot, mit diesem Tier noch jemals in den Salons oder überhaupt in der unteren Etage zu erscheinen. Wir durften auch nur die Hintertreppe benutzen.

Unsere gemeinsamen Spaziergänge über den Hof brachten uns das größte Vergnügen. Mit den für Seppel so angenehmen

Gerüchen in der Nase war er dann ganz außer sich, und liebend gern nahm er die Witterung von Pferdeäpfel, Kuhschiet, Schweinedreck und den Schweinehunden, die in einem kleinen Zwinger neben dem Schweinestall saßen, auf. Im Park, in der Nähe des von einem Gitter umschlossenen Hühnerauslaufs, packten ihn Jagdgelüste, und mit lautem Gebell scheuchte er die Hühner und Hähne, die mit empörtem Gegacker und wildem Flügelschlagen flüchteten.

Wir schlichen, so wie es mir nunmehr erlaubt war, über die Hintertreppe in mein Kinderzimmer, wo Seppel neben den Puppen, die ich eigentlich nicht sehr liebte, und dem anderen Spielzeug die Hauptrolle spielte. Meine Mutter empfand es als Skandal, als sie ausnahmsweise statt des Kindermädchens beim Abendgebet an meinem Bett stand und Seppel schwanzwedelnd an meinem Fußende Platz genommen hatte. Für mich war es ein Wohlgefühl, meinen kleinen, warmen Seppel an meinen immer kalten

Füßen zu haben und ihm mein Herz auszuschütten. Ich war felsenfest davon überzeugt, daß er alles verstand, was ich ihm erzählte. Endlich hatte ich ein Lebewesen, das ganz für mich da war und mit dem ich spielte, lebte und das Bett teilte.

Mit der Zeit machte auch meine Mutter gute Miene zum bösen Spiel und versuchte, meine Ungezogenheit zu tolerieren. Wenn ich morgens mit dem Zug zur Schule fuhr, übernahmen entweder das Kindermädchen oder mein Freund Otto, der Kutscher, die liebevolle Aufsicht über meinen krummbeinigen Genossen. Es war jedes Mal die reinste Wonne, wenn ich nach Hause kam und Seppel mich mit kleinen Freudensprüngen, bellend und mit wackelndem Schwänzchen begrüßte. Wir waren unzertrennlich und wenn ich wintertags Klavierspielen üben mußte, im kalten Salon und in Decken gewickelt, dann saß er neben meinen Füßen und so manches Mal mußte ich ihn unter den Pedalen hervorziehen.

Das erste Weihnachtsfest mit Seppel nahte und sehr zum Ärger meiner Mutter hatte sich eine Tante angekündigt, die einen Hund im Reisegepäck hatte. Mit großem Eifer baute ich zwei Hunde-Weihnachtstische auf – mit Würstchen, Keksen und allem, was ein Hundeherz erfreuen könnte. Nachdem die erste Bescherung der sogenannten „Leute" vorüber war, bestand ich auf die „Hundebescherung" – mit dem Erfolg, daß sich der Gastspitz und mein Seppel in die Wolle kriegten.

Beim Auseinanderzerren der beiden wild kämpfenden Vierbeiner wurden auch meine Tante und ich nicht von Bissen verschont. Meine Mutter rief in großer Sorge sofort unseren alten Sanitätsrat an und bat ihn, Verbandszeug und vor allem eine Spritze bereit zu halten. Otto wurde mobilisiert, sofort das Coupé anzuspannen und uns zu unserem Sani zu kutschieren. Dieser desinfizierte – wie es damals üblich war – die blutenden Wunden mit Jod, was höllisch brannte. Mit verbunden Armen und Beinen erschienen wir schließlich wieder im Weihnachtszimmer. Die Stimmung war hin, die geliebten Hunde, nunmehr beruhigt, weil die eßbaren Zankäpfel inzwischen weggeräumt waren, saßen auf unseren Schößen. Meine Mutter griff am Flügel nochmals in die Tasten, um weiterhin Weihnachtsgefühle zu wecken, während Seppel laut jaulend das Klavierspiel untermalte. Langsam kam wieder Weihnachtsstimmung auf und zum ersten Mal in meinem Leben interessierten mich meine Geschenke nicht so sehr wie die Zuneigung und die Liebe von meinem kleinen Dackel.

Im Laufe der Zeit wurden Seppel und ich „ein Pott und ein Deckel", so daß wir getrost Zirkusnummern einstudieren konnten. Gemeinsam sprangen wir leichtfüßig über ein Brett, das ich in meinem Kinderzimmer aufgestellt hatte. Doch das war nur der Anfang. Wir kamen uns vor wie zünftige Artisten, die mit ihren Kunststückchen sowohl die Familie als auch jeden Gast in Beschlag nahmen. Seppel konnte auch Stöckchen apportieren, Pfötchen geben, sich auf den Rücken legen und meinen Gesang mit Jaulen begleiten. Mit Seppel verbrachte ich viele glückliche Jahre, und immer war er gesund und munter.

Während meiner Schulferien wurde ich angehalten, bei der Erbsen- und Bohnenernte für ein paar Tage mitzuhelfen. Meine Mutter wollte, daß aus mir eine interessierte und solide Landfrau wird. Mein Bruder, inzwischen Abiturient, ging über die Felder, während ich die vielen Säcke mit Bohnen und Erbsen, die von unseren Dorffrauen gepflückt wurden, auf einer Sackwaage abzuwiegen hatte. Meinem geliebten Seppel wurde es allmählich zu langweilig, immer neben der Waage zu sitzen. Als dann mein Bruder auf seinem Weg zu den Traktorfahrern bei mir vorbeikam, machte sich Seppel mit auf den Weg und rannte fröhlich dem fahrenden Traktor hinterher.

Plötzlich riß mein Bruder voller Entsetzen die Arme hoch, der Fahrer stoppte sofort den Traktor, sprang herunter und sah meinen armen Seppel jämmerlich jaulend und schwer verletzt auf dem Acker liegen. Ihm waren zwei Beine von den Flugscharen zerschmettert worden. Mit dem Spazierstock meines Bruders und einem gezielten harten Schlag auf den Kopf erlöste er das arme

Tier von seinen Qualen. Ich hörte das Jaulen und Zaulen und eine unheilvolle Ahnung erfaßte mich. Ich lief über den Acker und der Traktorfahrer kam mir mit meinem toten, heißgeliebten Hund auf dem Arm entgegen, mein Bruder umarmte mich und wir weinten gemeinsam.

Jeder, der mit Tieren lebt, wird nachvollziehen können, was man bei einem solch zutiefst erschütternden Unglücksfall empfindet. Ich baute meinem geliebten Seppel ein wunderbares Grab und unter Tränenströmen begrub ich ihn.

Seppel war nicht der letzte Hund, der mich während meiner Jugendzeit begleitete. Es folgten die Krummbeiner Seppi und Moppi. Später gesellten sich noch eine Dackelhündin mit dem schönen Namen La Jana dazu sowie eine etwas größere Mischlingshündin mit Namen Cäsar und Ratte, eine Schäferhündin. Ich hatte sie von meinen Freunden beommen, die gleich zu Anfang des Krieges eingezogen wurden und sich nicht mehr um ihre Vierbeiner kümmern konnten.

Ich habe niemals ohne Tiere gelebt, auch in späteren Jahren nicht, als es sehr kompliziert wurde, weil Huschke und ich sehr viel auf Reisen waren. Aber irgendwie haben wir es immer geschafft, die Tiere mitzunehmen oder sie entsprechend versorgen zu lassen.

Hermann, mein erster Kavalier

Im Alter von 13 Jahren galt meine große Bewunderung Hermann, dem Sohn unseres Ökonomierats. Er saß auf dem Pferd wie ein junger Gott, rauchte schon heimlich die Zigarren seines Vaters und gab sich, obwohl er auch erst 16 Jahre war, wie ein Gentleman. Er durfte schon mit auf die Jagd gehen und war überhaupt ein „Supertyp" in meinen Augen. Als er nach acht Tagen seiner Sommerferien wieder nach Hause fuhr, überlegte ich mir etwas, um seine Aufmerksamkeit auf mich zu lenken. So schickte ich ihm einen „Liebesbrief", in den ich eine der dicksten roten Rosen, die ich in unserem Park finden konnte, hineinpreßte. Nach ungefähr fünf solcher Briefe rief seine Mutter bei uns an und bat darum, ich möge mit dieser Schreiberei aufhören. Sie müsse für diese gewichtigen Schreiben jedes Mal Nachporto

bezahlen, was sie natürlich ärgerte. Ich kriegte wieder eine „Moppe“ und damit war die erste Liebe erloschen.

Hermann kam noch öfter nach Schladen, und einmal rief meine Mutter zum „Gruppenfoto“ auf. Auf der Parkbank vor der Terrasse nahm Mutti, wie stets etwas schräg sitzend, Platz, damit sie schlanker aussah und die Beine auch recht zu sehen waren. Auch ich durfte mich auf die Bank setzen, mein Bruder und Herrman rechts und links auf den Lehnen. Mutti hatte mir einen Platz neben meinem Bruder zugewiesen. Ich maulte, denn ich wollte lieber neben Hermann sitzen. Ich bekam eine kleine Ohrfeige, versuchte mir das Heulen zu verkneifen und setzte mich trotzdem neben ihn. Meine Mutter beschimpfte mich noch als dummes Kind, worauf Hermann sich vor sie hinstellte und sagte: „Gnädige Frau, ich behandle Ursel als Dame!“ Nun, das war wohl das Schönste, was mir ein Junge in der damaligen Zeit sagen konnte, und da ich immer noch einige Tränen in meinen Augen hatte, nahm er meine Hand. Als meine Mutter hinterher das Fotos sah, war sie außer sich, denn Hermann und ich saßen Hand in Hand da – das war nun wirklich das Ende meiner „Affäre“.

Backfischzeit

Endlich ein Backfisch

Der Sonntagmorgen begann oftmals mit dem Klavierspiel meiner Mutter, das uns zum Aufstehen ermunterte. Das erste Thema beim Frühstück, noch ehe man sich überhaupt eine Scheibe Brot in den Mund gestopft hatte, war: „Wer geht mit mir in die Kirche?“ Wir hatten keine Lust, aber das war eine unserer Pflichtübungen. Waren Gäste da, wurden diese abkommandiert, allein im Familiensitz, der „Prieche“, Platz zu nehmen. Waren keine Besucher da, gingen wir Kinder. Hatte meine Mutter mal keine Zeit, saßen wir mit unserem Hauslehrer oder der Hauslehrerin in der Kirche.

Unser Pastor mit Namen Schulz hatte ein Organ, mit dem er Tote hätte erwecken können. Das Gros seiner Zuhörer bestand schon damals aus älteren und gehörgeschädigten Pfarrkindern. Da es zu damaliger Zeit noch keine Hörgeräte und auch keine Mikrophone gab, mußte er seine Gemeinde durch lautes Schreien vor dem Einschlafen während des Gottesdienstes bewahren.

Natürlich war die Kirche auch im Winter nicht geheizt und so hatte meine Mutter, weil wir alle an kalten Füßen litten, einfach ein Fuder Stroh zur Kirche bringen lassen. In der „Prieche“ wurde es dann unter einem Teppich aufgeschichtet.

Unsere Gesangbücher lagen auf dem Pult vor uns. Das meines Vaters war mir am liebsten, er hatte es schon als junger Mann benutzt und jedes gesungene Lied mit Datum und Jahr versehen.

So lange sich der Pastor noch vor dem Altar „beschäftigte“, hatten wir Muße, in diesem für uns sehr interessanten Gesangbuch zu blättern. Schritt der Pfarrer auf die Kanzel, die sich leider unserer Prieche direkt gegenüber befand, so daß er uns fest im Auge hatte, mußten wir uns anständig benehmen und den markigen Worten seiner Predigt lauschen. Er hatte wilde schwarze Haare und unterstrich seine Worte mit eindrucksvollen Gesten. Er war für uns ein Schauspieler, aber auch eine Respektsperson, die uns ein bißchen Angst einflößte.

Als Konfirmanden saßen wir natürlich nicht mehr in der Prieche, sondern neben der Orgel auf der Empore. Dort schlug der Direktor unserer Dorfschule, von uns „Zappel“ genannt, in die Tasten. Und wehe, wir Konfirmanden hatten geflüstert oder uns auffällig benommen, dann wurden wir sofort mit strengen Blicken bestraft. Wir hatten nicht nur viel Respekt vor Pastor Schulz, sondern auch vor diesem Lehrer, der mit Ohrfeigen oder mit einer „Abreibung“ auf dem Hintern nicht sparte.

Vor der Konfirmation gab es in der Dorfschule eine Prüfung vor dem Superintendenten. Dazu mußten wir sehr viel auswendig daherplappern, wie die Namen der Propheten: Obadja, Jona, Micha, Nahum, Habaduk, Zephania, Maleachi usw. Auch die Zehn Gebote mußten wir auswendig lernen sowie einige weitere Auszüge aus dem Alten und Neuen Testament.

Da Pastor Schulz natürlich gerne dem Superintendenten gegenüber mit seinen Konfirmanden gut abschneiden wollte, hatte er eisern mit uns gelernt. Bei der Prüfung nahm er neben mir auf der Schulbank Platz und raunte mir hinter vorgehaltener Hand zu: „Mein Kind, wenn du nicht weiter kannst, dann helfe ich Dir.“ Weil der Prüfer wohl gedacht hatte, daß ich ein besonderes Kirchenlicht wäre, wurde ich viel gefragt. Wenn ich stecken blieb, flüsterte mir der Pfarrer die Stichworte zu. So hinterließ ich wider Erwarten einen guten Eindruck.

Die zweite Prüfung fand in der Kirche statt, an der auch die Gemeinde teilnahm. Wieder mußten wir aufsagen, was wir wußten. Die Gemeinde war entzückt von dem Wissen ihrer Konfirmanden.

Am Tag der Konfirmation erschienen wir alle in einem tristen schwarzen Kleid. Schmuck war verboten und mit Kranz im Haar schritten wir gesittet mit dem Pastor voran in die Kirche – in der Hand ein neues Gesangbuch mit weißen Spitzentaschentuch. Obwohl ich eigentlich eine „wilde Hummel“ war, hat mich die Zeremonie damals doch sehr beeindruckt. Meine Mutter war froh und dankbar, daß ich mich anständig benommen hatte, denn sie konnte sich noch erinnern, daß Pfarrer Schulz etwas verärgert auf mich war.

Die „Fahrschüler“, die zu den höheren Schulen nach Wolfenbüttel oder Braunschweig fuhren und zu denen ich gehörte, bekamen Konfirmandenunterricht im Pfarrhaus. Die anderen Konfirmanden erhielten in der Dorfschule ihren Unterricht. An einem Unterrichtstag, wir waren zu viert im Pfarrhaus, sah ich das weiße „Bäffchen“ aus der Bibel herauslugen, was dort wahrscheinlich zum „Plätten“ lag. Auf der Bibel lag das schwarze Käppchen. Das animierte mich, es aufzusetzen, das Bäffchen umzulegen und eine Predigt vor meinen Mitkonfirmanden zu halten. Plötzlich stand der Pfarrer in der Tür und war sicher nicht entzückt von meinem Auftritt. Jedenfalls brachte er einen leichten Vorwurf bei meiner Mutter an und so bekam ich wieder eine hinter die Ohren.

Nach der Konfirmation in der Kirche war im Haus der Empfang für Onkel, Tanten und Paten, die zahlreich erschienen waren und für die ich dann das schwarze Kleid ablegen durfte. Wie meine Mutter entschieden hatte, konnte ich in einem weißen Gewand zum Essen erscheinen. Es wurden wunderbare Reden gehalten. Ich fühlte mich als absoluter Mittelpunkt. Auch ich hatte einige Worte zu sagen, die ich nur stotternd hervorbrachte. Aber alles in allem war es für mich ein unvergleichliches Fest.

Nach dem Essen durfte ich an meinen Konfirmationstisch gehen, auf dem in der Mitte ein Bild meines längst verstorbenen Vaters stand, um das eine Kette mit einem sehr hübschen, kleinen Perlenanhänger gehängt war. Es rührte mich tief, weil plötzlich mein Vater gegenwärtig war. Meine Mutter erklärte mir, daß Vater diese Kette als Taufgeschenk für mich ausgesucht hatte. Sie hatte sie seit damals unter Verschluß gehalten, um mir damit zur Konfirmation eine Freude zu machen – was ihr auch hundertprozentig gelang. Dann öffnete ich das Geschenk von Onkel Horny: ein silberner Suppenlöffel. Ich dachte, „ach du meine Güte, was soll ich denn damit“. Aber letztlich war das der Grundstock für mein Silberbesteck. Von Onkel Wätgen bekam ich ein Buch mit dem Titel „Die Heilige und ihr Narr“, naja! Onkel Org schenkte mir eine silberne Sauciere, was ich damals auch nicht für so günstig hielt. Aber noch heute liebe ich diese kleine Sauciere, die mich an vergangene Zeiten erinnert. Von meiner Mutter bekam ich einen Lapislazuli-Siegelring, den ich von diesem Tag an bis zu meiner Hochzeit getragen habe. Aus dem Dorf kamen rund vierzig Blumentöpfe, auf die ich furchtbar stolz war und sichtbar in alle Fenster verteilte.

Mit dieser Konfirmation hatte ich das Gefühl, einen neuen Lebensabschnitt angefangen zu haben. Endlich war ich ein vollwertiges Mitglied unserer Gemeinde und darüber hinaus ein sogenannter Backfisch geworden.

Tanz in Tüll und Goldkäferschuhen

Die Zeit der Dorfschule dauerte fast bis zum neunten Lebensjahr. Danach stand eine Hauslehrerin für mich bereit. Die erste war Fräulein Wächter, die jeden Morgen aus Braunschweig mit dem Zug angefahren kam. Ich mußte sie vom Bahnhof abholen, weil meine Mutter das für höflich hielt. Fräulein Wächter war staksig, streng und ohne viel Humor. Im Unterricht begeisterte sie mich überhaupt nicht. Sie überwachte auch meine unfruchtbaren Klavierstunden. Im Winter saßen wir dann in Decken gewickelt im kalten Salon, denn Mutti sparte.

Meiner etwas älteren Freundin Irmgard, Tochter unseres Buchhalters, klagte ich meine Abneigung gegen Fräulein Wächter. Sie riet mir, ihr doch einfach mal den Stuhl wegzuziehen, wenn sie sich setzen wollte. Diese großartige Idee gefiel mir sehr, und so schritt ich zur Tat: In dem Moment, wo sie an dem Tisch mit der Samtdecke Platz nehmen wollte, zog ich ihr den Stuhl weg. Fräulein Wächter suchte Halt an der Decke und zog sie mit in den Abgrund – und mit ihr auch das Tintenfaß und alles, was auf dem Tisch stand. Vor Schreck machte ich mir in die Hose, und eine große Pfütze entstand unter meinen Füßen. Fräulein Wächter, die mich maßregeln wollte, sah dieses Malheur und war sofort bereit, mir zu verzeihen.

Nachdem Fräulein Wächter uns verlassen hatte, trat Fräulein Gerhard „auf den Plan". Sie war eine dralle, knackige junge Frau, die mit mir sehr energisch umging, was mir natürlich auch nicht gefiel. Sie bestellte beim Stellmacher einen Barren, auf dem ich in Zukunft turnen sollte. Beim Vorturnen schwang sie ihren Körper energisch hin und her und knallte dann mit ihren dicken Schenkeln auf die ovalen Holme. Ihr machte das offenbar nichts aus, doch meinen schwingenden Stockbeinen bereitete das Barrenturnen jedes Mal Pein. Nachdem sie die vielen blauen Flecken an

Mit Fräulein Wächter auf dem Weg zur Bethovenschule

meinen Schenkeln sah, wurden aus den ovalen angenehme Rundhölzer geformt. Sie trieb mich voran bis zur Quarta und ich war froh, durch die Aufnahme im Wolfenbütteler Lyzeum ihrer Strenge und Aufsicht entkommen zu können. Auf das Lyzeum setzte meine Mutter all ihre Hoffnungen: Meine Mitschülerinnen, so dachte sie, würden auf mich, dem ungezügelten Landkind, einen mehr städtischen Einfluß ausüben.

In dieser Zeit begann der Morgen für mich um dreiviertel sechs: aufstehen, in einer Porzellanschüssel kalt waschen, anziehen und dann mit meinem Bruder zum Bahnhof, wo wir in den Schulzug nach Wolfenbüttel stiegen. Zur Rübenzeit erstrahlte die Zuckerfabrik auf unserem Weg zum Bahnhof in vollem Lichterglanz und mit dem rauchenden Schornstein sah ich in ihr einen großen Ozeandampfer. Dieses „Phantasieschiff" weckte in mir schon damals die Lust auf ferne Länder.

Um halb acht Uhr kamen wir in Wolfenbüttel an. Georg ging zum Gymnasium, ich zum Lyzeum. Dort mußten wir noch eine halbe Stunde bis zum Schulbeginn warten. Meine erste Freundin war Mohrrübe – sie hatte rote Haare. Nach einem Vierteljahr erschien ein neues Mädchen mit Namen Gerda in unserer Klasse. Sie hatte kurze Haare und eine für mich wunderbare „Schmachtlocke“ auf der Stirn. Als ich einmal bei ihr übernachten durfte, sah ich , daß sie die „Schmachtlocke“ mit Zuckerwasser in eine pfiffige Form legte und mit einem Band an der Stirn festhielt. Ich selbst trug noch Zopf oder eine Art Pferdeschwanz mit Schleife. Ich hätte auch zu gerne so eine Locke gehabt, aber so etwas modisches war bei meiner Mutter nicht drin. Gerda zog mich an wie ein Magnet. Sie kam aus Berlin, ihr Vater war Major und Standortältester in Wolfenbüttel, und außerdem spielte sie Tennis. Das war für mich plötzlich die große Welt. Ich ließ sie nicht mehr aus den Augen, und wir freundeten uns auf das Allerherzlichste an.

Dann kam der Aufruf zur Tanzstunde. In Wolfenbüttel wurde es so gehandhabt, daß die etwas älteren Buben aus dem Gymnasium die Mädchen vom Lyzeum auffordern mußten, um mit ihnen als Pärchen an der Tanzstunde teilzunehmen. Ich kam nun, wie unsere Mamsell immer sagte: „von butten rin“. Mit anderen Worten: Ich war eine Landpomeranze – und so fühlte ich mich auch.

Meine Freundin Gerda hatte gleich drei wirklich hervorragende junge Herren, die sich um sie bemühten – während ich mal wieder keinen abkriegte. Ich kannte keinen dieser Jungen, da ich nach der Schule immer sofort nach Hause fahren mußte. Zudem war ich auch nicht so flott wie die Städterinnen.

Nun schaltete meine Mutter Georg ein. Er bekam den dienstlichen Befehl, einen Jungen für mich zu organisieren. Eines Tages klappte das Rendezvous. Ich hatte jedoch keine Ahnung, wer der Auserwählte war. Ich traf ihn in Wolfenbüttel. Mein Bruder stand dort mit ihm auf dem Schloßplatz. Ich stolperte beim Überqueren der Straße noch durch Pferdeäpfel, um zu meinem Tanzstundenherrn zu kommen. Dann aber stand ich vor ihm und fand: Er war nun wirklich nicht meine Kragenweite. Er war kleiner als ich und hatte sehr kurze Haare, fast abrasiert. Dann stotterte er auch noch die Aufforderung zur Tanzstunde heraus – oh Gott! Kaum war er außer Sichtweite, sagte ich zu meinem Bruder: „Einen etwas besseren hättest du mir ja auch aussuchen können und warum hat er so kurze Haare?“ Dann sagte Georg noch, daß er Epileptiker sei und ich aufpassen müsse, wenn er einen Anfall bekäme. Er hieß Wolfram, und es stellte sich heraus, daß er auch nicht tanzen konnte. Walzer linksrum war gar nicht möglich und alles andere tanzte er stocksteif.

Inzwischen wurde ich mit Hilfe von Fräulein Ziegenbein, der Dorfschneiderin, in etwas flottere Gewänder gehüllt. Die abgelegten Sachen meiner Mutter wurden zu Tanzkleidern umgearbeitet. Dazu bekam ich ein Paar feine Schuhe. Die Tanzstunde verlief eigentlich ganz lustig. Inzwischen war ich auch von den etwas flotteren Tänzern akzeptiert worden und entwickelte mich zu einer begeisterten Tänzerin. Mit Wolfram tanzte ich nur die Anstandstänze und während der Kaffeepause mußte er neben mir sitzen. Dann erzählte er nur von der Schule – ach, war das langweilig!

Zum Abschlußball der Tanzstunde bekam ich mein erstes Ballkleid. Mutti kaufte endlose Meter Tüll in grüner Farbe. Er paßte zu ihrem abgelegten Kleid, das sie zu Unterrock und Mieder verarbeiten ließ. Schließlich hingen viele Meter Tüll um meinen Körper, aber ich fand mich wunderbar und genoß den Abschlußball.

Ein Jahr später wurde ich mit meinem vier Jahre älteren Bruder zum Primanerball eingeladen. Ich hatte das Gefühl, das große Los gezogen zu haben, denn ich war erst 14 Jahre alt. Normalerweise waren die Mädchen alle älter, die mit den Primanern tanzten. Ich erbat von meiner Mutter ein neues Ballkleid, was auch genehmigt wurde. Wieder trat die Schneiderin Fräulein Ziegenbein in Aktion. Aus dem Teepuppenkleid wurde dieses Mal ein langes Kleid. Man nähte einfach die Tüllvolants untereinander –

jeweils zierlich mit einem Köpfchen versehen – und schon hatte ich ein langes Kleid. Ich war schlechter Laune, denn ich hätte gern etwas aus fließender Seide gehabt. Zu dem Ballkleid bekam ich die Goldkäferschuhe meiner Mutter geliehen. Meine Mutter hatte jedoch Schuhgröße 37 und ich 38 1/2! Ich quetschte mich hinein in die nadelspitzen „Goldkäfer“, ging im Zimmer Probe und balancierte auf den hohen Absätzen hin und her. Schon nach wenigen Minuten brannten meine Füße wie höllisches Feuer. Meine Mutter meinte jedoch, mit etwas Talkpuder würden es die „Goldkäfer“ für einen Ball noch tun.

Nun fuhren mein Bruder und ich im Zug nach Wolfenbüttel. Dort bestiegen wir am Bahnhof die Elektrische, wo schon mein Tänzer – wieder einen halben Kopf kleiner als ich – bereit stand. Unbeholfen kletterte ich mit dem langen Kleid in die Straßenbahn. Es machte einmal Ratsch und ein Teil des Volants war vom Kleid abgerissen. Nun saß ich in der Bahn und fragte: „Was mache ich jetzt bloß?“ Daraufhin sagten mein Bruder und der junge Mann: „Reiß es doch einfach rundherum ab“. Das taten wir mit vereinten Kräften – und schon hatte ich ein dreiviertellanges Kleid. Dadurch kamen auch die Goldkäferschuhe besser zur Geltung.

Die Damen hatten Tanzkarten, in die sich die Herren für einen Tanz eintragen konnten. Mein Bruder ging hausieren mit meiner Karte und bat jeden seiner Freunde: „Schreib doch mal für meine Schwester ein.“ Letztendlich stand mein Bruder fünf Mal darin – neben ihm noch ein paar andere, die er gezwungen hatte – ich war nicht nur die Jüngste, auch war ich dem städtischen Auftreten noch immer nicht gewachsen. Dann wurde getanzt, und die Schuhe brannten an den Füßen. So lange ich im Arm eines Tänzers lag, war ich auch der Schuhe mächtig. Kamen aber Tanzspiele, wo die Herren und die Damen allein gehen mußten, war der Spaß vorbei. Ich litt Folterqualen in diesen Schuhen und da sollte ich noch zierlich dahinschreiten! Ich war froh, daß ich ohne großen Unfall diese Tänze überstanden hatte.

Dann kam ein Walzer und mein Bruder hatte seinen Freund Klaus Ostmann einschreiben lassen. Der junge Herr sah nicht nur gut aus, er war auch ein eleganter, draufgängerischer Bursche. Ich schmiß mich in seine Arme und schmolz hin vor Seligkeit. Der Walzer begann, aber der Kerl drehte immer nur rechts rum, rechts rum, rechts rum; ich sah überhaupt nichts mehr, mir schwamm alles vor den Augen und der Tanz hörte nicht auf. Er drehte und drehte weiter und dann, als endlich die Musik aufhörte, stand ich da wie total betrunken, torkelte schwerfällig auf meinen Platz zurück und schämte mich in Grund und Boden. Das war eines meiner deprimierendsten Erlebnisse und ich schwor mir: nie wieder Goldkäferschuhe, nie wieder Tüllkleid und nur noch Walzer, wenn es nicht zu vermeiden ist.

Hupsi, der Komödiant in allen Lebenslagen

Welch ein Glück für meine Jugendzeit, meine Familie und alle unsere Freunde, daß wir einen Schauspieler in der Familie hatten, einen Schauspieler mit Namen Hupsi. Zur Erklärung: Er hieß Hubert von Meyerinck, stammte mütterlicherseits aus Schladen, wo mein Urgroßvater im Laufe kürzester Zeit sieben Töchter zeugte – eben jene „dreistöckigen Marien". Aus dieser Sieben-Töchter-Familie stammte nicht nur meine Großmutter, sondern auch die Mutter von Hupsi. Sie heiratete Herrn von Meyerinck vom Gut Kiewitz und wurde für uns in der Familie die verständnisvolle Tante Line.

Hupsi war schon als Kind der geborene Schauspieler und produzierte sich ständig vor dem Küchenpersonal. Aber in einer anständigen preußischen Familie war man nicht gewöhnt, daß ein Junge von zehn Jahren als Mime agierte, und so erntete er nicht selten verständnisloses Kopfschütteln. Huberts Vater fiel im Ersten Weltkrieg, und entgegen aller Widerstände setzte der junge Hupsi mit Unterstützung seiner Mutter durch, in der berühmten Schauspielschule von Max Reinhardt Unterricht zu nehmen.

Er war nicht nur ein Bühnen- und Filmschauspieler, sondern auch unser geliebter Onkel. Zu Hause entfaltete er mit wahnsinnigen Übertreibungen sein schauspielerisches Talent. Wir Kinder hingen an seinen Lippen, wenn er Situationen beschrieb und alles Erlebte, auch die kleinste Kleinigkeit zu einem Schauspiel, einem Drama oder einer Komödie werden ließ. Es waren immer wieder Höhepunkte in unserer Jugend, seiner Ausdruckskraft, seinem Temperament und seiner Vielfalt an komödiantischen Einfällen zu lauschen und zuzusehen. Wer von den Nachbargütern hatte schon einen solchen Onkel zu bieten!

Er war oft bei uns in Schladen und manchmal wurden sogar Filmszenen im Park gedreht. Ich erinnere mich an einen Film,

Der Komiker in unserer Familie, Hubert von Meyerinck

wo er als kühner Reiter auftreten mußte. Er saß voller Todesangst im Sattel, weil er immer das Gefühl hatte, Pferde trachten ihm nach dem Leben. Nun breitbeinig auf einem Roß sitzen zu müssen, war für ihn eine sehr große Qual. Wir konnten uns vor Lachen kaum halten, denn wir waren mit Pferden und Tieren groß geworden. Wir versprachen ihm, daß einer das Pferd am Schwanz hält und der andere am Kopf, so habe er nichts zu befürchten. Mit unserer Hilfe konnte Hupsi schließlich heldenhaft auf seinem Pferd sitzen, um sich als wilder Reiter im Film zu produzieren.

Er war aber auch – wie viele Schauspieler – abergläubig bis in den kleinen Zeh. Wenn im Park das Käuzchen „kommit, kommit, kommit“ rief, war für ihn der nächste Tag ein Unglückstag, an dem natürlich alles schief gehen mußte. Bei Kriegsende hatte er dann auch tatsächlich ein „schreckliches Abenteuer“ nach einer Käuzchennacht. Die Zonengrenze befand sich nur einen Kilometer von Schladen entfernt. Hupsi wollte über die grüne Grenze nach Berlin, um das Grab seiner Mutter zu besuchen. Das Käuzchen hatte jedoch in dieser Nacht gerufen und so mußte er selbstverständlich kurz hinter der Grenze von den Russen festgenommen werden. Man erleichterte ihn um seine Uhr, sein Geld und seinen Ring. Das aber war natürlich die Schuld des Käuzchens. Sein Glück im Unglück war, daß er nur einen Tag auf der Wache bleiben mußte und dann einfach an die Luft gesetzt wurde.

Eines Tages verließ er uns und diese Welt und wurde in Schladen zu Grabe getragen. Aus diesem Anlaß kamen viele Schauspieler aus seiner Zeit, wie Boy Gobert, Loni Heuser, Gudrun Genest und Karl Schönböck nach Schladen. Sie alle wollten ihm die letzte Ehre erweisen. Mit Pferd und Wagen wurden die Schauspieler vom Bahnhof abgeholt und betraten das Haus, wo wir im Entrée ein schönes Bild von Hupsi mit einer brennenden Kerze daneben aufgebaut hatten. In fast völliger Ekstase brachen die Schauspielerinnen und Schauspieler unter Tränen und Wehklagen vor diesem Bild zusammen. Man konnte sie kaum bewegen, in den Salon zu gehen. Mein Bruder, der ein sehr nüchterner Mensch war, kam zu mir und fragte: „Was soll ich denn mit diesen Menschen anfangen? Die sind ja alle verrückt!“ Daraufhin kam ich auf die gute Idee, Champus aus dem Keller zu holen. Kleine Brote standen schon zur Verfügung und so fing ein flottes Bechern im Hause an. Endlich war es so weit, daß wir auf den Friedhof gehen konnten: Alle waren bester Laune und voll des guten Champus'. Wir waren ein ganz lustiger Verein. Am Grab flossen keine Tränen mehr und wir nahmen von unserem geliebten Hupsi Abschied – genauso, wie er es sich sicher gewünscht hätte: mit vielen lieben Gedanken an ihn und voller Dankbarkeit, daß es einen so zauberhaften, lustigen, komödiantischen Onkel und Freund gegeben hat, ein Freund, der mit denen, die um sein Grab standen, auch gern noch einen Champus getrunken hätten.

Endlich flügge

Reisefieber – Lockruf der Ferne

Meine Mutter, die aus meinem Bruder und mir einigermaßen gebildete Kinder machen wollte, suchte durch das „Adelsblatt" eine Dame für die Ferien, die mit uns französisch pauken konnte. In Fremdsprachen waren wir nicht gerade die Koryphäen. So trat eines Tages Fräulein von Gynz Rekowski auf den Plan, zu der wir gleich ein besonders herzliches Verhältnis hatten. Sie war Lehrerin an einem Mädchen-Gymnasium in Berlin und wollte ihre Ferien uns mittelmäßig begabten Kindern opfern, und ganz nebenbei auch die gute Landluft genießen.

Sie mußte von ihrem kleinen Gehalt leben und hatte nur eine winzige Wohnung in Berlin. Darum kam ihr das Haus in Schladen fast wie ein Schloß vor – was ihr so viel Freude bereitete, daß sie schon am zweiten Tag das Gefühl hatte, Hofdame bei meiner Mutter zu sein. Sie unterrichtete mich in Hofknicks und ähnlichen Dingen. Das beflügelte ihre Phantasie, sich auf höchster Ebene zu bewegen. Dieses Gehabe war für uns neu, aber wir genossen es und haben mit ihr über ihre scherzhaft-devote Haltung gelacht. Unterrichtet wurde im Park, denn es war Sommer. Auch tagsüber mußten wir mit ihr mehr oder weniger französisch parlieren. Aber all ihre Bemühungen fielen nicht auf so fruchtbaren Boden, denn ich konnte mein Französisch in der Schule nur um eine Note verbessern. Trotz allem machte der Unterricht Spaß mit ihr. und so wurde sie bald für uns zu „Tante Margot".

Bevor sie uns nach den Ferien verließ, sprach sie mit meiner Mutter über meine mögliche Teilnahme an einem Berliner Schüleraustausch. Die Berliner Stadträtin setzte sich damals für den Austausch von Berlin nach Spanien ein. Schon der Gedanke daran, die Welt nun endlich kennenzulernen, war ein geistiger Höhenflug für mich.

So fand ich mich nach einem Jahr, inzwischen war ich 16 Jahre geworden, auf dem Berliner Bahnhof in einer Gruppe von zwanzig Jungen und Mädchen wieder. Sie alle sahen wie ich diesem Abenteuer mit einem Hochgefühl entgegen. Tante Margot war als Aufsichtsperson mit von der Partie. Nach dreitägiger Bahnfahrt, mit kurzem Zwischenstop in Paris, landeten wir in Madrid in der „Fundacion del Amo“, einem Studentenheim, das wir in den Ferien bevölkern durften. Tausend neue Eindrücke kamen auf uns zu, auch ein Stierkampf, bei dem ich aber im wesentlichen die Augen zukniff, denn mit anzusehen, wie Tiere gequält wurden, war mir nicht mit in die Wiege gelegt worden.

Wunderbar dann der Aufenthalt in Actela in den Siette Picos, wo wir unter anderem dem Ministerpräsidenten Zamorra vorgestellt wurden. Er verbrachte gerade im Sommerschloß des Königs seine Ferien.

So folgte ein eindrucksvolles Erlebnis nach dem anderen. Ich denke an das wunderbare Museum im Schloß Escorial und an die herrlichen Städte Valencia, Segovia und Toledo. Während der Ferienzeit wurden wir auch in Spanisch unterrichtet. Das sollte sich noch für mich und meine spätere Reise nach Lateinamerika als großer Vorteil erweisen.

Zwei Jahre später hatte ich wieder das große Glück, an der von Berlin organisierten Reise in die Türkei teilnehmen zu dürfen. In Istanbul bezogen wir Quartier im Galata-Serail – zwei ehemaligen Prinzessinnen-Palästen, die als Internat genutzt und wie in alter Zeit von Eunuchen bewacht wurden. Wir hatten ein Mädchen- und ein Jungenhaus, und unser ungezwungener kameradschaftlicher Umgang miteinander mußte den sittenstrengen Türken sicher ein Dorn im Auge gewesen sein. Die Häuser lagen direkt am Bosporus, in dem vor der Küste allerdings entsetzlicher Unrat herumschwappte. Aber wir tauchten drunterweg und schwammen voller Freude in diesem fernöstlichen Gewässer.

Der schöne Blick auf den Bosporus entschädigte uns auch für die wirklich primitiven sanitären Verhältnisse. Wir Mädchen schliefen in einem großen Raum zusammen, der voller Flöhe und

Wanzen war, die ihren nächtlichen Appetit an uns stillten. Ich war offensichtlich ihr bevorzugtes Opfer, denn ich sah schon bald einem Streuselkuchen ähnlich. Trotzdem kam ich ohne Krankheit über die Runden, während die weniger gepieksten zum größten Teil krank wurden, einige davon sogar in ein Istanbuler Krankenhaus kamen.

Es gab viel zu sehen und zu erleben, wie z.B. eine Einladung in die Deutsche Botschaft, ein Ausflug zu den Prinzen-Inseln sowie der Besuch der Moscheen und Museen. Es waren einfach wunderbare Wochen, in denen wir auch in der türkischen Sprache unterrichtet wurden.

Die Rückfahrt mit dem Schiff führte uns an der Küste entlang über Smyrna, Italien bis Venedig und dann ging es weiter mit dem Zug nach Hause.

Nochmals verging ein Jahr, und wieder bekam ich durch Tante Margot die Chance, an einer Reise teilzunehmen – dieses Mal allerdings schon als „Respektsperson", denn ich fungierte sozusagen als Hilfsbegleiterin. Die Reisegruppe bestand aus Studenten, denen das Tor zur Welt im wunderbaren Griechenland geöffnet werden sollte. Wir waren in einem Internat in Athen untergebracht und wurden von zwei Lehrern betreut. Wir sahen nicht nur die Akropolis und all die anderen herrlichen Bauten. Wir reisten auch über den Peleponnes, um dann wieder für die Osterfeiern in Athen zu sein. Für diese Zeit hatte ich mir einen ganz besonderen Höhepunkt ausgedacht und ihn schon einige Wochen zuvor in Schladen vorbereitet.

Weil mein verstorbener Vater im Husarenregiment des Herzogs von Braunschweig als Rittmeister gestanden hatte, schrieb ich die Herzogin von Braunschweig an. Es war mein Wunsch, während meiner Zeit in Athen eine Audienz bei der Kronprinzessin Friederike, ihrer Tochter, zu bekommen. Sie war seinerzeit mit mir in Obernkirchen in der sogenannten Landfrauenschule gewesen. Inzwischen aber war sie die Kronprinzessin von Griechenland geworden. Glücklicherweise verwendete sich die Herzogin für mich und ließ mir den Zeitpunkt der Audienz zukommen.

Seitens der Hofdame wurden einige Hinweise gegeben: Kostüm, Hut und weiße Handschuhe waren beispielsweise vorgeschrieben, natürlich auch der übliche Hofknicks und gemäß der Etikette hatte man sich solange rückwärts zu bewegen, bis die Kronprinzessin sich beim Abschied entfernte. Trotz der Osterfeierlichkeiten wurde ich im Königlichen Sommerschloß empfangen.

Mein Auftritt mit tiefem Hofknicks erwies sich dabei als devoter Reinfall. In meinem modisch engen und langen Rock war mir in der tiefen Hofknicks-Stellung die Möglichkeit verbaut, wieder alleine in die Vertikale zu kommen. Nur durch den handfesten Zugriff der Kronprinzessin konnte mein Absturz nach hinten verhindert werden.

Kaum waren wir allein, schwatzten wir wie früher in Maidenkleidung in Obernkirchen. Zum Schluß durfte ich im Park in den hochräderigen Kinderwagen sehen, in dem die erstgeborene Tochter Sophia, die jetzige Königin von Spanien, lag. Wir nahmen Abschied und vorschriftsgetreu ging ich rückwärts auf dem Kiesweg. Allerdings wandte sich die Kronprinzessin zum Abschied nicht um, sondern verfolgte mich mit Argusaugen. Plötzlich landete ich rückwärts in einem stacheligen Rosenbeet und wir beide lachten und dachten dabei an unsere in der Frauenschule ausgeheckten Streiche. Das war mein königlicher Rücktritt.

Obernkirchener Frauenschule – Abnabeln von Mutter

Eines meiner glücklichsten Jugendjahre voller Kameradschaft und Freude erlebte ich mit 19 Jahren. Es war meine Zeit in der Obernkirchener Frauenschule. Den Entschluß zum Besuch dieser Schule faßte ich, weil ich mich, wie man heute so schön sagt, „abnabeln" wollte. So vereinbarten wir einen Antrittsbesuch bei der Oberin der Frauenschule. Dazu wurde unser Röhr Junior „angespannt" und meine Mutter, mein Bruder und ich fuhren genObernkirchen. In Bad Eilsen lud Mutter uns im „Fürstenhof" zum Lunch ein, so daß wir gestärkt diesem für mich so entscheidenen Nachmittag entgegensehen konnten. Meine Mutter, an gemütliche nachmittägliche Ruhe gewöhnt, setzte sich mit meinem Bruder in die Halle, wo beide mit geschlossenen Augen „über die Weiterfahrt nachdachten".

Mich reizte der Park hinter dem Hotel, vielleicht auch, weil ich – wie meistens – ungeduldig war. Ich sah viele Blumen, wunderbare Rasenflächen, schöne alte Bäume und, um bei alt zu bleiben: viele alte Leute, die im Park spazierten. Plötzlich erspähte ich einen Lichtblick: Ein schicker eleganter Herr kreutze meinen Weg. Sicher hatte ich ihn mit Blicken „bepfeffert", so daß er sich veranlaßt sah, mich nicht nur höflich zu grüßen, sondern auch anzusprechen – was mich fast aus der Fassung brachte. Wir schritten wie sittsame Kurgäste in köstlicher Unterhaltung dem Hotel zu, wo meine Mutter und Georg in den Fauteuils ihren Mittagschlaf absolvierten. Als das große Erwachen einsetzte, stellte ich meinen Kavalier vor. Meine Mutter war total irritiert und etwas peinlich berührt, weil ich bereits nach wenigen Minuten einen Kerl aus dem Park im Schlepptau hatte. Bei einem Mokka und einem sehr netten Gespräch mit diesem Italiener, der fließend Deutsch sprach, verflog die nächste Stunde auch für meine Mutter zufriedenstellend. Nach einem Blick auf seine Visitenkarte war Mutter noch wohlgesinnter: Prof. Dr. dipl. agrar Aldo Pacani, na, das war doch wenigstens etwas. Nach einem höflich-herzlicher Abschied ging die Fahrt dann weiter nach Oberkirchen.

Dort angekommen, hielt Georg die Stellung im „Röhr“, während meine Mutter das erste Gespräch mit der Oberin, Fräulein von Dinklage, führte, einer vornehmen Dame, die ich das ganze Jahr über zutiefst verehrt habe; sie war schon älter, aber doch jugendlich geblieben, mit Verständnis für die Dummheiten junger Mädchen in meinem Alter, immer verzeihend, klug und überhaupt eine wunderbare Persönlichkeit.

Zwei Monate später, mit der vorgeschriebenen „Maidenkleidung“ im Koffer, trat ich mein Obernkirchener Jahr an. Ich hoffte damals auf viele nette Landmädchen, fand aber einen sogenannten „gemischten Chor“ vor: neben den schlesischen und pommerschen Mädchen, die wie ich vom Lande kamen, fanden sich auch Städterinnen aus Süd- und Norddeutschland ein, die sich mit der Land- und Hauswirtschaft vertraut machen sollten.

Wir wurden in Gruppen von jeweils 15 Mädchen eingeteilt. Unsere Maidenkleidung bestand aus einem blau-weiß gemusterten Maidenkleid mit weißen Manschetten, weißem Kragen und weißem Schlips sowie weißer Schürze – das war „für fein“. Für die Arbeit im Garten hatten wir ein blau-weißes Maidenkleid mit dunkelblauem Kragen und grüner Schürze, das gleiche für die Stallarbeiten. Für die Molkerei war eine weiße Schlachterschürze mit weißem Kragen und weißer Haube Pflicht. Trugen wir vor der Uniform eine blaue Schürze, war das das Zeichen für den Waschtag. Und zum Schlachtefest erschienen die Maiden in blau.

Obernkirchen war ein altes Kloster mit unendlich langen Gängen, von denen rechts und links jeweils „Zellen“ abzweigten, die mit zwei, drei oder vier Betten bestückt waren; die Schränke standen auf dem Flur, und mit mindestens 20 Maiden mußte man sich eine Toilette teilen. Für die Morgenwäsche gab es nur Schüsseln und Krüge mit kaltem Wasser – fließendes Wasser war noch nicht „en vogue“. Einmal in der Woche war Badetag, zu dem man sich anmelden und sportlich schnell seinen Körper reinigen mußte.

Es gab viel Arbeit, von morgens um sechs bis abends um sechs. Aber alles, was wir gemeinsam bewerkstelligen mußten, wurde mit Spaß und der Freude am Zusammensein bewältigt. Wir lernten zu buttern, Hühner, Gänse und Enten zu füttern – und schließlich auch zu schlachten; wir lernten sie zu rupften und verbrauchsfertig herzurichten. Am schlimmsten aber war das Schlachtefest für unsere dicke, fette Sau, die wir fast ein Jahr lang schlachtreif gefüttert hatten. Am liebsten hätten wir an diesem Tag statt blau Trauer getragen.

Wunderschön war die Adventszeit, an der Fräulein von Dinklage und alle Lehrerinnen teilnahmen. Wir schmückten mit dem, was uns zur Verfügung stand, unsere Zimmer. Am ersten Advent standen im Scheine von unzähligen Kerzen alle Zimmertüren offen und wir flanierten an den vielen schön dekorierten Stuben vorbei – so wurden wir in glücklicher Vorfreude auf Weihnachten eingestimmt. Sicher paßte uns manches nicht in Obernkirchen, aber ich empfand diese Zeit als die große Freiheit, und ich war froh, der Fuchtel meiner Mutter entkommen zu sein.

Es war die Zeit des Dritten Reiches, als der Führer zum Erntedankfest auf den Bückeberg kam, der ganz in der Nähe lag. Natürlich wurden wir beordert, in unserer Tracht an dem Fest teilzunehmen. Als wir auf unserem dörflichen Bahnhof standen und schon großer Andrang auf dem Bahnsteig herrschte, kam der Schaffner und rief, weil wir alle in weißen Schürzen und blaugemusterten Kleidern dastanden: „Die ganze Hebammengesellschaft nach vorn“.

Auf dem Bückeberg wurden wir hinter der SS, die Spalier bildete, als zweite Front aufgebaut. Das tollste Ereignis des Tages war, daß eine Maid dem Führer – der uns auch für Hebammen im Dienste seines „Bevölkerungsprogramms“ hielt – die Hand geben durfte.

Die Oberkirchener Maidentracht

Zu meinem schönsten Erlebnis gehörte auch der Besuch meines Flieger-Freundes, der mit dem Bruder von Gräfin Ingrid Vizthum seine „Platzrunden“ über dem Klosterhof zog.

Nach der Landung in Hannover kamen die beiden jungen Flieger zu uns in die Frauenschule. Sie schlugen mit Kraft auf den riesenhaften Gong, der das „Maidengesinde“ bis in die letzte Klosterzelle erreichte – wie des Sergeanten Pfiff beim Militär. Der Gang dröhnte unter den Stiefeln der Offiziere – peinlich, peinlich, denn unsere fast klösterliche Zucht und Ordnung erlaubte den Verehrern normalerweise keinen Zutritt. Fräulein von Dinklage machte gottlob gute Miene zum bösen Spiel, und so durften wir ihr die Herren vorstellen. Schließlich bekamen Ingrid und ich sogar noch den Freibrief für einen abendlichen Bummel. Als Dankeschön warfen die beiden Kavaliere am nächsten Tag noch einen Blumenstrauß für die Oberin aus ihrem Flugzeug in den Klostergarten – das dann in luftiger Höhe über uns hinwegbrauste.

Noch heute, nach über 60 Jahren, trifft sich der Rest unserer Gruppe einmal im Jahr, um die gemeinsam verbrachte und glückliche Zeit Revue passieren zu lassen. Aber nun bin ich nicht mehr das „enfant terrible“ meiner Gruppe, denn aus einem preußisch-strengen Elternhaus kommend, bedeutete das Zusammenleben mit gleichaltrigen Mädchen für mich die große Freiheit – die ich damals auch weidlich ausnutzte.

Mein erster Flug – Blinder Passagier an Bord

Ich war 18 Jahre alt und genoß die Bälle in den verschiedenen Regiments-Kasinos sowie auf den Nachbargütern, aber auch die großen Bälle in Berlin.

Eines Tages machte Jörgli mit dem schönen Namen Waenker von Dankeschweil, seines Zeichens Flieger-Offizier, seinen Antrittsbesuch. Er war ein kleiner, drahtiger, lieber und sympathischer Kumpel, der mir durch seine Flüge über Schladen kolossal imponierte. Er war in Braunschweig stationiert und stattete mir ein bis zweimal in der Woche einen Luftbesuch ab. Dann wackelte er jedes Mal mit den Tragflächen, wenn er mich – wie verabredet – in einer roten Jacke auf dem Hof entdeckt hatte. Diese Jacke lag immer in der Halle griffbereit und sobald ich das Brummen eines Flugzeuges hörte – später kamen auch noch Freunde von

Mit zwei Kavalieren bereit zum Flug in einer Ju52

ihm angeflogen – schnappte ich sie mir, rannte nach draußen und winkte nach Kräften.

Während einer Tanzveranstaltung fragte er mich, ob ich wohl Lust hätte, mal mitzufliegen. Das brauchte man mir nicht zweimal zu sagen, ich war sofort bereit und sagte ja – natürlich heimlich, ohne meine Mutter zu informieren. So trafen wir uns zwei Tage später in Braunschweig, wo er mit einem DKW am Bahnhof stand, um mich abzuholen. Mit ihm kam noch ein weiterer Offizier, der wie er den Befehl hatte, einen Übungsflug nach Hamburg zu absolvieren. Das war endlich ein Abenteuer nach meinem Gusto.

Zunächst galt es, mit dem Auto und mir durch die Flughafenkontrolle zu kommen. Selbstverständlich war es gegen jede Vorschrift, einen blinden Passagier mit an Bord zu nehmen. Jörglis Mütze verbarg mein Haar und ich duckte mich soweit wie möglich runter, damit kein unnötiger Verdacht geweckt wurde.

Nun waren wir am Flugzeug, es war die gute alte Ju 52 – für mich ein Riesenvogel. Ich sprang aus dem Auto und direkt ins Flugzeug hinein. Zuvor hatte ich aber noch eine Verzichtserklärung unterschrieben für den Fall, daß ein Unglück passierte.

Die Motoren wurden gestartet und schon ging es in die Lüfte – die beiden Offiziere vorn und ich als einziger Passagier im hinteren Raum. Dabei wurde mir schon einwenig mulmig, so allein wie ich war in diesem großen Vogel! Zu meiner Überraschung überflogen wir Schladen und die Nachbargüter – und das stets in Schräglage, damit ich auch etwas sehen konnte. Ein unangenehmes Gefühl, denn wegen der Fliehkraft hatte man das Empfinden, in den Sitz runtergedrückt zu werden und sich nicht aufrichten zu können.

Nach rund einer Stunde erreichten wir Hamburg und während der kurzen Zwischenlandung legte ich mich auf Befehl der beiden Offiziere zwischen die Sitze. Jörgli und sein Kamerad erstatteten Meldung und erhielten den neuen Befehl, zurück nach Braunschweig zu fliegen.

Dieser, mein erster Flug war ein unvergeßliches Erlebnis für mich – was bei meiner Mutter auch noch hinterher auf völliges Unverständnis stieß. Ich mußte mir zwar eine ganze Menge Vorwürfe anhören, Ohrfeigen aber gab es nicht mehr.

Leider stürzte Jörgli bei einem viel späteren Übungsflug tödlich ab, was für mich ein großer Schock war.

Noch einige Jahre nach diesem Unglück habe ich mit der armen Mutter, die schon ihren ersten Sohn durch Krankheit verloren hatte und diesen erneuten Verlust kaum überwinden konnte, liebevoll korrespondiert.

Nach Italien „röhren“

Nachdem mein Bruder und ich die Führerscheine erhalten hatten, war unsere Mutter bereit, uns das erste Auto zu kaufen. Dieses Wunderwerk an Technik wurde von ihr, die, wie man so schön sagt, von Tuten und Blasen keine Ahnung hatte, nur nach Größe, Schönheit, Preis und Accessoires ausgesucht.

Sie saß in einem Café auf dem Bohlweg in Braunschweig und ein paar Schritte weiter sah sie ein Auto, das absolut ihren Vorstellungen entsprach. Mit Argusaugen verfolgte sie jeden, der sich als möglicher Besitzer dem Auto näherte. Endlich sah sie ein großes Mannsbild dem Wagen zustreben. Sofort stürzte sie aus dem Café, um ihn über die Einzelheiten des Autos zu befragen.

Unser erstes Auto – ein Röhr

Das Fahrzeug entpuppte sich als ein Röhr-Junior, von dem wir drei noch nie etwas gehört hatten. Alle Erklärungen, die Preisangaben, technische Daten und alles, was dieser Röhr-Mensch von sich gab, fiel bei meiner Mutter auf fruchtbaren Boden. Auch Georg und ich waren sehr, sehr angetan von diesem Objekt. Nun lag es an uns, den Röhr-Vertreter in unserer Gegend ausfindig zu machen. Wir fanden ihn, und schließlich kauften wir in Braunschweig ein schickes Cabriolet, das zu öffnen und zu schließen sehr mühsam war: Man mußte mit Querstangen arbeiten, um das geöffnete Verdeck straff nach vorne zu ziehen und es mit zwei Knebelhebeln über der Windschutzscheibe zu befestigen. Dabei klemmten wir uns jedes Mal die Finger ein. Sowohl geschlossen als auch geöffnet sah das Auto für uns rasant aus. Mit seinem hinten gelegenen, luftgekühlten Motor war dieser Röhr sehr fortschrittlich, so daß unser Gepäck vorn unter der Haube verschwinden konnte.

Meine Mutter strahlte und mein Bruder, der immer etwas zaghaft war, überließ mir die Jungfernfahrt vom Vertreter in Braunschweig nach Schladen. So fuhr ich stolz, aber auch sehr ängstlich und langsam, im ersten oder zweiten Gang, nach Schladen. Daheim angekommen, meldete ich mich mit einem Hupkonzert vor dem Haus: Welche Freude erfüllte uns, welcher Besitzerstolz! Es war ein tolles Geschenk für meinen Bruder und mich – und natürlich auch für meine Mutter, die ja immer mitfahren „durfte".

Mit einigen Würgegriffen wurde das Verdeck geöffnet und mit einem großen Hut auf dem Kopf durfte ich meinen ersten „Soloausritt in den Harz unternehmen. Inzwischen konnte ich schon alle vier Gänge bedienen. Ich war so euphorisch, daß ich mit reichlich Gas über die Straßen brauste und gottlob wenig Gegenverkehr hatte. Ich möchte nicht wissen, wie viele Schutzengel ich mit meinem jugendlichen Überschwang bemüht habe – es müssen zahlreiche gewesen sein.

Schon kurze Zeit später plante ich mit Georg zusammen die erste Reise. Meinen soliden Bruder, der mit Mädchen noch nicht so viel am Hut hatte, versuchte ich in den Ferien mit meiner Cousine Niki Schulenburg ein bißchen zu verkuppeln – sie reiste nämlich mit uns. Vor Fahrtantritt führten wir, da das die erste Reise im Auto war, lange Gespräche, wie man wohl am besten das Gepäck arrangieren könnte. Wir hatten das unbestimmte Gefühl, der Röhr wäre für uns sowohl fahrbarer Untersatz als auch fahrbarer Kleiderschrank.

So beschlossen wir, für die Dessous einen kleinen „Musterkoffer“, für die Schuhe einen entsprechend größeren Koffer und für die flotten Kleider und Anzüge einen soliden Reisekoffer zu packen – jeweils pro Person, versteht sich. Hinzu kam natürlich noch das Wichtigste – ein prall gefüllter „Freßsack“. So bestiegen wir unseren Röhr mit zehn Koffern, die zum Teil unter der Haube, zum Teil neben uns und hinter uns Platz fanden. Da es Mai war und wir selbstverständlich offen fahren wollten, zogen wir alle einen Kamelhaarmantel an und eine weiße Autokappen über den Kopf, so daß wir uniformiert waren und wie Geschwister aussahen.

Der Fahrer saß alleine vorne, neben sich einen Stapel Koffer, während entweder Niki und ich oder mein Bruder und Niki, die keinen Führerschein hatte, im Fond Platz nahmen. Mein Gott, waren wir stolz, als wir meine Mutter mit allen guten Wünschen und Schladen mit vielen Würsten, Eiern, Schinken und Brot hinter uns ließen und so gewappnet gen Italien fuhren.

Da mein Bruder, der als erster das Steuer ergriffen hatte, noch nicht der Schnellste war und wir den Röhr natürlich erst einmal schonen wollten, steuerten wir zunächst das rund 100 km entfernte Tages-Etappenziel Witzenhausen an. Da wir noch reichlich Bargeld von Muttern hatten, fuhren wir bei dem „Kronprinzen“ vor, dem besten Hotel am Platze. Dann ging es ans Ausladen. Um uns die Arbeit zu erleichtern, fragten wir ständig: „Brauchst du nun Unterwäsche, brauchst du andere Schuhe, brauchst du ein neues Kleid und sollen wir auch den Freßsack ausladen?" Das waren entscheidende Fragen, doch natürlich brauchte jeder alles, und mein Bruder geriet in eine tiefe Depression. Er rechnete diese Katastrophe der zehn Koffer für die dreiwöchige Reise hoch. Das überstieg sowohl seine Vorstellung als auch seine Kräfte. Immerhin blieb der Freßsack im Wagen, dafür aßen wir das billigste Gericht im Lokal: Blumenkohl und Gehacktes. Abends berieten wir uns noch lange, ob man vielleicht umpacken sollte. Aber jeder verteidigte seine Koffer, die Neuverteilung der Sachen hätte ein Tohuwabohu gegeben, das keiner wollte.

Am nächsten Morgen fuhren wir weiter. Ich setzte mich hinter das Steuer und fing an, das Gaspedal zu strapazieren. Meine beiden „Hintersassen" kämpften gegen den Röhr-Fahrtwind und trugen nunmehr gutgeschlossene Autobrillen. Wir sahen aus wie Rennfahrer.

Nach unendlichen Stunden erreichten wir Basel als erste Stadt in der Schweiz. Unsere Ansprüche schrumpften in Bezug auf das Hotel und wir fanden eine kleine Pension, in die wir einziehen und unsere müden Häupter betten konnten. Meinem Bruder waren diese zehn Koffer immer wieder irrsinnig peinlich. Niki und ich standen inzwischen über der Situation, teilten ein Zimmer und nahmen sein Lamento mit Humor.

Weiter ging die Fahrt nach Piacenza. Ich parkte irgendwo in der Stadt und Georg, der sehr um unser Seelenheil besorgt war, ließ uns bei der Dunkelheit im geschlossenen Auto zurück. Wir mußten Decken vor die Fenster spannen und uns im Wagen einschließen, damit nur ja niemand auf dumme Gedanken kam. Er marschierte los, um eine billige Pension zu suchen, denn Georg war nicht nur ein eiserner Sparer, der darauf bedacht war, mit dem Geld auszukommen; er wollte unserer Mutter nach der Reise auch noch Bares zurückgeben!

Schließlich kam er zurück, uns war die Tugend nicht genommen, die Decken wurden von den Fenstern entfernt und wir fuhren zur Pension.

Inzwischen hatten wir einen Wolfshunger, denn unser Freßsack war unter den zehn Koffern vergraben und wir hatten ihn während der Fahrt leider nicht erreichen können. Auf der Speisekarte in der Pension standen Spinat und Spiegelei. Das war das billigste Gericht, auf das wir uns mit hungrigen Mägen stürzten. In zehn Minuten hatten wir unser Menü vertilgt – von Sättigung aber konnte keine Rede sein. Wir gingen in die erste Etage in eines unserer nebeneinander liegenden Zimmer. Der Freßsack war nun dabei, und auf dem Toilettendeckel und dem Badewannenrand sitzend, stürzten wir uns hungrig auf die Landwürste, den Schinken, die Butter und das Brot. Es klopfte an der Tür, die Wirtin erschien, um zu kontrollieren, ob alles in Ordnung ist. Dabei entdeckte sie uns natürlich mit vollen Backen, und streng sagte sie, daß es so natürlich nicht ginge, wir hätten ja im Speisesaal reichlich essen können. Es war einer der peinlichsten Momente unserer Italienreise und deshalb bestellten wir am nächsten Morgen ein „Super-Frühstück". Man stellte ein ungefähr 20 cm langes Butter-Karree auf den Tisch, von dem der „Verlust" nach dem Frühstück mit einem Zentimetermaß abgemessen und in Rechnung gestellt wurde. Auch ein Frühstücksei wurde angeboten, was für jeden dann im „Dreierpack" serviert und berechnet wurde. Mein Bruder sah bereits unsere Gelder entschwinden und meinte: „Picknick wäre besser, sparsamer und wirtschaftlicher, denn unser Frühstück war teurer als das ganze Abendessen".

Unsere Reise ging nun weiter nach Mailand, wo wir ein kleines Hotel bezogen. Ich wollte dort meinen Verehrer Dr. Pagani, den ich in Bad Eilsen im Kurpark „an Land gezogen" hatte, wieder treffen. Ich rief ihn bei unserer Ankunft sofort an. Er war augenblicklich bereit, nicht nur mich, sondern auch meinen Bruder und Niki durch das abendliche Mailand zu fahren und uns zu einem Essen einzuladen. Mein Bruder sah sofort Rettung für seinen Geldbeutel; er war eigentlich gegen dieses Treffen, aber durch diese „Entlastung" doch motiviert, die Einladung mit Rücksicht auf mich zu akzeptieren.

Dr. Pagani kam – ein Beau, wohlerzogen, charmant, liebens-

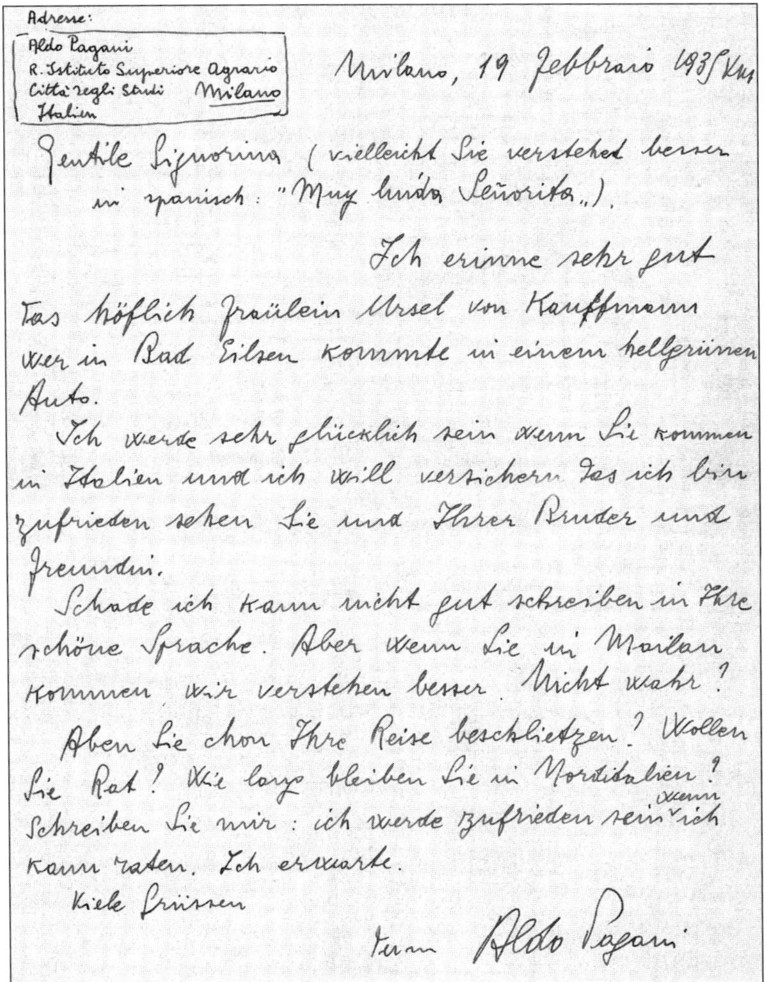
Adresse:
Aldo Pagani
R. Istituto Superiore Agrario
Città degli Studi Milano
Italien

Milano, 19 febbraio 1935 XIII

Gentile Signorina (vielleicht Sie verstehen besser in spanisch: "Muy linda Señorita".).

Ich erinne sehr gut das höflich Fraülein Ursel von Kauffmann wer in Bad Eilsen kommte in einem hellgrünen Auto.

Ich werde sehr glücklich sein wenn Sie kommen in Italien und ich will versichern das ich bin zufrieden sehen Sie und Ihrer Bruder und Freundin.

Schade ich kann nicht gut schreiben in Ihre schöne Sprache. Aber wenn Sie in Mailan kommen, wir verstehen besser. Nicht wahr?

Aben Sie chon Ihre Reise beschlietzen? Wollen Sie Rat? Wie lange bleiben Sie in Norditalien? Schreiben Sie mir: ich werde zufrieden sein wenn ich kann raten. Ich erwarte.

Viele Grüssen

Ihr Aldo Pagani

würdig, gegen den wir drei fast hölzern wirkten. Dieser charming boy fuhr uns durch Mailand. Wir sahen alles, was uns interessierte und was uns Mailand unvergessen macht – vor allen Dingen Niki und mir –, denn als Pagani zwei Blumenfrauen an einer Straßenecke stehen sah, sprang er aus seinem Wagen und kaufte den beiden Frauen alle Blumen ab. So bekam jede von uns rund

100 Rosen in die Arme gedrückt – ein Riesenstrauß, der uns fast aus der Fassung brachte, denn so etwas hatten wir noch nie bei einem Kavalier erlebt.

Zur Dinnertime ging es in eines der besten Restaurants der Stadt. Niki und ich hielten uns voller Stolz an den Rosen fest, und es schien uns, daß jeder im Restaurant glaubte, wir seien Schauspielerinnen oder andere berühmte Persönlichkeiten. Während sich mein Kavalier amüsierte, versank mein Bruder vor Peinlichkeit fast in den Boden, denn er liebte es nicht, in der Öffentlichkeit angestarrt oder überhaupt nur wahrgenommen zu werden. Es wurde ein wunderbarer, unvergessener Abend, an dem wir auch Abschied nehmen mußten, denn für den nächsten Morgen hatten wir die Abfahrt geplant.

Doch wir hatten Pech: Aus dem Motor des Röhrs lief Öl aus. Somit mußte mein Bruder in die nächste Werkstatt. Niki und ich blieben mit unseren zehn Koffern im Hotel zurück. Wir langweilten uns – was könnte man nun tun? Immer waren diese dummen Rollos vor den Balkonen und Fenstern zugezogen, die Niki und ich nun trotz Sonne öffneten. So konnten wir in eine süße kleine Gasse runterschauen. Wir lehnten uns über das Geländer – und kaum zu glauben: es gab jüngere und ältere Herren, die zu uns heraufsahen und denen wir lächelnd zuwinkten. Innerhalb kürzester Zeit füllte sich die Straße, Mann auf Mann, und wir lachten uns kaputt und sagten: „Guck doch mal die verrückten Männer, was die wohl wollen?" Es enstand ein Stau und mit Riesengetöse gegen unsere Tür brach die Wirtin ein, riß die Rollos wieder runter und war empört über unser Benehmen. Schade, unser Spaß war zu Ende.

Nun rafften wir unsere Rosen zusammen und entschlossen uns, Georg in der Werkstatt aufzusuchen. Wir fanden es fabelhaft, mit unseren Rosen Aufmerksamkeit zu erregen. Als wir endlich in der Garage ankamen, genierte sich mein Bruder zu Tode über uns Weiber mit den riesigen Sträußen im Arm. Noch immer kleckerte Öl aus dem Röhr heraus und er erboste sich: „Haut doch ab, haut doch ab“ – was wir überhaupt nicht begreifen konnten.

Irgendwann im Laufe des Tages war der Wagen wieder repariert, die 200 Rosen und die zehn Koffer im Auto verstaut – wobei das Einpacken ein größeres Aufsehen in unserer kleinen Straße erregte als unser Balkongastspiel: daß die Koffer unter die Motorhaube gepackt werden konnten, war für damalige Verhältnisse eine Sensation. Mein Bruder wurde wegen des Aufsehens nervös, haute die Koffer vorne rein, schmiß die Haube zu, und die restlichen Koffer verteilte er vor und hinter uns. Aufatmend konnte er schließlich diesem Schauspiel davonfahren.

Weiter ging es zu den italienischen Seen. Es wurde gepicknickt, es wurde gespart, es wurden einfache Pensionen gewählt. Trotzdem waren wir glücklich und genossen unsere abenteuerliche Reise. Wie stolz war mein Bruder, der Sparsame, als er unserer Mutter noch ein paar hundert Lire, mit denen sie in der damaligen Zeit gar nichts anfangen konnte, übergab. Aber einen Sohn zu haben, der sparsam und auch nicht so leicht verführbar, also ein absolut solider junger Mann war, erfüllte ihre Wunschträume.

Ausgerechnet Austern – Mein erster Heiratsantrag

Als ich 19 Jahre alt war, bekam ich die Genehmigung meiner Mutter, mit einem Verehrer während der Berliner „Grünen Woche“ auf den Kurmärker Ball zu gehen. Vorher hatte er, wie es sich gehörte, meiner Mutter einen Besuch abgestattet.

In Berlin wohnte ich natürlich bei meinem strengen Onkel Org und Tante Vally. Auch dort mußte mein Kavalier J. A. von Alversleben seine „Kratzfüße“ machen. Ich schwebte dann im eleganten, langen Ballkleid mit ihm von dannen. Er hatte mich vorher ins Hotel „Esplanade“, in dem auch der Ball stattfand, zum Abendessen eingeladen. Ich stellte mir das sehr romantisch vor, an seiner Seite wie eine „Grande Dame“ zu speisen.

Aber alle Romantik war dahin, als wir etwas verspätet den Speisesaal betraten und Jochen Anton auf einen großen Tisch zusteuerte, der bis auf zwei Plätze schon voll besetzt war. Er raunte mir ins Ohr: „Das ist meine Familie, die möchte dich kennenlernen". Plötzlich fühlte ich mich wie die Maus in der Falle. Ich gab der Mama den obligaten Handkuß, drückte und schüttelte mehrere Hände und nahm Platz. J. A. klärte mich auf, daß links sein jüngerer Bruder, dann seine Schwester mit Mann und rechts zwei weitere Brüder mit ihren Frauen säßen. Ich wurde puterrot, genierte mich und war plötzlich auch ganz unsicher. Zwölf Augenpaare waren auf mich gerichtet und J. A. trank mir zu.

Dann sah ich die Reihe der Bestecke , die rechts und links und oben vor und neben den Tellern lagen. Dabei entdeckte ich eine Gabel, die mir völlig fremd war. Ich hatte sofort Angst vor diesem Instrument. Dann wurde serviert – Austern! Diese glitschigen Dinger in ihrer Schale, die ich nur als Delikatesse vom Hörensagen kannte, jagten mir Ekel ein. Ich schaute links, ich schaute rechts, was die anderen wohl damit machten. Ich sah, daß sie mit dieser verflixten Gabel darin herumpuhlten, Zitrone darauf träufelten – und dann schluckten sie das ganze Ding einfach runter. Da fiel mir die Empörung meiner Mutter über Austern ein. Unser Gärtner fand einige Male Austernschalen in unserem Teich, die von meiner Großmutter und ihren Schwestern herrührten. Sie waren alle in Schladen aufgewachsen und aßen gern gut und teuer. Auch tranken sie gern Champagner. Voller Abscheu sah Mutter jedesmal auf die Austernschalen und beschwerte sich über diese Verschwendung, der ich jetzt ausgesetzt war.

Ich puhlte, aber das Biest saß so fest in der Schale, daß mir erst einmal alles aus der Hand glitt. Zwölf Augenpaare sahen mich verständnislos und mitleidig an. Man hatte vorausgesetzt, daß ich selbstverständlich mit Austern aufgewachsen wäre. Dann endlich war ich der ersten „Qualle" Herr geworden, träufelte, wie ich abgeguckt hatte, etwas Zitrone drauf und sah im selben Moment, wie das Biest noch zuckte. O Graus! Ich flüsterte zu J. A.: „Die

Auster lebt ja noch". Seine Antwort: „Da siehst du, wie frisch sie sind, wunderbar!" Also hinein in den Mund und schlucken. Schon nach der ersten Auster schwor ich mir, den Kavalier heiratest du nicht, nach der zweiten niemals und nach der dritten, nie, auch wenn er auf Knien darum bittet.

Nach der sechsten Auster war mir so übel, daß ich ein ganzes Glas Wein in mich hineinschüttete.

Ich überstand dieses erste große Diner lebend, obwohl mich der gesamte Familienclan, der von verschiedenen Gütern angereist war, um das große Leben in Berlin zu genießen, nicht aus den Augen ließ. Sowohl auf dem Ball als auch noch hinterher im Künstlereck stand ich unter Beobachtung. Schließlich machte mir noch J. A., nachdem er sich genügend Mut angetrunken hatte, vor der ganzen Familie einen Heiratsantrag, leise zwar, aber doch laut genug. Das war für mich der letzte Schock des Abends, und ich bat ihn, mich doch gleich nach Hause zu fahren – wieder Knicks, Handkuß und Verabschiedung von der Familie, dann brachte er mich zurück zu Onkel Org.

Am nächsten Tag kam noch ein großer Blumenstrauß – mit einem nochmaligen Eheangebot. Familien-Austernessen und Heiratsantrag, das war zuviel, und ich entschied mich, lieber alte Jungfer zu werden.

Mit 2000 Reichsmark in die grenzenlose Freiheit

Meine liebe, verehrte und gute Großmutter, die noch fünf Jahre nach einem Schlaganfall mit Tante Vally bei uns in Schladen wohnte, starb 1936, als ich 20 Jahre alt war. Trotz ihrer Behinderung hatte sie meinen Bruder auf das Abitur vorbereitet. Sie war in allen Fächern noch perfekt, angefangen bei den Sprachen bis hin zur Mathematik. So groß der Verlust für uns auch war, so war ich ihr doch dankbar für die 2.000 Mark, die sie jedem ihrer Enkelkinder vererbte. Welch ein Vermögen für mich, denn alles, was mit Geld zu tun hatte, wurde bei uns sehr klein geschrieben.

Ich weiß noch, wie ich am Abend nach der Testamentseröffnung in meinem Bett lag und mir alle Abenteuer und Möglichkeiten im Kopf herumspukten. Dieses Geld öffnete mir das Tor zur Welt. Ich sehe mich noch kleinlaut am Frühstückstisch sitzen, als meine Mutter schon die Hand auf die 2.000 Mark legte und sagte: „In den nächsten Tagen fahren wir zur Bank und da wirst du lernen, wie man Geld anlegt und verwaltet". Das war nun gar nicht mein „cup of tea". Ich wußte sofort: Schnelles Handeln war dringend erforderlich. Das Geld sollte nicht die solide Basis für meine Zukunft sein – die Idee einer Weltreise war für mich viel zu verlockend.

Mir fiel ein, daß ich von der Schüleraustauschreise nach Spanien noch eine „Fast-Freundin" hatte, die seinerzeit in Berlin zur Schule gegangen war. Später jedoch war sie wieder zu ihren Eltern nach Guatemala zurückgekehrt. Der Gedanke an dieses Land war der erste Schritt zu meinen Abenteuern.

Schon am nächsten Morgen fuhr ich mit einer Notlüge nach Hamburg und fand mich im riesigen Verwaltungszentrum von HAPAG wieder. Mit meinem anerzogenen bescheidenen und etwas ländlichen Auftreten fiel es mir nicht leicht, jemanden zu finden, der mich in Bezug auf Guatemala beraten konnte. Mit meinem mäßigen Charme fand ich schließlich einen jungen Mann, der mir weiterhalf und wohl glücklich war, eine Schiffspassage verkaufen zu können. Er riet mir, meinen 21. Geburtstag abzuwarten, um zwei Tage danach die „Karibia" zu besteigen. Noch zwei Monate trennten mich von meinem Geburtstag. Der junge Mann informierte mich auch, daß ich eine Einreisegenehmigung brauche, um damit mein Visum zu beantragen.

Wir rechneten hin und her und für und wider: 450 Reichsmark kostete die Schiffspassage über den Atlantik, an den Azoren vorbei nach Venezuela, Panama bis Guatemala. Dabei würde das Schiff rund zehn Mal einen Hafen anlaufen. Gesetzlich durfte ich für jeden Landgang zehn Mark beantragen und auch ausgeben – ich hielt die Luft an. Mir gefiel es gar nicht, wie schnell das Geld unter die Leute gebracht wurde: 550 von meinen 2.000 Reichsmark waren schon verplant. Selbstverständlich kam auf dem schönen Linienschiff „Karibia" für mich keine Einzel-, sondern nur eine Vierer-Kabine in Frage.

Der junge HAPAG-Mann hätte es auch mit Leichtigkeit fertiggebracht, mein gesamtes Vermögen zu investieren und zu verplanen. Er fragte mich, wohin es mich nach Guatemala noch ziehen würde und wieviel Zeit mir für die abenteuerliche Reise zur Verfügung stünde. Ich meinte, Mexico wäre eine gute Investition, vielleicht auch ein bißchen Kuba und natürlich New York. Stundenlang wälzten wir Kataloge und Reisemöglichkeiten, auch Frachtschiffe kamen für mich in Betracht.

Als ich abends wieder meine Füße unter den Abendbrottisch setzte, versuchte ich im Kreise der Anwesenden meiner Mutter klarzumachen, daß ich weder Aktien noch Sparpakete kaufen würde – sondern bereits einen großen Teil meiner Erbschaft für eine Reise nach Guatemala investiert habe. Die drohende Empörung meiner Mutter, ohne ihr Wissen und ihre Erlaubnis eine Schiffspassage gebucht zu haben, schreckte mich nicht, und ich machte ihr klar, daß mein Schiff zwei Tage nach meinem 21. Geburtstag in Hamburg ablegen würde. Ich schrieb auch sofort an die Eltern meiner Freundin, daß ich sie gern besuchen würde und bat um die Zusendung der erforderlichen Einreisegenehmigung für Guatemala. Damit war der erste Schritt in die große weite Welt getan.

Nun war das Geld verplant und meiner Mutter blieb nichts anderes übrig, als gute Miene zum bösen Spiel zu machen. Sie war klug genug, mit mir zur Abreise nach Hamburg zu fahren.

Da sie immer Angst um mein Seelenheil hatte, kam ihr eine Unterhaltung sehr gelegen, die wir am Nachbartisch eines Restaurants belauschten. In diesem Gespräch wurde über die Schiffsbesatzungen, Offiziere und Abenteurer an Bord „gehechelt". Dabei kamen uns die wildesten Geschichtenzu Ohren. Alle weisen Ratschläge, die mir Mutter vorher schon in Bezug auf Flirts und Abenteuer gegeben hatte, waren nicht so fruchtbar wie das belauschte Gespräch. Es blieb mir die ganze Reise über unauslöschlich im Gedächtnis.

Endlich stand ich voller Seligkeit auf meinem Schiff. Meine Vierer-Kabine hatte ich bereits bezogen und Mutti stand, klein wie ein Fingerhut, unten an der Pier. Hinter ihr tauchte plötzlich mein junger Freund vom HAPAG-Büro auf, der mir zuwinkte. Ich zeigte immer auf meine Mutter, bis er glücklich signalisierte, daß er begriffen hatte. Er stellte sich ihr vor und begleitete sie später noch zu ihrem Zug zurück nach Schladen.

Ich fuhr unter den Klängen „Nun ade du mein lieb Heimatland“, das von der Bordkapelle geblasen wurde, mit Tränen in den Augen dahin. Nun endlich war ich alleine auf dem großen Schiff und war glücklich, eine solche Reise unternehmen zu können. Beim Abendessen saß ich an einem Tisch mit einem reizenden Ehepaar. Er war Kapitän bei einer anderen Linien-Gesellschaft. Beide waren sie erstaunt, daß ich als junges Mädchen – ich sah aus wie 17 – einfach so auf Mittelamerika losgelassen wurde.

Der rührende alte Kapitän der „Karibia“ ließ mich als alleinreisendes junges Mädchen aus der zweiten Klasse an seinen Tisch kommen. In seiner schicken weißen Uniform flößte er mir trotz seines dicken Bauches Respekt ein. Er sorgte jedoch väterlich für mich. In jedem Hafen, den wir anliefen, wurde ihm von seiner Agentur ein Wagen mit Chauffeur zur Verfügung gestellt, den er mir überließ. Er kannte ja schon die Häfen und Länder. Ich nahm voller Dankbarkeit dieses Angebot an und fühlte mich wie eine verwöhnte Prinzessin. Ich durfte zu diesen Hafentouren auch noch eine mir inzwischen liebgewordene junge Frau mitnehmen. So sparten wir jeweils 10 Mark und sahen trotzdem etwas von den Häfen und der Umgebung.

An Bord wurde ich nach Strich und Faden verwöhnt und hatte auch bald Kontakte zu Reisenden der ersten Klasse. Häufiger wurde ich von einem Freundeskreis sogenannter „älterer Herren“ eingeladen. Vielleicht freuten Sie sich, beim Dinner von Zeit zu Zeit auch mal ein junges Mädchen an ihrem Tisch zu haben.

Auch gesundheitlich ging es mir während der Passage blen-

Auf Mulis durch die exotische Botanik des Urwalds

dend. Selbst Windstärke neun brachte mich Gott sei Dank nicht zum Erliegen, obwohl das Gros der Passagiere bereits „opferte“. An Deck traf ich einen netten Matrosen, der aus seiner schmutzig-öligen Jacke eine trockene Scheibe Toastbrot hervorzauberte, sie mir gab und sagte „Sie müssen soviel wie möglich trockenes Brot und Toast essen, dann werden Sie nie seekrank“. Dieses Geheimrezept habe ich auch später bei allen Schiffsfahrten – auch auf Segelbooten – angewendet. Es hat mir immer geholfen. Es lebe dieser Matrose!

Endlich legten wir an der Küste von Südamerika an. Wieder bestieg ich vornehm „meinen“ Wagen und machte einen Ausflug von Maracaibo nach Caracas. Dann ging es mit dem Schiff weiter zum Panamakanal und endlich landete ich in Porto Barrios im Hafen von Guatemala.

Schon vorher tauchte die Frage auf, ob ich vom Hafen aus nach Guatemala City mit dem Zug fahren oder fliegen sollte. Da es keinen großen Preisunterschied gab, entschloß ich mich zu fliegen. Der Flugplatz, ein besserer Rübenacker, und ein zweimotoriges Flugzeug, an dem noch furchtbar herumgewirtschaftet wurde, ehe wir es entern konnten – mein Gott, welch ein Erlebnis war das für mich. Es war ja erst mein zweiter Flug. Aus Platzmangel wurde vor dem Abflug vorn noch ein grüner Gartenstuhl neben die Flugzeugtür hingestellt, auf dem ein Passagier Platz nahm. Es gab keine Anschnallgurte und nichts, was der Sicherheit gedient hätte, aber ich fand es wunderbar. Nahe Honduras hatten wir uns bei einer Zwischenlandung noch eine Ausgrabung angesehen. Dann flogen wir weiter nach Guatemala City. Dort wurde ich wider Erwarten von meiner Freundin abgeholt, denn feste Zeiten für Abflug und Ankunft gab es damals noch nicht. Nach der Begrüßung und dem Kofferabholen begann der ersehnte Aufenthalt in Guatemala. Die City selbst beeindruckte mich zwar nicht besonders, dennoch schlug mein Herz höher. Ich war im Land meiner Träume angekommen, in einem fremden Land, das für mich gespickt war mit großen Erwartungen.

Im Hause wurde ich reizend von den Eltern meiner Freundin aufgenommen. Sie wohnten klein und bescheiden. Meine Freundin war gerade von einem Urlaub in Mexico zurückgekehrt und erzählte begeistert, wie wunderbar es dort wäre. Besonders beeindruckt hatte sie der Flug dorthin. Schon rotierte in meinem Gehirn, daß ich für die Strecke Guatemala-Mexiko einen Zug gebucht hatte – leider! Gleichzeitig entstand in mir ein neuer Wunsch, auf den ich hinarbeiten wollte: die Zugfahrt stornieren und den Flug nach Mexiko buchen.

Inzwischen hatte mein schönes Leben in Guatemala begonnen. Bei einer meiner Unternehmungen in der Stadt sprach mich eine deutsche Dame an, ob ich mit der „Karibia“ angekommen wäre. Neuankömmlinge, so erzählte sie, die im Lande blieben, würden namentlich in der Zeitung veröffentlicht. So lernte ich eine der nettesten Damen dieser Reise kennen. Sie lud mich sofort auf ihre Farm ein, wo ich für vierzehn Tage ihre zwei Kinder hüten könnte. Ich sagte zu. Ich fand, es wäre lehrreich für mich, das Leben auf einer Farm in Einfachheit, Bescheidenheit und natürlich mit viel Arbeit kennenzulernen.

Drei Wochen später, als ich wieder im Hause meiner Freundin war, kam ein deutsches Ehepaar zu Besuch. Ihnen gehörten in Guatemala verschiedene Farmen. Die Leute hatten geschäftlich mit dem Vater meiner Freundin zu reden. Bei diesen Anlaß hatte ich Gelegenheit, dieses sehr sympathische Ehepaar kennenzulernen. Die Freude und Überraschung war natürlich groß, als sie meine Freundin und mich zu einem zweiwöchigen Ausflug einluden. Sie hatten einen großen Wagen gemietet – wenn ich mich recht erinnere, einen Bentley oder Rolls Royce –, in dem wir vier auf das komfortabelste durchs Land gefahren wurden. Natürlich hatte ich noch nie in einem so vornehmen Wagen gesessen. In Schladen hatten wir ja nur einen „Röhr Junior", den mein Bruder und ich abwechselnd fuhren.

So reisten wir durchs Land, zuerst nach Antigua, wo wir eine der schönsten Prozessionen erlebten, die ich je gesehen habe. Auf riesengroßen, extra konstruierten Pferdewagen standen wunderbare, blumengeschmückte Altäre, die auf beiden Seiten von prächtig gekleideten Gläubigen begleitet wurden. Einige Wagen wurden auch von jungen Indios gezogen. Es war ein einmaliges Erlebnis für mich und auch für die vielen tausend Menschen, die am Wegesrand standen. Weiter ging es dann zum Amatitlansee und später zum Atitlansee.

Dann fuhren wir hinauf in die Berge bis Chichicastenango. Das war der Höhepunkt unserer traumhaften Reise. Das Ehepaar hatte diesen Ort für die Ostertage ausgesucht, und so kamen wir Karfreitag dort an. Die reservierten Zimmer in einem als Hotel umfunktionierten alten Kloster kamen uns wie Säle vor – mit hohen Decken und wunderschönen alten Holztüren, die nicht verschließbar waren.

Im Zimmer stand ein riesiger, alter Kamin, an dem Oliven- und anderes Holz aufgeschichtet war. Das Abendessen in dem im traditionellen Stil eingerichteten Speisesaal mit Blick auf die Berge ist mir noch lebhaft in Erinnerung. Hinter jedem unserer Stühle stand ein Indio, der für unser persönliches Wohl Verantwortung trug. Sie waren in der farbenfrohen Landestracht gekleidet und hatten markante Aztekengesichter. Wir bestellten ein Nationalgericht, was zu dem ganzen Ambiente paßte. Es war herrlich, köstlich und ein toller Vorgeschmack auf das, was uns in Chichicastenango noch erwarten würde.

Nach einem herrlichen Abendspaziergang durch die blühenden Gärten des Hotels freuten wir uns auf unser schönes Zimmer. Doch wurden wir von unseren liebenswürdigen Gastgebern aufgefordert, nach einer Stunde der Ruhe für weitere Unternehmungen bereit zu sein.

In Chichicastenango folgte eine Überraschung der anderen – kaum hatten wir unser Zimmer betreten, war auch schon ein Indio an unserem Kamin beschäftigt, um das Zimmer in gemütliche Wärme zu versetzen – abends wurde es in den Bergen recht kühl. Meine Freundin Ruth und ich saßen vor dem Kamin und schauten in das prasselnde Feuer, während draußen plötzlich eine Marimba erklang. Es war wie im Märchen, denn inzwischen verstand ich auch schon einige guatemaltekische Lieder. Und nun hörte ich sie auf der Marimba; unvergeßlich das Lied „Cielito Lindo“ – es war eine Atmosphäre voller Romantik.

Später am Abend gingen wir zu viert über den Marktplatz, der voller kleiner Stände war, an denen die landwirtschaftlichen Erzeugnisse aus den umliegenden Dörfern feilgeboten wurden: lebende Hühner, kleine Ferkel, Gewürze, Früchte und Blumen. Über allem schwebte ein ganz besondere Duft. Unter den Kolonnaden saßen einige Mütter mit ihren Kindern. Sie waren aus den Bergen ins Dorf gekommen, um auf dem Markt Hühner, Kaffee und gewebte Stoffe zu verkaufen. Auf einer kleinen Matte bereiteten sie nun ihr Nachtlager.

Als wir der Kirche näherkamen, fingen die Glocken plötzlich an zu läuten, und das Bild der vielen Indios in ihrer farbigen gewebten und bestickten Nationalstracht wurde immer bunter.

An den Menschen vorbei, die auf der Treppe saßen, betraten wir die Kirche. Nie werde ich den Anblick vergessen, der uns ganz gefangennahm. Hunderte von Indios, die meisten mit Kind und Kegel, hockten auf dem Boden neben vielen brennenden Kerzen und verstreuten Rosenblättern. Ein Murmeln und Raunen ging durch den Raum, was die mysteriöse Atmosphäre in der Kirche noch unterstrich. Vor dem Altar stand der deutsche Missionar Knittel, der, wie wir später erfuhren, die Messe nur dort zelebrierte. Doch war es den Einheimischen auch erlaubt, in der Kirche ihre eigenen Glaubensriten auszuführen.

Nach diesen für mich phantastischen Erlebnissen wurden wir anschließend in die Privaträume des Missionars eingeladen. Wie interessant waren seine Schilderungen über sein Leben hier oben bei den Indios! Er wirkte wie ein Gelehrter und nicht wie ein Mann, der anderen Menschen bekehren wollte. In Güte und Verständnis und als Vorbild wollte er diesen Menschen Wärme und die Zugehörigkeit zur Kirche vermitteln. Allerdings konnte er auch ihre Sitten und Gebräuche anerkennen. Noch am Abend erschien sein Bruder von der benachbarten Kirche zu uns. Er kam extra auf einem Esel angeritten, um den Tag mit uns ausklingen zu lassen.

Der Aufenthalt in Chichicastenango hatte mich damals so beeindruckt und fasziniert, daß ich Huschke oft davon erzählen mußte. Schließlich konnte ich ihn dazu bewegen, nach 50 Jahren mit mir diesen Bergort in Guatemala noch einmal zu besuchen. Er war überzeugt, daß nichts mehr so wäre, wie ich es in meiner Jugendzeit erlebt habe und meinte, alle meine Phantastereien über diesen Ort würden wahrscheinlich in einem Desaster enden.

Wie glücklich aber war ich, mit ihm noch einmal da gewesen zu sein, denn alles war beim alten geblieben. Keine Hochhäuser, keine verfallenen Kirchen, kein Unglaube – alles war so, als ob ich Chichicastenango erst gestern verlassen hätte. Huschke, kein emotionaler Phantast, war sehr beeindruckt von allem, was wir dort erlebten – die Indios, die Marimba, das „Cielito Lindo“. Es war exakt so, wie ich es ihm vorher schwärmerisch geschildert hatte. Auch der Blick in die Kirche mit den vielen brennenden Kerzen und den roten Rosenblättern auf dem Boden bestätigte eindrucksvoll meine Erzählungen.

Zurück zu meiner ersten Reise, die nunmehr in Guatemala City einen neuen Aspekt bekam. Meine Freundin Ruth erkrankte an Malaria, und da sie Lehrerin in der Deutschen Schule war, konnte sie natürlich ihren Dienst nicht ausüben. Außerdem waren unglücklicherweise zwei weitere Lehrerinnen nach Deutschland gefahren, so daß es an Lehrkräften fehlte. Der junge Direktor der Schule machte mir den Vorschlag einzuspringen – und damit den Bock zum Gärtner. Ich trat als völlig unerfahrene „Lehrerin" meinen Dienst in der ersten Klasse der Grundschule an. Meine spanischen Sprachkenntnisse waren lückenhaft, und so machte ich eine Sechsjährige zu meiner Dolmetscherin. Aber mit viel Spaß, glaube ich, brachte ich doch einiges Wissen an den „Mann". Sehr wichtig war für mich, daß diese Tätigkeit honoriert wurde, und so konnte ich Peso auf Peso für den geplanten Flug nach Mexico legen.

Meine Freundin wurde schließlich wieder gesund und außerdem begannen die Schulferien, so daß mein Debüt als Lehrerin beendet war. Wieder stand mir nun ein neues Erlebnis bevor: Der Besuch einer Kaffee-Farm im Hochland. Sie hieß „Actela". Ruth und ich wurden von einem LKW, der Kaffee in die Hauptstadt gebracht hatte, abgeholt. Mit ihm waren wir dann zwei Tage unterwegs. Wir schliefen in einer sogenannten Herberge auf Pritschen im „gemischten Chor", mit Farmern, Frauen, Kindern und allem, was unterwegs war.

Auf der Farm angekommen, begann wieder ein wunderschönes, freies Leben mit Ausritten über die Kaffeefarm und zu den Nachbarfarmen. In Hülle und Fülle gab es Bananen und Obst, das ich bis dahin noch nicht gekannt hatte, mir aber reichlich in den Magen stopfte. Abends bekam ich jedoch nach einigen Gläsern Wein ein solches Bauchgrimmen von diesem Obst, daß der Farmer beinahe Alarm geschlagen hätte. Da kein Arzt in unmittelbarer Nähe zu erreichen war, wollte er die Fahne mit dem Roten Kreuz auf die ungefähr 15 km entfernte Wiese auslegen. Diese Wiese war gleichzeitig Landeplatz für einmotorige Flugzeuge, die die Verbindung zu den weit entlegenen Farmen herstellten. Gott-sei-Dank war die Aufregung umsonst, denn am nächsten Tag war alles wieder im Lot.

Ein Höhepunkt meines Aufenthaltes auf der Farm „Actela“ war der eintägige Ritt durch den Urwald zu einem befreundeten Farmer. Zu diesem Zweck wurde tags zuvor ein Arbeiter mit einer Matratze vorausgeschickt. Er trug sie auf einem riesengroßen Bananenblatt auf dem Rücken, denn die Urwald-Farm war nicht auf mehrere Gäste eingerichtet.

Der Ritt durch den Urwald war traumhaft schön – bis auf die herunterhängenden Lianen. Zu ihnen sah ich immer wieder angstvoll hinauf, weil ich in ihnen Schlangen sah, vor denen wir eindringlich gewarnt waren. Gott sei Dank aber umschlängelte uns keine Schlange, und so kamen wir wohlbehalten auf der romantischen kleinen Farm an. Sie wurde nur von einem Junggesellen bewohnt und in Ordnung gehalten. Es gab weder elektrisches Licht noch fließendes Wasser. Das mußte aus einem nahegelegenen Bach geschöpft werden. Als Beleuchtung empfahl uns der Farmer, ein paar Glühwürmchen einzufangen und in ein Glas zu setzen. Mit dem Licht, so sagte er, das die Insekten erzeugten, könnten wir sogar lesen – was einer Überprüfung tatsächlich standhielt. Es gab natürlich auch einen Trafo dort, aber wir fanden unsere Glüchwürmchenlampen viel romantischer.

Es waren erlebnisreiche Tage auf dieser einsamen Farm, auf der uns auch die vielen Äffchen herzlich willkommen geheißen hatten: Sie sprangen nicht nur auf den Bäumen herum und schrien wie wild; sie rissen uns auch keck das Brot aus den Händen und machten anderen Unsinn. Schließlich kam der Tag unserer Abreise. Wir genossen wieder den Rückritt durch den Urwald, und gerne erinnerte ich mich noch später, als ich wieder in Guatemala City war, an dieses Abenteuer am Ende der Welt.

Und dann war meine Zeit in Guatemala zu Ende, mein Flug nach Mexico gebucht und voller Abenteuerlust bestieg ich eine wunderschöne, amerikanische Maschine. Neben mir saß ein wohlbeleibter Herr, der mich, ich konnte es kaum fassen, in deutsch ansprach. Es wurde Essen gereicht, es sah köstlich aus und mich quälte ein nicht zu unterdrückendes Hungergefühl. Da ich aber noch nie vorher einen internationalen Flug gebucht hatte, fürchtete ich, das Essen bezahlen zu müssen und verzichtete trotz knurrendem Magen auf die Köstlichkeiten. Mein Nachbar fragte mich verständnislos, warum ich als junges Mädchen dieses Essen ablehnte – ich bräuchte es ja nicht zu bezahlen. Aber jetzt wollte ich die große Dame spielen und wagte es nicht einzugestehen, aus lauter Unkenntnis auf das Essen verzichtet zu haben.

Es entwickelte sich eine Unterhaltung zwischen meinem Nachbarn und mir. Er wollte wissen, warum ich denn von zu Hause ausgerissen sei – auch er schätzte mich auf 17 Jahre. Was sonst, außer meiner angeblichen Flucht, sollte mich schon bewegen, allein nach Mexiko zu fliegen? Ich tat wieder weltmännisch und erklärte ihm, daß ich Land und Leute kennen lernen wollte. Bei der Landung erfuhr ich dann, daß mein Gesprächspartner der Direktor der IG-Farben war und Mexico geschäftlich besuchen wollte.

Nachdem wir die Paßkontrolle hinter uns gebracht hatten, bot mir mein Flugnachbar netterweise an, mich in eine Pension bringen zu lassen. Er wurde am Flughafen von mehreren Ehepaaren abgeholt, von denen er nun eines bat, mich zu der besagten Unterkunft zu fahren. Dort angekommen, wurde ich von der Wirtin mit der Frage empfangen, ob ich Nazi sei und was ich von Hitler und Mussolini halten würde. Ich antwortete reinen Gewissens: „nichts!"– Ich war in einer jüdischen Pension gelandet. Die Leute dort waren sehr freundlich zu mir, aber ich durfte nicht am Table d'hôte sitzen, sondern an einem kleinen Tisch in der Ecke. Als ich am nächsten Tag einen Ausflug machen wollte, ließ ich mir zum Wiederfinden der Pension die Adresse aufschreiben und zog los.

Bei meiner Rückkehr überreichte mir die Wirtin eine Nachricht, daß ich von nun an die Pension nicht mehr verlassen dürfte. Der IG-Farben-Direktor hielt es für seine Pflicht, mich unter seine Fittiche zu nehmen. So fuhr ich in einer Wagenkolonne mit ihm und den Ehepaaren durch die Lande, abwechselnd von diesem oder jenem Paar mitgenommen. Der Direktor besuchte die IG-Farben-Niederlassungen in Mexico und ich genoß die Fahrt und die Sehenswürdigkeiten, die ihm natürlich auch gezeigt wurden. Noch heute danke ich IG-Farben und vor allem meinem liebenswürdigen Direktor für ein unvergeßliches Mexiko-Erlebnis.

Für meine Weiterreise empfahl man mir, mit dem Zug nach Vera Cruz zu fahren und nicht zu fliegen, denn die Landschaft wäre außergewöhnlich schön. Für diesen Tip war ich sehr dankbar und habe die Bahnfahrt sehr genossen. Dort auf dem Bahnhof angekommen, stieg ich mit meinem schwerer gewordenen Gepäck aus dem Zug. Schon standen mindestes zehn schwarze Gepäckträger um mich herum, um sich meiner Sachen zu bemächtigen. Ich setzte mich kurz entschlossen auf meine Habseligkeiten, hielt alles fest in der Hand und wartete auf ein Wunder. Und wirklich, es kam eines. Der Zug fuhr aus dem Sackbahnhof raus und auf dem gegenüberliegenden Bahnsteig sah ich eine blonde Dame stehen. Mit lauter Stimme rief ich: „Sind Sie vielleicht Deutsche?“ Und weiß Gott, sie war es. Sie sah meine Hilflosigkeit im Kreis der Schwarzen und half mir nach Verabschiedung ihrer Gäste aus dieser Situation heraus.

Wegen meiner mageren Finanzen kam meine Frage nach einer billigen Pension. Doch sie meinte entrüstet: „Das ist unmöglich für ein junges, deutsches Mädchen. Sie bleiben selbstverständlich die beiden Nächte bei uns“. Unfaßbar mein Glück, aber dann kam auch schon die kalte Dusche, als plötzlich der Hausherr auf der Matte stand. Seine erste Frage war: „Spielen Sie Bridge?“ Ich mußte verneinen, und er sagte naserümpfend: „Dann können Sie nur aus dem Harz kommen“. Kleinlaut mußte ich gestehen, daß ich im Kreis Goslar, am Harz, zu Hause sei. Er wollte wissen, ob ich vielleicht eine Frau von Kaufmann kennen würde, womit er meine Mutter meinte. Durch seinen Vater, den Geheimrat Franke aus Goslar, war dieser bridgespielende Sohn bei uns in Schladen auf der Jagd gewesen. Es gibt einfach Zufälle, die man nicht erklären kann und die an Wunder grenzen. Nun war ich als Familienmitglied für zwei Tage und Nächte total integriert.

Nach diesen zwei Tagen brachte mich ein kleiner Frachtdampfer nach Kuba. Auf dem Schiff mußte ich meine finanzielle Lage deklarieren, die nunmehr nur noch aus armseligen 300 Dollar bestand. Der Kapitän ließ mich zu sich rufen, um die Situation klarzustellen: Mit meinem kargen Geldbetrag wäre es nicht möglich, nach Kuba einzureisen. Also sagte ich, ich hätte eine Null vergessen. Damit war der Fall erledigt, und ich durfte in Kuba an Land.

Herr von Trotha, HAPAG-Repräsentant auf Kuba, nahm mich nicht gerade glücklich unter seine Fittiche. Für ihn war klar, daß ich als alleinreisendes Mädchen nur im besten Hotel absteigen durfte. O lieber Gott, mein Geld! So vornehm hatte ich noch nie gewohnt: Einmal die Bettwäsche benutzt, wurde sie am nächsten Morgen schon wieder gewechselt. Ich dachte daran, wie das zu Hause gehandhabt wurde: vierzehn Tage waren das mindeste für einen Bettwäschewechsel. Zum Frühstück wagte ich gar nicht runterzugehen, denn o weh, o weh, mein Geld! So suchte ich auf dem Markt einen Obststand und kaufte mir einige Äpfel. Hunger war nun mein ständiger Begleiter. Trotzdem setzte ich mich abends mit einem Glas Wasser ganz kühn an den Swimmingpool, und beim Mondschein unter den Arkaden genoß ich den Abend. Plötzlich setzte sich ein Herr neben mich, wobei ein ungutes Gefühl in mir aufstieg – ich dachte an die Ermahnungen meiner Mutter. Dann spielte die Musik und mein Nachbar fing mit einer unvergleichlich wunderbaren Stimme an zu singen. Er war in damaliger Zeit ein sehr bekannter amerikanischer Sänger, was ich allerdings nicht wußte. Was für ein Erlebnis! Nachdem der letzte Ton verklungen war, meinte er, mit mir am nächsten Morgen frühstücken zu können – und wieder kamen die Ermahnungen meiner Mutter ins Gedächtnis: „Einladungen verpflichten". Ich gab ihm zu verstehen, daß ich im Zimmer zu frühstücken pflege. Ich war ja noch im Besitz dreier Äpfel und hatte alles, was mein Herz begehrte – bis auf ein anständiges Essen, das meinen Hunger stillen könnte.

Am nächsten Morgen, ich saß auf dem Bettrand und aß einen Apfel, klopfte es an die Tür und jener Herr gab mir im Befehlston zu verstehen, sofort zum Frühstück runter zu kommen. Ich dachte: „Beim Frühstück kann ja nicht viel passieren". Zudem war der Hunger stärker als alle Ermahnungen meiner Mutter, und so fand ich mich an seinem Tisch wieder. Ich aß wie ein Scheunendrescher und seine Augen wurden immer größer. Er wollte wissen, ob nicht mein Magen platzen würde. Als ich aufstand, mich bedankte und weggehen wollte, meinte er unter Lachen: „Sie haben doch wohl nicht etwa Angst vor mir? Sie scheinen mir doch ein unerfahrenes, abenteuerlustiges Mädchen von höchstens 17 Jahren zu sein." Wieder hatte der liebe Gott ein Einsehen mit mir und mein Troubadour schlug vor, mit mir zum Hafen zu gehen. Dort erwartete er seine liebe Frau und seine zwei Töchter in meinem Alter. Er meinte, ich sollte mit ihnen zusammen noch eine kleine Rundfahrt über die Insel unternehmen. Ich dachte nur: „Ja Mutti, was hast du nur immer für schwarze Phantasien gehabt."

So lernte ich auch Kuba kennen – für den großen Preis von insgesamt 180 US-Dollar für das Hotel. Jahre später bat ich Huschke, wir waren gerade wegen eines Rennens auf Kuba, mit mir in dieses Hotel zu gehen. Ich wollte ihm zeigen, wo ich einige Tage und einen unvergeßlichen Abend verbracht hatte – mit einem total fremden Herrn, der mir in die Ohren gesungen hatte. Huschke staunte und wollte gar nicht glauben, daß ich damals als 21jährige junge Frau in diesem absoluten Nobelhotel residiert hatte.

Mit der Rundfahrt fand mein Kuba-Aufenthalt einen wunderbaren Abschluß und ich bestieg einen United-Fruit-Dampfer nach New York. Vororganisiert hatte ich einen Aufenthalt bei der reizenden Krankenschwester, die meinen Vater 1918 auf seinem Sterbebett im Baltikum gepflegt hatte und später auch einmal in Schladen war. Sie war seinerzeit nach New York ausgewandert und hatte ihr Leben auf die Hilfe für jüdische Emigranten eingestellt. Sie hatte mich darüber informiert und mich herzlich willkommen geheißen. Wie schön war es in ihrer Wohnung in New York. Unter anderem wurde mir ein Herr Silberstein vorgestellt, der im Berlin der 30er Jahre in einem der berühmtesten Quartetts, dem sogenannten Klingler-Quartett, gespielt hatte. Es waren alles außergewöhnliche Menschen, die ich dort kennenlernte, und obwohl wir uns auf ein Matratzenlager, auf Couches oder Liegestühlen beschränkten, war es eine glückliche und eindrucksvolle Episode für mich. Daß ich mit Juden in New York zusammenlebte, war für mich in der damaligen Nazizeit ein großes Erlebnis. Diese liebenswürdigen Menschen, die mir New York zeigten, mit denen ich in die Metropolitan-Oper gehen durfte und die mich zu ihren Konzert-Proben mitnahmen, haben mir diese Stadt auch bis heute unvergeßlich gemacht. Unvergessen natürlich auch Jenny Jablonski, die mir zur Freundin gewordene Krankenschwester, an die ich noch heute voller Dankbarkeit denke.

Ein halbes Jahr war vorüber und das Geld aufgebraucht. Meine Abenteuer-Reise war damit beendet. Für meine Rückfahrt hatte ich vorher schon eine Schiffspassage gebucht. Als ich in Hamburg am Hafen meine Mutter und meinen Bruder stehen sah, war die Freude groß. Ein glückliches Heimatgefühl überkam mich. Wieder zurück in Schladen genoß ich die Familie, das Haus und allen Komfort und fühlte mich als Dame von Welt, die ihren Lieben viel zu erzählen hatte.

Abschied vom Frieden

Mobilmachung – Die schreckliche Wahrheit

Zur Ausbildung meines Bruders gehörte es unter anderem, nach der Lehr- und Volontärzeit für zwei Jahre auf die Landwirtschaftliche Hochschule in Berlin zu gehen. Das war eine prägende Zeit für ihn, denn dort lernte er nicht nur gleichgesinnte Landwirte, sondern auch junge Leute aus guten Familien kennen, deren Güter meistens in Pommern, Schlesien, Ostpreußen oder auch in unserer Gegend lagen. Oft wurden die jungen Burschen von Berliner Familien eingeladen – vor allem, wenn es dort heiratsfähige Töchter gab. Umgekehrt wurden auch Feste auf den Gütern der Studenten veranstaltet. So lernte sich die Jugend kennen und amüsierte sich prächtig. Auch die Schwestern der Studenten hatten die Möglichkeit, an diesen Festen teilzunehmen. Dadurch lernte auch ich viele Freunde meines Bruders kennen.

Eigentlich aber war ich mehr befreundet mit den jungen Offizieren aus den umliegenden Regimentern. Dazu zählte die Panzerabwehr und das Artillerieregiment in Braunschweig, die Goslaer Jäger, deren Kommandant damals General Rommel war, außerdem das Reiterregiment von Hannover und das Artillerieregiment in Wolfenbüttel. In den Kasernen gab es häufig Feste, zu denen ich allein, manchmal auch mit einer Freundin oder mit meiner Mutter eingeladen wurde. Mußte ich allein fahren, bestand meine Mutter darauf, einen männlichen Schutz mitzunehmen. Da sie unseren Kutscher, der ja schon alt war, diese Strapaze nicht zumuten wollte, kommandierte sie den sogenannten „Schweinejungen" ab. Er war 18 oder 19 Jahre alt, bekam in unserem Haus sein Essen und hütete die Schweine – wenn er mir nicht gerade als Begleitschutz zur Seite stand. Ich fuhr selbstverständlich den Röhr selber, und während meines Amüsements mußte er sich im Auto aufhalten. Er bekam eine Decke und ein kleines Kissen auf den Sitz gelegt und konnte so die Wartezeit verschlafen. Im Inneren des Autos lag immer der Geruch von Schweinen, den ich mit viel Parfüm zu überdecken suchte. Brachte mich aber nach dem Fest einer der jungen Offiziere zum Auto, so war es mir jedes Mal peinlich, wenn sich die Tür öffnete, Schweinejunge Florian im Fond erwachte und ein intensiver Landgeruch dem Auto entströmte.

Schon bei dem letzten Casinoball in Goslar kursierte hinter vorgehaltener Hand die Schreckensnachricht von einem eventuell bevorstehenden Krieg. Wir jungen Leute nahmen das natürlich noch nicht so ernst, trotzdem aber gab es uns zu denken, so daß mein Bruder und ich beschlossen, baldmöglichst einen Ball in unserem Haus zu geben. Wer wußte schon, wie lange dazu noch die Möglichkeit bestand? Wir setzten also den 30. August 1939 fest. An diesem Tag sollte das Fest stattfinden.

Ich bekam zu diesem Anlaß ein neues Kleid und fand es wunderbar. Die Tischordnung zu machen, war meine Aufgabe, ebenso die Gästezimmer zu inspizieren. Mutter organisierte den berühmten Koch Böseberg aus Braunschweig, der auf alle Güter kam, wenn große Feste auf dem Programm standen. Da die jungen Leute meistens zwei bis drei Tage blieben – sie kamen ja oftmals von weit her –, wurden die Vorratskeller mit Braten, Wurst, Käse, Brot und allem anderen, was uns nicht durch den Gemüsegarten zuwuchs, aufgestockt. So gewappnet sahen wir dem frohen Ereignis entgegen.

Es war der 30. August und am Nachmittag kam plötzlich die angstauslösende Hiobsbotschaft durch das Radio, daß Mobilmachung wäre. Das war sie nun, die schreckliche und furchterregende Gewißheit. Sofort kamen eine Menge Verbote heraus, unter anderem wurde die Benutzung der Privatwagen untersagt – entweder wollte man die Autos für die Wehrmacht requirieren oder einfach nur Benzin sparen. Damit war die Anreise vieler Gäste nicht mehr möglich.

Unser Fest rückte angesichts dieser Entwicklung total in den Hintergrund und mußte der Mobilmachung geopfert werden.

Trotzdem aber kam Böseberg mit dem Zug angereist – im Gepäck weitere 20 Brote und viele Sachen, die es nur in der Stadt zu kaufen gab. Wohin aber sollten wir mit all diesen Leckereien, jetzt, da im Angesicht des drohendes Krieges unser Fest null und nichtig geworden war? Meine Mutter behielt die Nerven und schickte den Koch nicht nach Hause. Er bekam den Auftag, nunmehr alles zu konservieren. Was mit dem vielen Brot gemacht wurde, weiß ich nicht mehr. Alles andere jedoch verschwand in Dosen.

Im Laufe des Tages bekamen wir noch einige Anrufe und Telegramme: „Kommen nicht möglich. Haben kein Auto“ oder „Müssen absagen wegen Mobilmachung“. Es war wie eine Welle, die über uns zusammenschlug. Ich sehe mich noch durch all die vorbereiteten Räume mit den festlich gedeckten Tischen gehen, fassungslos, weil unsere Einladung nun ins Wasser gefallen war – aber auch mit großer Angst vor dem, was auf uns noch zukommen würde.

Es wurde Abend und im Haus sprach jeder mit jedem nur über ein Thema: den drohenden Krieg. Um zwanzig Uhr erschien in der Haustür plötzlich doch noch ein Gast, ein Offizier, der mit Geschick den Weg zu unserem Gut gefunden hatte. Er stand unseren Herzen eigentlich nicht sehr nahe, doch als ich ihn sah, war ich froh und bat ihn, mit mir im Park spazieren zu gehen. Ich wollte mit ihm über die Lage und das, was uns in nächster Zeit erwarten würde, sprechen. Doch während er in seinen Tagträumen schon fast ganz Polen erobert hatte, war ich voller Angst und Sorge um meine Freunde und die Offiziere, die ich seit Jahren kannte.

Nach diesem Gespräch und dem Abschied von ihm ging ich aufgewühlt ins Bett und habe – natürlich – die ganze Nacht nicht schlafen können. Tausend Gedanken gingen mir durch den Kopf: Was wird an der Front passieren, was in der Heimat? Was wird aus uns und dem Gut? Wie lange wird der Krieg dauern? Aber auf alle Fragen gab es keine Antworten. Am nächsten Morgen rief mich mein Freund Rolli Wagner an – wobei „Freund“ damals noch

Freund bedeutete. Rolli war wie ein Bruder für mich. Als Goslaer Jäger mußte er sich drei Tage später für den Einsatz bereit halten. So bat er mich, nach Goslar zu kommen, um „Abschied vom Frieden“ zu nehmen – welch merkwürdige Situation! Trotz Fahrverbotes fuhr ich mit unserem Auto zu ihm. Gemeinsam ging es dann weiter in die Berge, zu einem kleinen Gasthaus. Dort saßen wir bei einer Tasse Kaffee im Sonnenschein und wußten eigentlich gar nichts zu sagen. Diese schrecklichen Worte „Mobilmachung“ und „Krieg“ lagen wie ein dunkler Schatten über uns. Wir beide hatten keine rechte Vorstellung von dem, wie es nun weitergehen sollte und was sich ereignen würde. Wir machten uns Mut und sagten, daß es ja nur nach Polen ginge und wir uns hier bestimmt bald wieder treffen könnten. So dachten wir damals. Nie hätten wir an ein solches Desaster geglaubt, das uns noch bevorstand, und die Vorstellung, daß er nach diesem schrecklichen Krieg noch Jahre in Sibirien verbringen sollte, lag uns ebenfalls fern.

In den nächsten Tagen kamen die Goslaer Jäger zum Abtransport, am 1. September 1939 waren die Deutschen in Polen einmarschiert. Ich hatte meinem Freund Rolli gesagt: „Ich komme und winke dir zu, wenn du durch die Straßen reitest“. Daraufhin bat er mich, von meinem Plan Abstand zu nehmen, denn mit unserem letzten Gespräch in dem kleinen Gasthof hätten wir den Abschied besiegelt. Die vielen, vielen Briefe, die er mir schickte, habe ich alle aufgehoben, und mit den anderen Schreiben meiner Freunde will ich sie zu einem Kriegstagebuch zusammenfassen.

Obwohl mein Vater im ersten Weltkrieg gestorben und mein Bruder der einzige männliche Nachfolger auf dem Gut war, wurde er am zweiten Tag nach der Mobilmachung auch eingezogen. Meine arme Mutter war fassungslos, denn ihr Sohn war ihr Ein und Alles. Ich begleitete meinen Bruder bis nach Einbeck, wo schon sehr viele junge Leute auf ihren Fronteinsatz warteten. Voller Trauer sah ich, wie mein verwöhnter Bruder mit seinem kleinen Koffer in der Masse der Wartenden verschwand.

Dieser brutale Einschnitt in unser bisher so friedliches und glückliches Leben erforderte nun auch von mir große Umsicht, Einsatz und ein besonderes Verständnis für meine unglückliche Mutter. Plötzlich bekam unser aller Leben eine andere Dimension. Der Krieg wurde zur schrecklichen Wirklichkeit, denn schon nach wenigen Tagen erhielt ich die traurige Nachricht vom Tode eines meiner nettesten Tänzer aus dem Jägerregiment. Das war auch für Rolli Wagner die erste Konfrontation mit der harten Realität des „Feldzuges“, denn der Gefallene war sein bester Freund, der neben ihm samt seinem Pferd im Kugelhagel starb.

Mein Pferd „Frechdachs“ – Einen Dickkopf respektieren

Mit den vielen Freunden, die ich schon vor dem Krieg gefunden hatte – sei es während meiner Schulzeit, sei es durch die Einladungen auf den Nachbargütern oder der Regimentsfeste –, blieb ich auch während des Krieges durch Briefwechsel verbunden. Einer dieser alten Vertrauten war Rolli Wagner, den ich ja schon erwähnte. Er war als Goslaer Jäger ein guter Reiter, während ich als Feld-, Wald- und Wiesenreiterin nicht gerade turnierreif war. Wir verbrachten in Friedenszeiten viele schöne Stunden auf dem Rücken der Pferde, wobei am Schluß eines jedes Ausritts der Satteltrunk das Wichtigste war.

Zu meinem Geburtstag erhielt ich dann von Rolli ein Geschenk, das zu bekommen ich nie zu hoffen gewagt hätte. Per Feldpost kam die Ankündigung eines kleinen Vollblüters, den er in Polen erstanden hatte. Ich war gespannt wie ein Flitzebogen: ein eigenes Pferd, ein kleiner Vollblüter für mich allein, das war wunderbar!

Eines Tages stand dann das Pferd auf dem Hof, mit dem Preisschild noch am Schweif. Ich umarmte den bildschönen, kleinen Fuchs, wobei er mir sofort einen blauen Fleck in die Schulter kniff. „So ein Frechdachs“, sagte ich und damit hatte er seinen Namen weg. Er war ein unerfahrener, wahrscheinlich Dreijähriger, der weder Sattel noch Deichsel kannte. Für beides erträumte ich mir nun diesen Frechdachs.

Ich begann mit der ersten Übung: Einspännerfahren auf der Koppel. Das behagte ihm überhaupt nicht. Er keilte aus und stellte die Ohren steil nach hinten. Er rollte alles Weiß, was er in seinen Augen hatte, hervor und schnaubte wie ein Walroß. Unser erster gemeinsamer Kampf endete damit, daß er mit beiden Vorderbeinen über den Stacheldrahtzaun sprang – und nun standen wir da, kein Vorwärts und kein Rückwärts mehr möglich. Zur Hilfe kam mir Ulrich, einer unser Pferdepfleger, der nach langem Hin und Her den Stacheldraht durchschnitt, so daß wir Frechdachs ohne Blessuren befreien konnten. Das war nicht das einzige Abenteuer, das ich in dieser oder ähnlicher Weise mit dem Fuchs erlebte.

Als nächstes fing ich an, ihn zu satteln und zu reiten. Ich glaube, das war eine meiner schwersten Übungen mit Pferden, die ich je gehabt habe. Er litt nicht nur unter Sattelzwang, sondern auch unter mir, die ich ja nicht unbedingt eine perfekte Reiterin war und die ihm auch nicht alle Unarten austreiben konnte. Wir liebten uns aber über alle Maßen trotz einiger Unarten und Schwierigkeiten, die wir zusammen hatten.

Eines Tages, im Winter, besuchte uns ein Freund in Schladen, seines Zeichens Rittmeister. „Prima“, dachte ich, denn von ihm nahm ich mit Fug und Recht an, daß er im Umgang mit Pferden perfekt wäre. Darum bat ich ihn, sich mit Frechdachs zu befassen,

um aus ihm ein etwas braveres Reitpferd zu machen. Aber selbst ihm gelang es nicht, Frechdachs die schlimmsten Macken auszutreiben. Mein Pferd war eben ein eigenwilliger Typ. Selbst vor den Schlitten gespannt, am Zügel meines Rittmeister, gebärdete er sich wie ein eigensinniger Junge. Ohne Rücksicht auf Verluste kippte er uns mit dem Schlitten um. Alle Polster und Klamotten lagen im Schnee. Frechdachs wieherte vor Freude, ließ uns immer drei Meter an sich herankommen, um dann wieder zehn Meter weiter zu laufen. Dann guckte er sich weißäugig um, um das Spiel zu wiederholen. Nach Stunden erst kamen der Rittmeister und ich zu Hause an, bepackt mit Decken und Polstern – während Frechdachs abgeschirrt und haferfressend bereits im Stall stand. Das war nicht nur peinlich für mich. Peinlicher noch war es für den Pferdeexperten.

Wie gerne hätte ich mit Frechdachs einem Freund imponiert, der auch einige Zeit in Schladen auf Urlaub war. Er war mehr ein musischer Mensch, der mich allabendlich mit Beethovens Mondschein-Sonate oder anderen Klavierkonzerten erfreute. Beim Abschied ließ ich ihn lässig wissen, daß ich seinem Zug, der ihn wieder zur Front bringen sollte, vom Pferd aus nachwinken würde. Während ich am Bahndamm entlang trabte, überholte mich der schnaubende Zug, was Frechdachs überhaupt nicht in den Kram paßte. Ein wütendes Schnauben seinerseits, dann ein bockelartiger Sprung, und schon hatte er mich aus dem Sattel heraus in den Sturzacker geworfen – aus der Traum. Nichts blieb übrig von meinem eleganten Ritt neben dem Zug und dem lässigen Abschiedswinken. Frechdachs machte sich auf und davon und ich saß kleinlaut auf dem „Boden der Tatsachen“. Hochmut kommt eben vor dem Fall.

Trotz aller Streiche war und blieb Frechdachs mein dickster Freund, der mich immer, wenn er beim Putzen vor dem Pferdestall stand und ich per Motorrad auf dem Hof kam, laut wiehernd begrüßte. Er hat mir immer wieder beigebracht, nicht Herr über ihn sein zu können und seinen Dickkopf zu respektieren.

Der eiserne Trecker – Arbeiten bis zum Umfallen

Der schreckliche Krieg war ausgebrochen und mein einberufener Bruder sorgte sich aus der Ferne um den Betrieb und alles, was er in jungen Jahren aufgebaut hatte. Auch einer unserer Treckerfahrer war sofort eingezogen worden. Ich war noch nicht versiert genug und zu unerfahren mit der Antragstellung, um ihn vom Militärdienst u.k. stellen zu lassen. Dann begann die Herbstbestellung. In normalen Zeiten hätten eine Raupe und zwei Trecker für die Feldarbeit genügt. Da aber ein paar Ackerpferde requiriert worden waren, mußte auch der vierte Trecker aufs Feld. Wir hatten keinen weiteren ausgebildeten Treckerfahrer zur Verfügung, und deshalb entschloß ich mich, selber die Zügel in die Hand zu nehmen.

Ich wurde von Fricke, unserem ersten Treckerfahrer, unterwiesen, wie man mit einer Lötlampe den Kolben anheizt. Sobald dieser Vorgang beendet war, mußte man das Steuerrad ausklinken und an der Außenseite des Treckers, seitlich am Motor, einrasten lassen. Dann wurde die Maschine mit Hilfe des Steuerrades angeworfen, wobei sich das Rad bei der Zündung wie wild im Kreise drehte. Es dann aus der Arretierung wieder herauszuziehen, flößte mir gehörig Angst ein: Man mußte hinter das Steuerrad die Achse mit der einen Hand fassen, während man mit der anderen vor dem Steuerrad an einem Holzknopf, der nicht mitrotierte, zog. Dadurch bekam man dieses schleudernde Etwas in den Griff und konnte es rausziehen. Dann hieß es, oben auf dem Trecker Platz zu nehmen, das Steuerrad wieder auf die Lenkachse zu stecken und den ersten Gang einzulegen – und schon lief die ganze Chose rückwärts. Also mit dem Fuß vom Gas, bis der Lanz zum Stillstand kam, dann ruck-zuck wieder Gas geben und ein Stoßgebet zum Himmel schicken, der Trecker möge nun endlich vorwärts laufen. Es war immer wieder ein schwieriges Abenteuer.

Beinahe noch schlimmer war das Tanken: Mit einer Kanne Rohöl mußte man auf den vorderen Tritt klettern, um das köstliche, stinkende Zeug in den Einfüllstutzen zu gießen. Oftmals floß etwas daneben, auch über meine Hände und Hose, mit dem Erfolg, daß ich abends, wenn ich von der Arbeit zurückkam, meine Klamotten vor der Haustür ablegen mußte. Mutti stand schon mit einem Bademantel im Flur und ich wurde sofort ins Bad geschleust, das als großer Luxus während meiner „Treckerzeit" beheizt wurde.

Ich arbeitete mit diesem Monstrum wirklich bis zum Umfallen. Ohne Decke saß ich stundenlang auf dem Eisensitz, hatte keine Frontscheibe als Schutz und war Staub und Wind ausgesetzt. Unzählige Male kletterte ich von der Maschine runter und wieder rauf, weil sich entweder an der Pflugschar oder der Egge etwas festgesetzt hatte, das entfernt werden mußte. Es waren harte Tage. Ich erinnere mich noch, daß ich einmal auf einem der Äcker in eine kleine, glitschige Kuhle geriet und mit dem Trecker nicht mehr weiterkam. Der Hofmeister sprang herbei, um mir zu versichern, daß er mich sofort mit ein paar Pferden rausziehen lassen würde. Mir liefen vor Erschöpfung die Tränen über meine schmutzigen Backen und ich flehte ihn an: „Bitte keine Pferde, lassen Sie das Biest da hängen, ich kann nicht mehr". Er war sofort besorgt, hob mich vom Trecker runter und fand wohl auch, daß es eine zu große Zumutung für eine junge Frau wäre, sich diesen Strapazen mit dem schweren Eisentrecker auszusetzen. Sein Verständnis gab mir wieder Auftrieb und selbstverständlich ging meine Arbeit mit dem Ungetüm am nächsten Tag weiter.

Eines Tages standen drei Herren von der Kreisbauernschaft neben meinem ratternden und puffenden Trecker und wollten eine Auskunft von mir haben. Ich verstand ihre Fragen leider nicht, denn ich hatte wenigstens drei Tücher um den Kopf gewickelt und fünf bis sechs alte Pullover und Jacken angezogen, um der schlimmsten Kälte zu widerstehen. Dann gingen die drei Herren zu meiner Mutter und äußerten ihr Erstaunen, auf dem

Acker einen Eisentrecker unter der Führung einer Polin vorgefunden zu haben. Meine Mutter genierte sich fast zu sagen, daß diese total verschmutzte, ölige, dick verpackte „Polin“ ihre eigene Tochter war. Durch diesen Trecker-Aufritt aber hatte ich die Anerkennung der Herren gefunden, die mir seitdem von Amts wegen in vielen Nöten weiter halfen. Sie hatten erkannt, daß ich fest zupacken und hart arbeiten konnte.

Zum Glück fanden wir im nächsten Frühjahr einen gelernten Treckerfahrer, der Gott sei Dank diese schwere Arbeit übernehmen konnte.

Regen per Knopfdruck

Während seines Fronturlaubs besprach ich mit Georg meine Idee, Gemüse feldmäßig anzubauen. Einerseits bestand diesbezüglich eine große Nachfrage, weil es kaum Fleisch und Fett gab; andererseits konnte man mit dem Gemüseanbau gut verdienen. Die Voraussetzung aber war eine Beregnungsanlage, die, wie wir wußten, fast unmöglich zu beschaffen war. Die beiden einzigen einschlägigen Firmen, die damals in Deutschland existierten, hatten Lieferfristen von bis zu sechs Jahren. Trotzdem setzte ich mir in den Kopf, wenigstens einen Versuch mit der Firma Lanninger zu machen. Eines Tages auf Knopfdruck Regen fallen zu lassen, faszinierte mich ungemein.

Mein Bruder zog wieder in den Krieg und räumte mir nicht die geringste Chance ein, meinen Plan zu verwirklichen. Trotzdem versprach er, mir im Falle eines Erfolges drei Kaufgelüste zu erfüllen.

In den nun folgenden Wochen lernte ich alles, was man über Gemüseanbau und über Beregnungsanlagen wissen mußte. Gut vorbereitet fuhr ich dann nach Frankfurt am Main und erschien unangemeldet zu einem Besuch in der Firma Lanninger. Mit einem etwas mulmigen Gefühl kämpfte ich mich bis in das Vorzimmer des Chefs vor, wo mich die Sekretärin nicht gerade erfreut begrüßte. Daß ich als junges Mädchen Herrn Lanninger ohne Terminvereinbarung sprechen wollte, paßte absolut nicht in das Programm des Tages. Später erfuhr ich, daß er eigentlich als Offizier im Krieg und nur zufällig einige Tage auf Urlaub in der Firma gewesen war.

Mit flinker Zunge hielt ich der jungen Dame ein Referat über den Anbau von Blumenkohl, Rotkohl, Radieschen und Möhren und bemerkte nicht, daß ich diesen Vortrag bereits dem sehr amüsierten Herrn Lanninger hielt, der plötzlich in der Tür hinter mir stand. Lachend bat er mich in sein Büro, wo ich dann in

Anwesenheit von drei weiteren Herren „examiniert“ wurde. Eine Stunde später saß ich schon mit ihm und seiner Frau beim Essen, in der Tasche die feste Zusage, in vier Wochen eine Beregnungsanlage in Betrieb nehmen zu können. Mein Gott, war ich selig!

Ich fuhr zurück nach Schladen und stürzte mich mit großem Engagement auf den Gemüseanbau. Wie vereinbart wurde dann nach vier Wochen die Beregnungsanlage geliefert. Herr Lanninger selbst kam während seines nächsten Kurzurlaubs zu uns, um sich vom Einsatz der Anlage zu überzeugen. Das war nicht das letzte Mal, daß er nach Schladen kam. Er wurde zum Freund des Hauses. Es tut mir leid, daß er dieses Buch nicht mehr erleben kann, denn er hat mir jahrelang damit in den Ohren gelegen, alle meine Erlebnisse einmal zu Papier zu bringen.

Bei der Erfüllung der von meinem Bruder ausgesetzten Belohnung gab es allerdings Schwierigkeiten. Was gab es damals schon zu kaufen? Kleider? Dafür fehlten mir die Punkte der Kleiderkarte. Wäsche war ebenfalls unmöglich und Schuhe gingen schon gar nicht – schade, denn ich war ganz wild aufs Kaufen. Dann aber hatte ich doch die zündende Idee: Hüte! So wühlte ich dann in einem Geschäft für Kopfbedeckungen und erstand kurzerhand drei Hüte, darunter den „Erikafarbenen", von dem mein Bruder noch lange sprach.

Eine Gelegenheit, die Hüte auszuführen, fehlte mir allerdings während der Kriegszeit völlig. Als sie nach dem Kauf jedoch wie die Ostereier in meinem Schrank lagen, hatte ich jeden Tag einen liebevollen Blick für sie. Oft auch setzte ich sie heimlich in meinem Zimmer auf und dachte mir anstelle der Reithosen ein hübsches Kleid oder ein Kostüm und anstelle der Dorfstraße den Berliner Kurfürstendamm.

Der Gemüseanbau wurde ein voller Erfolg, meine Hoffnungen gingen allesamt in Erfüllung. Allerdings hatte ich vor der Ernte häufiger das Problem, daß meine ehemaligen Mitschülerinnen aus der Dorfschule eine „Vorernte" hielten und sich auf den Feldern selbst bedienten. Zur Rede gestellt, meinten sie: „Na, hör mal, Ursel, wir waren doch Schulkameradinnen!" Was sollte ich da machen – außer die sprichwörtlich gute Miene zum bösen Spiel?

Luftkampf über Schladen – Ochsenstall in Flammen

1944 spielte sich über uns in Schladen ein dramatischer Luftkampf ab, der uns einen Schrecken nach dem anderen einjagte. Es war gerade Mittagszeit, als die Sirenen die Gefahr verkündeten, und alle, die sich eiligst retten wollten, hasteten in den Kartoffelkeller, an dessen Eingangstür unser Hofmeister Posten bezogen hatte. Wir hörten ein tieffliegendes Flugzeug und hatten Todesangst, daß es auf unser Haus oder den Kartoffelkeller stürzen würde. Dann erschreckte uns ein furchtbarer Knall und gleich darauf schrie der Hofmeister: „Der Ochsenstall brennt!" Zusammen mit einigen Männern rannte ich über den Hof zum Stall, der bereits lichterloh brannte. Soweit es möglich war, zogen wir die Tiere heraus und schon nach kurze Zeit waren auch die Feuerwehren von der Zuckerfabrik und dem Dorf zur Stelle. Gemeinsam schafften sie es, das Übergreifen der Flammen auf andere Gebäude zu verhindern, weshalb ich ihnen noch heute zu großem Dank verpflichtet bin.

Die armen Ochsen waren von den Flammen halb angesengt worden, und nun standen sie auf dem Hof und brüllten vor Schmerzen. Ich rief sofort die Kreisbauernschaft an, um die Genehmigung zu erhalten, die Tiere schnellstens von unserem Dorfschlachter schlachten zu lassen. Die Antwort war niederschmetternd: „Das ist verboten!" Man befürchtete, daß Fleisch auf die Seite gebracht werden könnte. Deshalb sollten diese armen Tiere, der Vorschrift entsprechend, in einem Viehtransporter zum Schlachthof gebracht werden. Ich heulte wie ein Schloßhund und stopfte mir die Ohren zu, um das Gebrüll nicht hören zu müssen. Ich versuchte, so schnell es ging, Lkws oder Viehtransporte zu organisieren, damit diese Tragödie beendet werden konnte. Es dauerte trotzdem Stunden, bis dieses arme halb verbrannte Vieh von seinen Schmerzen erlöst werden konnte – und das nur wegen eines eventuellen Fleischverlustes. Es war wirklich unbegreiflich.

Als endlich wieder Ruhe eingekehrt war, fingen wir an, in den Ruinen des Ochsenstalls aufzuräumen. Mein Gott, das Kampfflugzeug, eine Mosquito-Maschine, hatte sich regelrecht in den Boden hineingerammt, so daß es den vernichtenden Flammen nur teilweise ausgeliefert war. Ich beauftragte unseren Tierpfleger Ulrich, in den Trümmern des Flugzeugs nach der Besatzung zu suchen und mir die Erkennungsmarken und andere persönliche Dinge, die mir wichtig erschienen, zu übergeben. Zur Sicherheit beauftragte ich Tante Lene, diese Arbeit zu überwachen. Ich stellte in den ausgebrannten Stall einen Stuhl, auf dem sie dann mit Hut, Mantel und Handtasche Platz nahm.

Widerwillig begab sich Ulrich an die Arbeit, er fand den Piloten, die Erkennungsmarke sowie ein kleines Gebetsbuch. Die Überreste des armen Flugzeugführers wurden später auf dem Friedhof in einem Sammelgrab mit anderen gefallenen amerikanischen Fliegern beigesetzt. Die Erkennungsmarke sowie das Gebetsbuch nahm ich an mich, um vielleicht nach dem Krieg die Familie benachrichtigen zu können. Vorsichtshalber schrieb ich die Nummer der Marke sofort in mein Notizbuch, ebenso den frommen Spruch, den er in einem kleinen Büchlein niedergeschrieben hatte:

„O my God, I believe in Thee,
I hope in Thee, I love Thee and
I am sorry for all the sins of my life,
My Jesus Mercy
John I. Du Pont
0763121 A
T 4344 C, 28.9.44“

Kaum war ich damit fertig, stand auch schon der Ortsgruppenleiter im Haus. Er hatte inzwischen erfahren, daß wir nach der Erkennungsmarke und der Hinterlassenschaft des Amerikaners gesucht hatten. Sofort nahm er mir die Sachen ab. Leider waren all meine Bemühungen nach Kriegsende vergeblich, die Angehörigen des jungen Mannes ausfindig zu machen, um sie zu informieren. Trotzdem hatte ich irgendwie das Gefühl, das Richtige getan zu haben.

Einen Tag nach dem Absturz kam ein Militärfahrzeug zu uns auf den Hof. Ihm entstiegen zwei Uniformierte sowie ein älterer Herr vom Nachbargut, den man verhaftet hatte. In der Hoffnung, daß ich ihm vielleicht in seiner mißlichen Lage helfen könnte, hatte er darum gebeten, mich aufsuchen zu dürfen. Er hoffte wohl, ich könnte gut Wetter machen und ihm aus dieser furchtbaren Patsche helfen. Seine „Schuld" bestand darin, einen englischen Piloten in seinem Haus aufgenommen zu haben. Dieser war auch an dem Luftkampf beteiligt gewesen. Allerdings hatte er sich nach seinem Abschuß mit dem Fallschirm über das Gutshausdach hinweg noch retten können.

Unser Nachbar hatte dem jungen Offizier selbstverständlich Wasser und etwas zu essen gegeben und ihm darüberhinaus in der Halle ein kleines Lager bereitet. Er wollte dem Engländer einfach die Möglichkeit geben, über diesen Schock hinwegzukommen und sich zu erholen. Schon nach einer Stunde wurde der Pilot jedoch abgeholt und in Gefangenschaft abgeführt. Der Gutsherr seinerseits sollte für seine Hilfsbereitschaft bestraft werden und wurde abgeführt. Nach drei Tagen jedoch wurde er gottlob wieder freigelassen. Damit war dieser Spuk vorüber. Vielleicht hatten ihm mein kurzes Gespräch mit der SS und meine Appelle geholfen, seine Tat doch einfach als eine menschliche zu würdigen.

Ratzeputz und Fridolin

Im vierten Kriegsjahr kam endlich mal wieder ein fremder Hund zu mir. Er gehörte einem befreundeten Offizier, der glücklich war, seine Schäferhündin bei uns auf dem Lande unterbringen zu können. Alles, was vier Beine hatte, nahm ich mit Freuden auf, so auch diese Schäferhündin mit Namen „Ratte". Trotz Massenandrangs machte sie es sich in meinem Zimmer und in dem dortigen Gemeinschaftskorb bequem. Sie war verträglich mit allem Getier, das im Hause lebte, und natürlich machte sie mir viel Freude.

Ratte war sicher keine Jungfrau mehr, und so beschloß ich, einen Bräutigam für sie zu finden. Der Gedanke, meinem Freund nach Kriegsende Nachwuchs präsentieren zu können, gefiel mir, und so leitete ich die erforderlichen Maßnahmen ein. Ich kannte einen stattlichen Schäferhund, der bei den Grafen Strachwitz und Wedel in Burgdorf ein gepflegtes Dasein führte. Der Rüde war ein schöner Kerl und konnte, was ich gar nicht weiter ergründet hatte, vielleicht auch Papiere vorweisen.

Nach vorherigem Anruf beschloß ich also, mit meinem Wagen nach Burgdorf zu fahren, um die Hochzeitsglocken läuten zu lassen. Als Gastgeschenk stopfte ich für ein Spanferkel-Essen ein fettes, saftiges Schweinchen in einen Sack. Was sonst hätte man während der Kriegstage zu diesem Anlaß mitbringen können? Schokolade, Blumen oder sonstiges waren nicht angebracht – oder nicht aufzutreiben. Also blieb nur das Ferkel.

In Vienenburg machte ich Zwischenstation, um mit einem Viehhändler den Ankauf eines dringend benötigten schweren Ackerpferdes zu besprechen. Nach der Unterredung begleitete mich der Händler zu meinem Wagen. Ratte saß vorn auf dem Beifahrersitz, und im Fond quietschte vergnügt das Ferkelchen. Es war wohl froh, daß sich der Sack geöffnet hatte, und als ich einsteigen wollte, wuselte sich das Luder ins Freie und entwich. Quietschend rannte es von dannen. Nicht nur der Viehhändler und ich, auch die Leute, die auf der Straße waren, beteiligten sich mit großem „Hallo" an der Ferkeljagd. Endlich hatten wir es dann am Hinterbein zu fassen gekriegt, wieder in den Sack gestopft und in den Wagen verstaut – so konnte ich schließlich meine Fahrt zu den Grafen fortsetzen. Ein Bediensteter nahm sich dort des Ferkels an und brachte es in die Küche, wo es als Bereicherung des Speisezettels sicher herzlich willkommen war.

Mit den Herren verbrachte ich eine gemütliche Teezeit – doch schließlich drängte ich zur „Hochzeit". Ich bat die Grafen inständig, nicht mitzukommen. Obwohl sie auf dem Lande lebten, waren sie doch fern solcher Exzesse. Mir als Landkind waren solche Dinge natürlich vertraut. Trotz meiner Bitte bestanden die Herren jedoch auf einen gemeinsamen Spaziergang durch den Park, wo sich die beiden Hunde verlustieren sollten. Nach ungezählten Minuten bestieg schließlich der Rüde meine „Ratte" und ich freute mich – während sich die Herren taktvoll abwandten. Sie fanden das wohl außerordentlich peinlich, und nachdem sie mich in Gnaden entlassen hatten, schworen sie sicherlich, nie wieder ihren braven Rüden mit solchen Dingen zu belasten.

Nach angemessener Zeit gebar „Ratte". Leider brachte sie jedoch nur ein lebendes Exemplar zur Welt. Ich taufte es auf den Namen „Ratzeputz". Mutter und Sohn brachte ich im ehemaligen Kutscherzimmer, im Souterrain unseres Hauses unter, um beide stets unter Kontrolle zu haben.

Wenige Tage später geschah ein schreckliches Unglück auf unserem Gut: Ein amerikanisches Kampfflugzeug stürzte während eines Luftangriffs auf unseren Ochsenstall und entfachte einen Riesenbrand. Zunächst waren wir alle voll und ganz damit beschäftigt, die armen, halb verbrannten Ochsen aus dem Stall zu holen. Dann drohte die Gefahr, daß auch der benachbarte Schweinestall dem Brand zum Opfer fallen könnte. Sofort brachten wir auch das Borstenvieh aus der Gefahrenzone. Wir standen in den Boxen und trieben mit Besen die Sauen, Eber und Ferkel hinaus. Das war ein schweres Unterfangen, denn unsere Schweine waren sogenannte deutsche Weideschweine, die sicher einmal mit Wildschweinen gekreuzt worden waren und deren Allüren angenommen hatten. Die Sauen waren äußerst bissig, insbesondere fremden Ferkeln gegenüber, die sie unter Umständen auch totbissen. Die Viecher waren hochbeinig wie Wildschweine und mit einem Wildschweinrüssel ausgerüstet. Entsprechend wurden sie im Wald zur Eichelmast gehütet oder auf die Weiden getrieben. Während das Feuer also im benachbarten Ochsenstall tobte, trieben wir die Schweine in einen Auslauf – was für ein Gewusel und ein Gegrunze! Soweit es ging, fingen wir in diesem Tohuwabohu die Ferkel in Säcken ein, um sie vor den aufgeregten Sauen zu schützen.

Die Löscharbeiten der herbeigeeilten Feuerwehren verhinderten das Übergreifen der Flammen und so konnten wir die Schweine noch vor dem Abend in die Ställe zurückbringen. Die Sauen wurden in die Boxen getrieben, in deren Türen jeweils ein kleines Loch für die Ferkel war. Durch diese „Ferkeltür" kamen die Kleinen jederzeit auf den Mittelgang des Stalles, wo sie gefüttert wurden. Nachdem die Sauen nun ihre Boxen bezogen hatten, setzten wir die Ferkel auf den Mittelgang aus. Anhand des Geruchs fanden sie unter lautem Gegrunze und etlichen Turbulenzen ihre Mamas wieder. Zum Schluß blieb ein goldiges, dickes, fettes Eberferkelchen übrig. Es hatte wohl seine Mama verloren. In der Eile taufte ich es Friedolin, nahm es unter dem Arm mit ins Haus und brachte es zu der niedergekommenen Ratte. Ich hoffte, daß Friedolin dort Nahrung und eine neue Mutter finden würde. „Ratte" war davon nicht gerade begeistert. Ratzeputz war ein zärtlicher junger Mann, der an den Zitzen saugte und glücklich war über den reichlichen Milchfluß. Das Ferkelchen Fridolin hingegen traktierte mit seinem Rüssel sofort und heftig Rattes Bauch in der Hoffnung, es möge mehr Milch fließen. Ratte nahm die Unannehmlichkeiten gutmütig auf sich. Ich blieb vorsichtshalber für einige Stunden bei den Tieren und schaute, daß keine Schwierigkeiten entstanden.

Schon am nächsten Tag versuchte ich, mit einem Futternapf die größten Strapazen von Ratte abzuwenden. Langsam aber sicher gewöhnten sich die beiden jungen „Herren" daran, aus dem Napf den von Mamsell zubereiteten leckeren Brei zu fressen und Wasser zu trinken. Schließlich wollte sogar jeder der erste am Napf sein. Ratzeputz fand dank seiner Krallen besser Halt auf dem glatten Linoleumboden der Kutscherstube und erreichte als erster den Napf. Fridolin rutschte mit seinen kleinen „Klauenfüßen" aus, wollte sich aber die „Butter nicht vom Brot nehmen lassen". Also rutschte er mit Volldampf auf den Napf zu, schmiß Ratzeputz mit seinem Rüssel kurzerhand ins Aus und genoß die Köstlichkeiten. Sehr schnell fand nun Ratzeputz heraus, daß, wenn man Fridolin am Schwanz zieht, er wie auf einer Eisbahn durch die Gegend schlittert. So ging der Kampf um den besten Platz am Napf hin und her. Trotzdem aber wurden die beiden richtige Freunde.

Ratzeputz wurde ein sehr schöner, intelligenter Schäferhund, während Fridolin sich entschloß, die Allüren eines Hundes anzunehmen. Die beiden waren unzertrennlich. Auch später, als sie schon lange dem Kindesalter entwachsen waren, marschierten sie gemeinsam durch die Gegend – bis Fridolin, nunmehr schon fast ein großer Eber, den Leuten auf dem Hof Angst einjagte.

Beide trabten bellend und grunzend oft an meiner Seite und es machte Fridolin keine Schwierigkeiten, die Treppen rauf und runter zu gehen. Das hatte er von Ratzeputz gelernt. Normalerweise laufen Schweine nicht über Treppen, es gehört nicht zur l'habitude eines Borstenviehs. Ging aber der Schweinemeister die Steintreppe zur Küche hinunter, um die Essensreste für seine „Schweinehunde" abzuholen, tapste Fridolin munter hinterher. Er führte ein Zwitterleben zwischen Schwein und Hund und wir Drei blieben echte Freunde.

Als Fridolin seinen Platz im Schweinestall einnahm, verlor ich ihn etwas aus den Augen. Aber noch heute lebt er in meiner Erinnerung fort – als der beste und waschechteste „Schweinehund" aller Zeiten. Ratzeputz entwickelte sich zu einem wunderbaren Wachhund, der unseren Nachtwächter Neubacher Zeit seines Lebens mit viel Spürsinn und Liebe begleitete.

In aller Traurigkeit muß ich zum Schluß sagen, daß der befreundete Offizier und Herrchen von Ratte leider aus dem Krieg nicht zurückkehrte und seinen Ratzeputz, den Nachwuchs, nicht mehr erleben konnte.

Zug unter Beschuß – Davongekommen

Während des Krieges besuchte ich einen Freund, der im Harz in einem Lazarett lag. Er bat mich, seinen kleinen Hund, einen Dackel mit Namen, „La Jana“, von seinen alten Eltern in Hannover abzuholen und mit nach Schladen zu nehmen. Bei uns auf dem Lande würde es ihm bestimmt besser gehen. Ich fuhr also mit dem Zug nach Hannover und nahm den Hund in Empfang.

Auf der Rückfahrt wurden wir nach rund einstündiger Fahrt von Tieffliegern angegriffen. Mit entsetzlichem Getöse und wild schießend flogen die Maschinen über unsere Köpfe hinweg. Der Zug stoppte sofort. Wie immer war er total überfüllt und alle Reisenden waren völlig kopflos, genauso wie ich mit meinem Hund auf dem Arm. Eine Frau schrie: „alles hinlegen“ und alle waren in ihrer Hilflosigkeit froh, daß einer das Kommando übernommen hatte. Sofort war man bereit, es zu befolgen, und wir warfen uns alle auf den Boden. Ich dachte, während ich den Hund an den Busen drückte: „Jetzt bieten wir den Bordwaffen der Biester eine noch größere Angriffsfläche.“

Nachdem die Flieger ein zweites Mal aus allen Rohren feuernd über den Zug geflogen waren, schrie die gleiche Frau: „Alle sofort raus und in den nächsten Graben schmeißen“. Wir gehorchten erneut dieser Stimme, rasten aus dem Zug und suchten Schutz an der Böschung. Nun flogen die Flugzeuge ein drittes Mal über ihr Ziel und über das Feld – während wir ihren Bordkanonen eine noch bessere Angriffsfläche boten. Dann rasten wir wie die Hasen über den Acker und keiner wußte, wie er sich retten sollte. Schließlich flogen die Maschinen weiter, und wir konnten es nicht fassen, mit dem Leben davon gekommen zu sein. Lokführer und Heizer waren jedoch tot. Was sonst noch zu beklagen war, weiß ich nicht, da wir ja rechts und links vom Zug rausgesprungen und so weit wie möglich weggerannt waren.

Nach einem Fußmarsch am Bahndamm entlang fanden wir dann einen Bahnhof. Mit dem Dackel im Arm wartete ich dort auf eine Bimmelbahn, die uns ein Stück mitnehmen konnte. Da der Zug jedoch nicht bis nach Schladen fuhr, mußte ich aussteigen, und zusammen mit dem Hund ging ich weiter zu Fuß. Spät abends erst kam ich zu Hause an.

Durch dieses schreckliche Erlebnis waren Zugfahrten für die nächste Zeit für mich zu einem Trauma geworden, obwohl der Hund und ich mit heiler Haut davongekommen war.

La Jana, nach einer damaligen bildschönen Tänzerin benannt, machte mit ihren krummen Beinchen und ihrem Gekläffe der Diva sicher keine Ehre, aber ich liebte sie wie mein eigenes Kind.

Entchen und Huhn – Meine Freundinnen

Wieviel Glück hatte ich, mit Tieren aufzuwachsen! In den schlechten Kriegszeiten, wo Eier und Geflügel limitiert waren, fanden wir eine Lücke im Versorgungsplan: Kleine Enten, die ein Nachbar züchtete, fielen nicht unter die Abgabepflicht. Ich holte 60 kleine Entchen, die sich auf unserem Teich wohlfühlten. Es waren flinke Gesellen, die die Mamsell meistens direkt am Teich fütterte. Noch als Kinder hatten wir in dem Wasser eine kleine Halbinsel gebaut, die wir Lido nannten und auf der wir an den Wochenenden in Liegestühlen Sonne tankten. Manchmal tranken wir nachmittags dort auch den Tee. Vom Kuchen fielen oft Krumen ab, die wir ins Wasser warfen, um die schnatternden Enten anzulocken.

Aus diesem Pulk schälte sich irgendwann eine kleine Ente heraus, die die keckste von allen war. Wenn sie mich sah, schnatterte sie schon in Erwartung irgendwelcher Leckerbissen, während ihre Artgenossen sich anderweitig amüsierten. Ich taufte sie auf den Namen „Kathrinchen".

Zwischen Kathrinchen und mir entwickelte sich eine richtige Freundschaft. Sie war fast wie ein Hund. Sie watschelte immer hinter mir her, vor allem, wenn ich in die Gutsküche ging, wo sie aus dem Futternapf der Hunde fraß. Kathrinchen war mein großer Liebling, saß neben mir, wenn ich am Lido ausruhte, ließ sich von mir kraulen und gab dabei kleine, süße Schnattergeräusche von sich. Mit der Mamsell habe ich sie dann doppelt beringt, damit sie beim großen Schlachten nicht unter das Messer kam. So schien sie mir in Sicherheit.

Nach sehr langer Zeit gab es wieder einmal Entenbraten und voller Angst fragte ich, wie jedes Mal, die Mamsell, ob etwa auch Kathrinchen über die Klinge gesprungen sei. Mit ängstlichem Blick erklärte sie mir, daß der Stellmacher, der die Schlachtung vorgenommen hatte, auch meine kleine Freundin ins Jenseits befördert hatte. Mir liefen die Tränen runter, denn das war eine ganz bittere Erfahrung für mich, und ich vermißte noch lange meine kleine süße Ente. Nicht im Leben hätte ich ein Bissen von einer dieser kleinen Enten heruntergebracht.

Kurz danach freundete ich mich mit einem Huhn an, das sich in der Nähe meines Stuhles am „Lido" aufhielt. Schnell gewann ich sein Hühnerherz, indem ich Kuchenkrümel fallen ließ. Wir gewöhnten uns aneinander und meine Streicheleinheiten wurden mit wohligen Lauten anerkannt. Eines Tages war ich im Liegestuhl eingeschlafen und auf einmal saß das Federvieh auf meinem Schoß; es kletterte auf meine Schulter und ließ sich dort gemütlich nieder. Ich war hingerissen von diesem Freundschaftsbeweis und kraulte es nach Kräften, um es glücklich zu machen.

Einige Tage darauf, es war an einem Wochenende, flatterte es auf meinen Schoß, wo es ihm offenbar sehr gut gefiel. Plötzlich machte es die Flügel breit und drückte. Ich dachte, „Oje, jetzt wird es mir eine dreckige Visitenkarte hinterlassen“. Ich wollte es gerade wegschubsen, da sah ich, daß es auf meinem Schoß ein Ei gelegt hatte. Es war fast ein Glücksgefühl für mich, eine so intime Freundschaft zu haben.

Eines Tages wandte sich mein Huhn aber einem Hahn zu. Von da ab ließ es mich links liegen. Das war das Ende einer Freundschaft von „Frau zu Frau“.

Das Wunder von Schladen – Es regnet Bomben

Ab 18 Uhr war meistens der kleine Volksempfänger im Eßzimmer angestellt, um eventuell Informationen über Luftangriffe zu hören. Auch im Januar 1942 saßen wir beim Abendessen bei den Klängen des Radios. Ich war gerade aus der Stadt von Einkäufen zurückgekommen und noch elegant in Rock und Seidenbluse gekleidet – als plötzlich die Nachricht aus dem Radio kam, 90 Feindflugzeuge seien im Anflug auf die Salzgitterwerke in Braunschweig-Hannover. Das bedeutete für uns wegen der Nähe höchste Alarmstufe. Die Gefahr bei den Luftangriffen bestand darin, daß beim Anflug der Bomber oftmals falsche Ziele markiert und somit bombardiert wurden. Wir ließen alles stehen und liegen, um uns in Sicherheit zu bringen. Ich raste nach oben in mein Schlafzimmer, um mich wärmer anzuziehen, aber in dem Moment, da ich den Rock ausgezogen und gerade eine Hose ergriffen hatte, schlug eine Mine in die nahegelegene Zuckerfabrik ein. Nun hieß es: Rette sich wer kann. Nie wieder in meinem Leben war ich die Treppe so schnell heruntergerannt, obwohl ich erst in einem Hosenbein steckte und das andere noch in der Hand hielt. Unten im Souterrain stand mit dem Rücken zur Wand Tante Lene Bischofshausen – wie immer „gesattelt und gespornt: Sie hatte ihren Hut, ihre Tasche und ihren Mantel stets dabei, um nicht noch einmal in die oberen Räume gehen zu müssen. Meine Mutter stand neben ihr im Sommermantel, der wegen einer Änderung zufällig griffbereit in der Garderobe hing. Immer wieder sagte sie zu Tante Lene: „Fest an die Wand drücken, fest an die Wand drücken", weil es bereits überall krachte und brummte und bei uns Weltuntergangsstimmung herrschte. Tante Lene wurde wütend und sagte: „Ich kann nicht fester, ich drücke ja immerzu."

Ich ließ Mutter und Tante dort stehen und rannte zur vorderen Steintreppe im Souterrain, die zum Hof führte. Bei der Treppe war ein Vorraum, in dem riesengroße Fässer mit Sauerkraut für die Fremdarbeiter standen. Wie immer war abends alles verdunkelt. In der offenen Tür zum Hof stand der Monteur von der Firma Lanz, der über Winter alle Trecker durchsah und reparierte und während dieser Zeit im Hause wohnte. Er riß mich an die Seite und schrie: „Fräulein von Kaufmann, über uns sind brennende Positionslichter." Ich schaute hinauf zum Himmel und sah zu meinem Schrecken, daß über unserem Hof die „Christbäume" standen. Das waren Leuchtsignale, die den Fliegern das Zielgebiet für ihre Bomben anzeigten.

Im selben Moment fielen zahlreiche Stabbrandbomben in den Hof und entfachten ein grausiges Feuerwerk – ein entsetzliches

Schauspiel. Der Hof sah aus wie ein einziger Brandherd. Die vielen Wirtschaftsgebäude mit den riesigen Dachböden, auf denen Heu, Stroh und Getreide lagerte, sowie die Ställe mit den Kühen, Ochsen, Schafen und Pferden waren in höchster Gefahr.

Ich hatte wahnsinnige Angst, daß weitere Bomben auf uns niedergehen und in Kürze die Feuer um uns herum auf die Gebäude übergreifen würden. In Panik rannte ich über den Hof zu einer Unterführung, die den vorderen mit dem hinteren Hof verband. In diesem weiten gedeckten Durchgang war die Stellmacherei untergebracht und auf dem Boden darüber lag deren ganzer Holzbedarf. Ich blieb in der Unterführung stehen, weil ich mich dort in Sicherheit glaubte. Dann schaute ich nach

oben zur Decke, wo zufällig die Klappe zum Holzboden offenstand. Dort entdeckte ich einen kleinen Brandherd. Ich rief nach den Polen, die ebenfalls in der Unterführung standen. Sie griffen sofort zur Leiter, kletterten auf den Boden und warfen die Brandbombe hinunter, wo wir sie austreten konnten. Ich dachte noch, wie sinnlos das doch sei, weil es in Kürze ja eh überall brennen würde. Verstört und verängstigt rannte ich zum Haus zurück.

Die Flugzeuge waren inzwischen weitergeflogen und am Horizont sah man überall Feuer. Im Dorf war die Feuerwehr schon alarmiert und ausgerückt. Es brannten verschiedene Häuser, die gelöscht werden mußten.

Nun stand ich mit der Sekretärin, Fräulein Voshage, auf dem Hof. Voller Panik beobachteten wir die Gebäude, ob nicht irgendwo Flammen auflodern würden. Es verging vielleicht eine Viertelstunde, aber wir sahen gottlob keinen Feuerschein. Ich ging ins Haus zurück, schnappte mir eine Taschenlampe und suchte den Hausboden nach Brandbomben und Einschlägen ab – nichts! Dann rief ich den Schmied und den Hofmeister zu mir, um mit ihnen über die Böden der Wirtschaftsgebäude zu gehen. Wir nahmen „Feuerpatschen" – mit Wasser getränkte Lappen – mit, und untersuchten all die Böden, auf denen wir das Korn gelagert hatten. Aber wie hätte man feststellen können, ob ein Brandherd in einem dieser riesigen Kornhaufen lag? Wir schauten zum Dach hinauf, um dort Löcher zu entdecken. Aber es war dunkel, so daß mögliche Löcher nicht zu sehen waren. Wir gingen mit sehr eingezogenem Kreuz über die Kornböden und hatten Todesangst, daß ein Brand ausbrechen und uns den Weg abschnüren könnte.

Die Scheune, hoch bepackt mit Stroh, hatten wir natürlich nicht erklommen. Von unten aber sahen wir auch dort kein Feuer, auch nicht auf dem Pferdestallboden, wo das Heu lagerte, das beim kleinsten Funkenflug wie Zunder gebrannt hätte. Zitternd vor Angst und Kälte blieb ich die ganze Nacht über auf den Hof, starrte immerzu auf die Gebäude und betete zu Gott, daß nicht doch noch irgendwo ein Feuer ausbricht. Ich konnte überhaupt nicht begreifen, daß die vielen Brandbomben unsere Gebäude nicht schon längst in ein Flammenmeer verwandelt hatten. Später stellte sich heraus, daß mehrere Güter unserer Freude diesem Angriff zum Opfer gefallen waren.

Das Brandbombenfeuer auf dem Hof war mittlerweile erloschen und ich sah im Geiste, wie zahlreiche Engel, die alles Böse von uns abgewendet hatten, über unserem Gutshof schwebten.

Im ersten Morgengrauen lief ich nochmals, mit einer Taschenlampe bewaffnet, über die Böden und durch die Ställe. Noch immer war nichts zu finden. Dann schaute ich auf das Dach unseres Wohnhauses und sah ein riesengroßes Loch in den Ziegeln – hatte uns wohl doch eine Bombe erwischt. Ich rannte nach oben auf den obersten Boden, der ganz leer war. Wegen der Brandgefahr durften wir weder Möbel noch sonst irgendwelche Sachen dort lagern. Dann sah ich ein kleines Loch in dem Boden, das direkt in die zweite Etage, zur Räucherkammer führte. Ich rannte runter und öffnete die Kammer, wo früher unser Fleisch und die Wurst geräuchert wurden: Und dort lag sie, eine friedlich ausgebrannte Brandbombe. Dank des Steinfußbodens und der Asbestwände hatte sie keinen Schaden anrichten können. Gleich daneben stand ein Tisch mit dem Deputatszucker, den wir von der Zuckerfabrik zurückbekommen hatten – unversehrt! Auch hier hatten der liebe Gott oder die Schutzengel ihre Hände im Spiel gehabt.

Dann inspizierte ich die Schäferei, doch auch hier war alles in Ordnung. Ich ging weiter zur Mühle. Sie war zwar von einer Brandbombe getroffen worden, doch hatte sie der Müller rechtzeitig gesehen und so größeres Unheil verhindern können. Neben der Mühle stand noch das Arbeitshaus, in dessen engem Dachboden ebenfalls eine Brandbombe gesteckt hatte. Aber auch sie war gelöscht worden. Wir konnten unser Glück kaum fassen, aber weiter war tatsächlich nichts passiert.

Als das Militär eingesetzt wurde, um alle Brand-, Phosphor- und andere Bomben zum Abtransport einzusammeln, stellte sich heraus, daß im Hof 90 Brandbomben gelegen hatten. Direkt über den Dächern hatte der Bombenhagel offensichtlich ausgesetzt. Der Park jedoch lag wieder voller Phosphorbomben. Am Ende kam eine Strecke von rund 350 gezündeten Brand- und Phosphorbomben zusammen – und nur vier trafen unsere Gebäude, von denen eine sogar noch in der Räucherkammer landete. Es war unglaublich. Ich weiß nicht mehr, wie viele Dankgebete ich und alle anderen für dieses unfaßliche Wunder zum Himmel geschickt haben. Von Stund an las ich jeden Abend voller Dankbarkeit und schutzsuchend in der Bibel.

In den nächsten Tagen kamen Freunde von uns, Gutsbesitzer aus der Nachbarschaft, die total ausgebrannt waren. Sie suchten Unterkunft für ihr restliches Vieh. Wir nahmen ihre Karakulschafe auf, die die guten Persianerfelle lieferten. Die Behandlung und Bonitierung mußte ich nun auch noch lernen. Leonore, die Tochter eines Nachbarn, dessen Gut ebenfalls ausgebrannt war, kroch ebenfalls bei uns unter.

Seit dieser Nacht hatte ich vor dem Fliegeralarm immer eine furchtbare Angst. Stets traf ich alle Vorkehrungen, die man nur treffen konnte – die aber im Ernstfall wahrscheinlich nichts genützt hätten. Für solch ein Wunder braucht man die schützende Hand des Himmels – und die viele, viele Schutzengel!

Der 20. Juli 1944 – Verhör und Festung

Das Unglück warf seinen Schatten voraus. Wieder einmal saß ich am Sonntag früh in der Dorfkirche. Die Predigt war zu Ende und wir sangen voller Inbrunst „Ehre sei Gott in der Höhe und Frieden auf Erden und den Menschen ein Wohlgefallen, Amen, Amen, Amen". Bei diesem Lied kamen mir immer die Tränen, denn der Wunsch nach Frieden und Wohlgefallen nahm mich mehr und mehr gefangen. Doch schon heulten wieder die Sirenen und alle stürzten aus der Kirche ohne den Segen nach Hause – beflügelt von der Angst, die wir den ganzen Krieg über vor Bomben nie verloren hatten. Diese Angst empfand ich auch später wieder, als ich verheiratet war und mein Mann die vielen Rennen fuhr.

An diesem Tag erwartete ich meinen langjährigen Freund, Achim Hoepner, der seinen drei- bis viertägigen Urlaub in Schladen verbringen wollte. Die Zeiten seines Urlaubes genoß ich immer ganz besonders, denn die abendlichen interessanten Gespräche über die Front, die Politik und alles, was unsere Herzen bewegte, waren eine Bereicherung für mich. Darüber hinaus ritten wir morgens über die Felder oder saßen am sogenannten Lido am Teich und genossen die Ruhe. Meine Arbeit hatte ich mir so eingeteilt, daß ich genügend Zeit für Achim oder die anderen Freunde hatte, die ihren Heimaturlaub bei uns in Schladen verbrachten. Dieses Mal übergab mir Achim einen großen Umschlag, der versiegelt war und ohne Anschrift. Er bat mich, dieses Dokument im Geldschrank unter Verschluß zu halten. Eine Erklärung zu diesem Brief bekam ich nicht, so daß ich annahm, vielleicht sein Testament oder eine wichtige Familienchronik, die er in Sicherheit wissen wollte, in Händen zu halten.

Nach einigen Tagen nahmen wir Abschied voneinander, und es verging einige Zeit, bis ich von ihm einen Brief bekam, den ich im Park öffnete. Noch heute kann ich die Stelle beschreiben, an der ich damals stand, als ich den Brief las und voller Unverständnis über den Text nachdachte. Der Brief kam von der russischen Front und darin stand geschrieben: „Wir warten hier mit Spannung auf den großen mystischen Umschwung". Ich dachte, so dumm kann doch wohl kein Offizier sein, noch an den Endsieg zu glauben. Ich war fassungslos über diesen Satz, der sich bis heute in mein Gedächtnis eingeprägt hat.

Es verging wieder einige Zeit. Die Briefe zwischen meinen Freunden und mir gingen hin und her, und ich versuchte, durch meine Antwortbriefe allen etwas Freude zu geben. Immer wieder schickte ich ein Gebäck-Päckchen an die Front, was dank der Backkunst von Mamsell bei allen großen Anklang fand.

Am 20. Juli 1944 hatte ich wie so oft einen „Feindsender" eingeschaltet, wobei ich eine Decke über den Kopf und das Radio gezogen hatte, um den Schall zu dämpfen. Plötzlich hörte ich „Attentat auf Hitler!". Was war passiert? War er tot? War er verletzt? Ich besprach mich sofort mit meiner Mutter und der wunderbaren Tante Lene. Unsicherheit breitete sich aus. Abends kam dann die Nachricht vom deutschen Sender: „Hitler verletzt, Stauffenberg flüchtig". O Gott, was wird jetzt passieren, was wird auf uns zukommen und wer ist involviert in dieses Attentat. Und plötzlich fiel mir wieder der Brief von Achim ein: „Wir warten hier mit Spannung auf den großen mystischen Umschwung". Also war es das Attentat, das er gemeint hatte! Uns blieb nichts anderes übrig als abzuwarten, zu beten und zu hoffen. Angst machte sich breit und bestimmte unser Leben.

Vierzehn Tagen später erhielt ich von einem Grafen Schwerin ein Schreiben – es schlug ein wie eine Bombe. In ihm stand geschrieben: „Mitteilung. Achim Hoepner ist abgeführt worden. Er bittet, Sie zu informieren." Mein Gott, was konnte man, was konnte ich jetzt noch tun? Tausende Dinge gingen mir durch den Kopf. Mein erster Gedanke galt den Koffern, die einige befreundete Offiziere bei uns wegen der Bombengefahr abgestellt hatten. Ich mußte sie öffnen. Zuerst nahm ich mir Achims Koffer vor. Ich fingerte alle Taschen seiner Anzüge und Uniform nach Urlaubsscheinen ab und ich fand einige, die auf Berlin lauteten. Da in Berlin die Vorbereitungen für das Attentat getätigt wurden, war es wichtig, die Scheine zu vernichten. Darüber hinaus fiel mir siedendheiß ein, daß ich die vielen Briefe meiner zahlreichen Freunde und Bekannten stapelweise in einer Truhe aufbewahrte. Schon mancher hatte in seinen Briefen durchblicken lassen, die Sinnlosigkeit des Krieges zu bedauern und die Hoffung zu hegen, ihn irgendwie und -wann beenden zu können. Wäre ein solches Schreiben von der Gestapo gefunden worden, wäre der Absender ein Kind des Todes gewesen, und ich obendrein.

Auch der Brief von Achim, den er mit gegeben hatte, ruhte noch immer friedlich im Geldschrank. Ich bekam ziemliche Torschlußpanik und bei dem Gedanken, die Gestapo könnte eventuell eine Hausdurchsuchung vornehmen, wurde mir angst und bange. Jeder wußte, daß sowohl der Generaloberst Hoepner als auch sein Sohn bei uns im Haus verkehrt hatten. Ich mußte das Dokument und all die Briefe also außer Haus schaffen. Verbrennen konnte ich sie nicht, denn dann hätte jeder Arbeiter auf dem Hof den rauchenden Schornstein gesehen. Es war schließlich Sommer, geheizt wurde noch nicht – Rauch war somit verräterisch. So rief ich Frau von Heynitz in Bad Harzburg an. Sie war eine Freundin meiner Mutter und bewohnte als Witwe eine Dreizimmerwohnung in einer alten Villa. „Kann ich ein paar Sachen bei dir unterstellen", fragte ich sie. Die Antwort kam prompt: „Was immer du willst." Ich packte also all die Hunderte von Briefen in einen Persilkarton, ebenso den Umschlag von Achim, und fuhr mit dem Zug nach Harzburg, wo ich meine Habe auf den Schlafzimmerschrank von Tante Nora stellte. Ich informierte sie selbstverständlich darüber, was sie da mit dem Karton auf sich nimmt. Auch über Achims Brief, den ich bis dahin aus Gründen der Vorsicht noch immer nicht geöffnet hatte, setzte ich sie in Kenntnis. Da sie jedoch so wie wir alle über den Krieg, das Dritte Reich und Hitler dachte, war sie fest entschlossen, mir zu helfen.

Die Aufregungen hörten damit jedoch nicht auf. Die nächste schreckliche Nachricht betraf Achims Vater, Generaloberst Hoepner, der wie so viele andere hohe Offiziere in das Attentat verwickelt war. Er war vom Präsidenten des Volksgerichtshofes, Roland Freisler, verhört und zum Tod durch den Strang verurteilt worden. Seinen Sohn erwartete ein ähnliches Schicksal. Er war auch verhaftet und mit anderen Offizieren in der Festung Küstrin inhaftiert worden. Ich erfuhr davon in einem Schreiben seines Großvaters, das an mich adressiert war. In dem Brief stand zu lesen, ich müßte seinem Enkel zu Hilfe kommen und irgendetwas tun. Wörtlich schrieb er: „Offenbar haben Sie kein Verständnis für die Situation, in der diese tüchtigen Offiziere sind.“ Bis dato hatte ich nicht einmal gewußt, daß Achim in Küstrin eingesperrt worden war. Ich hatte einen gewissen Groll auf den Großvater, der mir unterschieben wollte, ich würde den Ernst der Lage verkennen. So setzte ich mich sofort an den Schreibtisch, den Brief vom Großvater neben mir, und schrieb: „Lieber Herr Gebauer, Dank für Ihren Brief, aber das Verständnis habe ich wohl ..." Weiter kam ich nicht. Es hatte an der Haustür geklingelt und neugierig, wie ich nun einmal war, lief ich aus dem Zimmer in den oberen Flur. Schon dröhnte es von unten hinauf: „Heil Hitler, Geheime Staatspolizei. Wir wollen Fräulein von Kaufmann sprechen!“ Ich raste zurück in mein Schlafzimmer, schmiß den Brief vom Großvater auf einen kleinen Hocker und warf einen Pullover darüber. Meinen angefangenen Brief zerknitterte ich und steckte ihn in die Tasche meiner braunen Kostümjacke. Schon standen zwei Gestapo-Leute und eine Sekretärin in meinem Zimmer: „Heil Hitler, wir kommen sie verhören!“ Alle Schrecksekunden überfielen mich auf einmal, und ich dachte nur „O Gott, hoffentlich finden sie meinen Brief und den vom Großvater nicht.“

Die Sekretärin packte ihre Schreibmaschine aus, dann begann die Fragerei. Sie wollten das Unterste aus dem Töpfchen hören, unsere Einstellung zu General Hoepner und seinen Sohn, über die Familie – es wurde nichts ausgelassen, und ich wurde kleiner und kleiner. Schließlich wollten sie auch noch meine Mutter verhören. Kaum auszudenken, was passieren würde, wenn wir unterschiedliche Aussagen machten. Glücklicherweise aber verlangten die Herren meine Ausweispapiere, die im Luftschutzkeller aufbewahrt wurden. So raste ich die Treppen runter zu meiner Mutter und schickte ein Stoßgebet nach dem anderen gen Himmel: „Laß sie den Brief vom Großvater nicht finden.“ Meiner Mutter erklärte ich eindringlich: „Du weißt von nichts, du weißt von nichts, sag immer nein, du hättest die Jugend immer allein gelassen, den General Hoepner kennst du kaum, halte dich aus allem raus, denn ich sehe Schlimmes auf uns zukommen.“ Danach holte ich die Papiere, warf meinen angefangenen Brief weg und flitzte wieder nach oben, zu meinen „Besuch“. Später habe ich mitbekommen, wie sehr sich meine Mutter an die „Spielregeln“ gehalten hatte – fabelhaft. Sie kam gerade die Treppen hoch, hinter ihr der Gestapomann. Beiläufig sagte er: „Ach, wissen Sie, Frau von Kaufmann, der General Hoepner war doch eigentlich ein netter Mann." Und völlig ungerührt, beherrscht bis in die Haarspitzen, entgegnete sie: „Ja wissen Sie, ich kannte ihn ja kaum, aber ich will gern glauben, daß er ein netter Mensch war.“ Ich hätte meine Mutter umarmen können.

Mein erstes Verhör war nach einem vollen Arbeitstag zu Ende. Die Gestapo hatte alle Schubladen geleert, hatten Fotos gefunden, auf denen ich mit Achim Hoepner zu sehen war, und alle Namen, die ich ihnen nennen mußte, notiert – aber der Brief vom Großvater blieb ihnen verborgen. Bei allem, was sie taten, verfolgte ich sie mit Argusaugen. Immer mußte ich fürchten, daß sie den Brief finden würden. Alles krempelte die Gestapo in unserem Haus um, kehrte das unterste nach oben – aber der Pullover, der auf dem Brief lag, blieb unangetastet – ein Wunder!

Am nächsten Tag kamen die Gestapo-Leute wieder und begrüßten uns mit „Heil Hitler! Wir müssen Sie leider mitnehmen!“ Meine Mutter und ich wurden in einen kleinen DKW verladen. Wir sollten nach Braunschweig kutschiert werden, wo ein gerichtliches Verhör auf dem Programm stand. Auf dem Weg dorthin hatten wir eine Reifenpanne. Das geschah direkt vor dem Besitz meines Onkels Wätgen, und ich betete zum lieben Gott, er möge aus dem Haus kommen, damit ich ihn über das, was geschah, informieren könnte. Doch nichts dergleichen passierte. So fuhren wir weiter gen Braunschweig. Als wir uns jedoch in Stadtnähe befanden, gab es Fliegeralarm. Die beiden Kerls drehten sich zu uns um und sagten: „Sie müssen jetzt aussteigen. Sehen sie zu, daß sie in einem Keller unterkommen. Wir fahren in den Bunker." Sie gaben uns eine Adresse, wo wir uns hinterher zu melden hätten.

Es war ein schrecklicher Tages-Bombenangriff, und wir saßen zitternd in einem Keller mit den fremden Hausbewohnern und die Angst ließ uns verstummen.

Wie alles andere im Leben hatte auch der Bombenangriff schließlich ein Ende. Wir kamen aus unserem Unterschlupf und sahen voller Entsetzen, daß ganz Braunschweig in Flammen stand. Die Stadt brannte lichterloh. In diesem Chaos erschien es uns unsinnig, die Adresse zu suchen, die uns die Gestapo-Männer gegeben hatten. Somit entschieden wir uns, zu Fuß zum nächsten Bahnhof außerhalb der Stadt zu laufen und dort auf einen Zug in Richtung Schladen zu warten. Nach relativ kurzer Zeit kam er sogar zu unserer Überraschung, weil ringsherum das Chaos tobte. Wir waren froh und fuhren nach Hause, zu Tante Lene, die als einzige zurückgeblieben war. Uns fielen ganze Mühlsteine vom Herzen. Wir waren fürs erste den Fängen der Gestapo entkommen. Was passiert wäre, wenn uns der schwere Bombenangriff nicht von der Geheimen Staatspolizei getrennt hätte, möchte ich mir lieber nicht vorstellen.

Doch nun begann die Zeit des Wartens, des Wartens auf schlimme Dinge, mit denen wir rechneten, rechnen mußten. Vorsichtshalber informierte ich einen Landwirt aus der Nachbarschaft für den Fall, daß wir erneut abgeführt werden sollten. Fotos und weiteres belastendes Material, das noch nicht gefunden wurde, suchte ich zusammen und versteckte es in der alten Standuhr bei Tante Lene. Das Warten nahm kein Ende. Schließlich erreichte uns ein Anruf von der Staatsanwaltschaft: Die im Hause deponierten Koffer der jungen Offiziere wären beschlagnahmt und würden abgeholt werden. Die Schlüssel hatte ich in einem Umschlag an sie zu senden – das war das letzte, was ich in dieser Angelegenheit hörte.

Kaum konnte ich etwas aufatmen, da fiel mir auch schon der arme Großvater wieder ein. Ich startete erneut den Versuch, ihm zu schreiben. Ich informierte ihn, was inzwischen geschehen war und welche Schwierigkeiten ich in dem Unterfangen sah, den Offizieren in Küstrin zu helfen. Daraufhin kam ein neues Schreiben von ihm mit der erneuten Bitte, doch zu helfen. Er appellierte an mein Pflichtbewußtsein, und ich bekam weiche Knie. Einen Plan zu fassen, erschien mir nun unausweichlich. Ich fühlte mich verpflichtet zu helfen, auch um den Preis, mich in Gefahr zu bringen. So entschloß ich mich, im Januar 45 nach Küstrin zu fahren, zu jener Festung, in der die jungen Offiziere gefangen gehalten wurden. Ich packte vier Kartoffelsäcke mit Lebensmittel, Zivilkleidung und einem Radio. Mit diesen Schätzen wollte ich die Festung Küstrin stürmen. Zwei Säcke hatte ich jeweils mit Lederriemen verbunden, um sie über die Schulter tragen zu können. Vor meiner Mutter mußte ich diesen Plan selbstverständlich geheim halten. Mit der Notlüge, ich hätte im Landwirtschaftsministerium in Berlin zu tun, fand ich bei ihr einigermaßen Verständnis.

Um den direkten Zug nach Berlin zu bekommen, mußte ich mit Pferd und Schlitten nach Vienenburg fahren. Einen Kutscher hatten wir schon lange nicht mehr, und so schirrte der Pole Stephan, der mit Pferden gut umgehen konnte, meinen Frechdachs an. Abends ging es dann bei eisiger Kälte los. Als wir den Bahnhof erreicht hatten, erfuhren wir, daß der Zug angeblich in einer Stunde abgehen sollte. Aber wer wollte sich Anfang 1945 schon auf Fahrpläne verlassen? Nichts lief mehr, wie es laufen sollte, also behielt ich Stephan bei mir und hieß ihn, das Pferd bei einem Schlachter auszuspannen. Ich wollte ihn nicht eher gehen lassen, bis der Zug definitiv einfuhr. Im Wartesaal spendierte ich meine Essenmarken für zwei Portionen Russische Eier. Ich nahm den Polen mit an meinen Tisch, was streng verboten war, mir aber bei Kriegsende sehr viel Sympathien bei den Russen und Polen eingebracht hatte.

Endlich, nach drei Stunden kam der Zug und ich fand noch einen Platz in der „3. Klasse Holz“. Meine Säcke standen auf dem Flur und ich beobachtete sie mit Argusaugen. Magdeburg lag vor uns, als der Zug plötzlich stoppte, und ein Bombenhagel auf die Stadt niederging. Es war die Nacht vom 11.1. auf den 12.1.1945. Ich hatte selten ein solches Inferno gesehen. Die Flugzeuge schossen dröhnend über den Zug hinweg, und ich zerfloß vor Angst. Im dunklen Abteil saßen die Menschen stumm wie die Fische und ließen alles über sich ergehen. Ohne eine Gefühlsregung zu zeigen, saßen sie da und legten ihr Schicksal in Gottes Hände. Endlich war der Bombenhagel vorbei und unser Zug bewegte sich – rückwärts! –, weil die Schienenstränge und Bahnhöfe von den Bomben zerstört worden waren. Wir landeten schließlich wieder in Vienenburg, so daß die ganze Chose von neuem losgehen mußte. Beim zweiten Anlauf fuhr ich dann über Burg, und nach vielen, vielen Stunden langsamen Fahrens kam ich eines Nachmittags wieder Erwarten tatsächlich in Berlin an.

Meine Kartoffelsäcke schleppte ich zu einer Taxe und ließ mich nach Wannsee, zu Achims Großvater fahren. Ich wollte mit ihm persönlich sprechen und ihm meinen kühnen Plan erzählen. Zu meinem großen Erstaunen hielt er ihn für einen Klacks. Dem Enkel zu helfen und die Kostbarkeiten in die Festung zu mogeln war für ihn eine Selbstverständlichkeit. Ich war enttäuscht und bestieg noch am selben Tag und mit hohlem Kreuz den Zug nach Küstrin. Im Winter 45 gab es nicht mehr viele Menschen, die Richtung Osten fuhren. Die Mehrzahl fuhr gen Westen, auf der Flucht vor der immer näherrückenden russischen Front. Am späten Abend kam ich in Küstrin an. Meine Säcke gab ich – o Wunder, es gab noch eine Gepäckaufbewahrung – ab und marschierte zu Fuß zur Festung.

Die große Toreinfahrt flößte mir in der Dunkelheit Angst ein. Ich ging jedoch hindurch und fand hinter den mächtigen Mauern die Wachstube, in der ein Offizier seinen Dienst versah. Fragen über Fragen folgten, was ich in der Festung zu suchen hätte, wieso ich als Frau in seine Dienststube komme usw. Ich erzählte irgendetwas von meinem „Verlobten" und daß ich ihn noch einmal sehen wollte. Der Offizier hörte sich mein Gestammel an. Er war sehr freundlich und mir offenbar wohlgesonnen, denn er erklärte mir, daß er nur in Vertretung des eigentlichen Festungskommandanten den Dienst ausübe. Dieser war nach Berlin zum Führer befohlen worden, um, wie man annahm, den Erschießungsbefehl für die inhaftierten Offiziere abzuholen. Man wußte, daß die russischen Truppen immer näher rückten und somit die Zeit knapp wurde.

Natürlich konnte der wachhabende Offizier nichts für mich tun. Er gab mir jedoch den Tip, bis elf Uhr nachts zu warten, da

dann noch ein abgeordneter Soldat erscheinen würde, um die Gefangenen mit Brennholz zu versorgen. Davon versprach ich mir natürlich etwas und so verließ ich guten Mutes die Festung. Beim Nachbarhaus sah ich einen Handwagen stehen, der mir als Transportmittel für die Kartoffelsäcke sehr geeignet erschien. Ich lieh ihn mir mit dem Lockmittel einer Büchse Wurst aus. Am Bahnhof angekommen, lud ich die Säcke auf das Wägelchen und machte mich wieder auf den Weg zur Festung. Dort stellte ich die Säcke am Eingangsportal ab, gab die Handkarre zurück und legte mich auf die Lauer, um den holztragenden Soldaten abzupassen. Es war bitterkalt und die Minuten schlichen nur so dahin. Um kurz vor elf aber erschien der Soldat tatsächlich. Ich sprach ihn an und erzählte ihm eine rührselige Geschichte vom „Verlobten" und was mir sonst noch einfiel. Um meinem Wunsch noch Nachdruck zu verleihen, versprach ich ihm nicht nur Geld, sondern auch Wurstbüchsen, was ihn schließlich willig machte. Er nahm zwei meiner Kartoffelsäcke, ich die anderen beiden, und gemeinsam schlichen wir wie die Diebe die Außentreppe zur ersten Etage hinauf. Dort waren die Gefangenen in Räumen mit vergitterten Fenstern, aber offenen Zellentüren untergebracht.

So betrat ich als Frau die streng bewachte Festung. Was für ein Gefühl, ich hatte es tatsächlich geschafft und nur noch wenige Minuten trennten mich von meinen armen Freunden! Der Soldat ließ die Säcke fallen, holte sein Holz und dann wurde hinter mir die Tür abgeschlossen.

Ich ging einen Flur entlang und sah bei spärlicher Beleuchtung an den Türen die Anfangsbuchstaben von Namen, wie KLU – was Kluge bedeutete und FEL für Fellgiebel. Ein paar Türen weiter konnte ich das Kürzel HOE lesen, daneben HAS – Hoepner und Hassell, ich hatte es geschafft. Ich öffnete die Tür, und den beiden Männern blieb die Spucke weg. Sie konnten kaum glauben, mich zu sehen. Du? Hier? Wie, was, warum? Die Freude des Wiedersehens war groß und wir begrüßten uns aufs Herzlichste. Danach schleppten wir die Kartoffelsäcke in die Stube und breiteten die Köstlichkeiten auf einem langen Tisch aus, der mitten im Raum stand. Es prasselten ungezählte Fragen auf mich ein. Natürlich wollten sie wissen, was die Familie macht, ob es etwas Neues gibt, wie ich in die Festung reingekommen bin, warum der Festungskommandant in Berlin ist – 1000 Fragen, 1000 Ängste!

Natürlich herrschte große Freude über alles, was ich mitgebracht hatte und so saßen wir bei schummrigem Licht, vielleicht waren es auch Kerzen, und diskutierten über alle Wenn und Aber. Plötzlich klopfte es an der Tür und draußen hörte man ein Gemurmel von Männerstimmen. Einige Inhaftierte öffneten die Tür und sagten: „Wir hören, eine Frau ist in der Festung. Das wollen wir sehen." Ich nickte allen freundlich zu. Dann wurden Karten reingereicht mit der Bitte, den Absender in seiner Zelle zu besuchen und Auskünfte zu geben. Das kam in den nächsten drei Tagen immer wieder vor. Jeder wollte wissen, wie es „draußen" stand und ob es Neuigkeiten gab. Natürlich konnte ich nicht alle Fragen beantworten, bemühte mich aber nach Kräften. Auch gaben sie mir Briefe für ihre Familien mit und baten mich, sie zuzustellen.

Nach einigen Stunden schwirrte mir der Kopf und schließlich tauchte das Problem des Bettes auf. Wo sollte ich mein nunmehr wirklich müdes Haupt hinlegen? Die einzige freie, aber eiskalte Zelle, die es noch in dem Trakt gab, war diejenige, in der Friedrich der Große einst seine Strafe verbüßt hatte. Nach einem fehlgeschlagenen Fluchtversuch war er dort eingesperrt gewesen. Sein an den Fluchtplänen beteiligter Freund Hans Hermann von Katte war 1730 vor seinen Augen hingerichtet worden. Ein wirklich fabelhafter Platz für eine angenehme Nachtruhe. Ich streckte mich dennoch erschöpft auf einen Strohsack aus und viele der Inhaftierten spendeten mir eine Decke, so daß ich letztendlich unter einem Berg von Pferdedecken lag. Sie wärmten nicht besonders gut – dafür aber waren sie schwer wie Blei. In meinem historischen Zimmer und auf den Gängen, wo nicht geheizt wurde, war es bitter kalt, und nach der eisigen Nacht mußte ich feststellen, daß meine Nase einen leichten Frostschaden erlitten hatte. Draußen herrschten minus 25 Grad.

Es gab nur einen Raum mit Wasser und einer Toilette, vor dem jeweils ein inhaftierter Offizier Wache stand, wenn ich meine Katzenwäsche vornahm. Nachdem ich das am nächsten Morgen erledigt hatte, erlebte ich den Hofgang der Gefangenen. Ich stand oben etwas verdeckt am Fenster und konnte prima den Hof einsehen, in dem die rund 50 bis 60 Inhaftierten ihre Runden drehten. Sie durften nur hintereinander gehen, mit den Händen auf den Rücken. Wie ich dort oben stand und hinunterschaute, fand ich mich kolossal.

Am zweiten Nachmittag wurde ein neuer Häftling eingeliefert. Plötzlich stand er in der Tür und hieß Uli von Cannstein. Einige Monate später, der Krieg war bereits beendet, meldete mir unser Hausmädchen einen Herrn namens Hanstein. Ich korrigierte sie und sagte: „Aber nein, das ist der Herr von Cannstein aus Küstrin." Mit ausgebreiteten Armen rannte ich zur Haustür – und fand tatsächlich einen überraschten Herrn von Hanstein vor, den ich fünf Jahre später heiratete.

Am Abend des zweiten Tages wartete ich den Holz schleppenden Soldaten ab, um mit ihm meinen für den nächsten Tag geplanten Abgang zu besprechen. Noch ein wenig Geld und ein paar Büchsen Wurst und er war bereit, mich zwischen elf und zwölf Uhr nachts abzuholen. So ging mein Besuch auf der Festung nach drei Tagen seinem Ende entgegen, und ich verschwand über die berühmte Stiege genauso, wie ich gekommen war – nur mit vier Kartoffelsäcken weniger.

Tags darauf saß ich im Küstriner Wartesaal und harrte eines Zuges, der mich mitnehmen konnte. Und wirklich, direkt in frühen Morgenstunden lief ein Zug ein. Ich zeigte meine Fahrkarte, worauf der Kontrolleur nur lachte: „Wer kauft denn jetzt noch eine Fahrkarte?" Der Zug war bis unter das Dach gefüllt mit Flüchtlingen. Beim Abfahren kam ich zunächst gar nicht in ein Abteil. Ich stand auf dem äußeren Trittbrett und hielt mich an irgendwelchen Handgriffen fest – und das bei dieser Kälte! Unter heftigem Drängen und Schieben erreichte ich dann das Innere des Waggons, wo mich irgendein Mensch bis in die Toilette schob, in der schon mindestens zwanzig Personen standen. Schließlich erreichte ich Berlin, meldete mich kurz telefonisch bei Achims Großvater, berichtete ihm von meiner Mission und fuhr weiter nach Schladen. Damit war mein Einsatz glücklich beendet.

Erst viel später erfuhr ich die wunderbare Geschichte, wie die Inhaftierten gerettet wurden. Nachdem der Festungskommandant Leussing mit dem Erschießungsbefehl aus Berlin zurückgekommen war, wurde zwischen ihm und den Offizieren eine Flucht in eine sichere Region geplant. An dieser Stelle möchte ich allerdings auf den Brief verweisen, den mir Herr von Hassel am 29. 1. 2000 geschrieben hat. Er war damals Zeuge meines Besuchs in Küstrin:

> *Sehr geehrte Frau v. Hanstein,*
> *Ihren Bericht über den 20. Juli und Ihren abenteuerlichen Besuch in Küstrin habe ich – von meinen Erinnerungen befeuert – mit Aufmerksamkeit gelesen. Sie geben den Ablauf Ihrer Expedition – jedenfalls hinsichtlich Küstrin – ganz richtig wieder. Ich habe nur eine einzige Randbemerkung: In der Torwache von Schloß Küstrin gab es keinen Wehrmachtsoffizier; vielleicht war es ein SD-Angehöriger. Die ganze Bewachungsmannschaft bestand aus SD-Leuten. Diese Zeit in Küstrin, die Leussing sehr großzügig gesteuert hat, wäre für diesen um ein Haar zur Katastrophe geworden. Unmittelbar vor Ihrem Besuch hatte eine Kontrolle des ganzen Haftbetriebs stattgefunden. Dabei kam u.a. heraus, daß Leussing dem prüfenden höheren SD-Kommando nicht geeignet erschien (kein Parteimitglied!) und abgelöst werden sollte.*
> *Dieser Vorgang hat dann dazu beigetragen, daß Leussing den damals schier unfaßlichen Entschluß faßte, auf eigene*

Verantwortung mit der ganzen Haftanstalt Küstrin zu verlassen. Die Häftlinge nebst Bewachungspersonal, Hausrat, Verpflegung u.ä. wurden auf zwei requirierte Lkw verladen und in einer der folgenden Nächte in den Westen abtransportiert. Mir ist diese „Flucht" in der Nacht, eingeklemmt in flüchtende Bevölkerung und versprengte Wehrmachtsteile, unauslöschlich in Erinnerung.
Dabei spielte noch eine Rolle, daß die russische Offensive auf Berlin nach den vorliegenden Nachrichten als einen Schwerpunkt Küstrin hatte. – Diese Nachricht erwies sich kurz darauf als zutreffend. Küstrin wurde fast total zerstört, jedenfalls das recht schöne Schloß Küstrin gänzlich zertrümmert.
Unsere Flucht hatte als erste Station Wittenberg und wurde dann nach und nach, d.h. mit mehreren Haltepunkten, bis an den Bodensee fortgesetzt, um dort von den Franzosen befreit zu werden ...

Den mir von Achim seinerzeit übergebenen Brief habe ich nach dem Krieg der Familie Hoepner zurückgegeben. Er befindet sich jetzt im Militärmuseum. Erst lange nach dem Krieg erfuhr ich den brisanten Inhalt dieser Aufzeichnungen. Wären sie damals in die Hände der Gestapo gekommen, hätten sie mich ganz sicher meinen Kopf gekostet.

Kriegsende und Besatzungszeit

Das ersehnte Kriegsende

Das Kriegsende warf seine Schatten voraus, und uns quälte die Angst und die Ungewißheit vor der Zukunft. Plünderungen, Rachefeldzüge, Requirierungen – all das würde uns vielleicht bevorstehen. Wir hatten bereits schon viele Menschen in unserem Haus aufgenommen, die sich vor der heranrückenden Front in Sicherheit bringen wollten. Es herrschte ein großes Durcheinander, denn weder waren die sanitären Anlagen einem solchen Ansturm gewachsen noch die Kochmöglichkeiten. Zu organisieren und zu improvisieren war das Hauptproblem, das ich immer wieder aufs Neue zu lösen hatte. Hinzu kam noch der große Schrecken, denn die Front rückte mit jedem Tag näher.

In solchen Situationen ist das, was man tut, nicht unbedingt immer das Sinnvollste. Der Zwang, etwas tun zu müssen, ist beherrschend – nicht die Überlegung, was denn sinnvoll wäre. Insofern machten uns die entscheidenden Momente eher kopflos. So räumten wir erst einmal die Räucherkammer leer, in der noch Speckseiten und Schinken vom letzten Schlachten hingen. Diese Leckereien brachten wir in den Keller. Die schönen Salonmöbel sowie die Möbel aus dem Eßzimmer hatten wir vorsorglich schon vorher im Souterrain untergebracht, um Platz für die Betten der Flüchtlinge zu schaffen. Wir schoben und stapelten alles übereinander.

Die Fliegeralarme häuften sich in den letzten Kriegstagen und so lebten wir mehr im Keller als im Hause. Für eventuell „hinterlistige Zwecke" hatten wir einen Wassereimer bereitgestellt: Nicht nur meine Mutter war schon älter geworden, auch Tante Lene war bereits im 80. Lebensjahr.

Um uns herum im Keller mästeten sich die Ratten und Mäuse, denn die Speckseiten, die Schinken und die Würste waren ein gefundenes Fressen. Wir grausten uns eigentlich, aber trotzdem hatten wir ein gutes Gefühl, etwas gerettet und getan zu haben.

Nachdem wir noch kurz vor Kriegsende durch ein abgestürztes amerikanisches Flugzeug alle unsere Ochsen, den Stall und eine Dreschmaschine verloren hatten, war ich in der günstigen Situation gewesen, als Entschädigung noch etwas Geld von der Kreisbauernschaft bekommen zu haben. Diese 50.000 Reichsmark wurden in der Waschkommode meiner Mutter und nicht im Geldschrank aufbewahrt, weil wir hofften, bei einer Plünderung würde man das Geld dort nicht suchen.

Unser Stellmacher war im ersten Weltkrieg Pionier gewesen und hatte mit unseren Arbeitern gegen Kriegsende einen wunderbaren Stollen ausgebaut – der uns sicher bei der ersten Bombe unter den Erdmassen begraben hätte. Aber wir fühlten uns hier trotzdem in der Gemeinschaft mit allen Leuten sicherer als in dem alten Gemäuer des Kartoffelkellers, an dem schon der Zahn der Zeit genagt hatte.

Der letzte Tag des Krieges begann damit, daß ein alliiertes Aufklärungsflugzeug über uns kreiste. Es rief bei uns Verwirrung auf der ganzen Linie hervor. Das Ende schien nun unmittelbar bevorzustehen. Tante Lene war wie immer für alle Fälle gerüstet. Sie stand nicht nur mit Hut und Mantel da, sondern auch mit einer großen Handtasche unter dem Arm. Neben allen wichtigen Papieren und Unterlagen, die ich unbedingt in Sicherheit bringen mußte, stellten meine geliebten sechs Blusen für mich einen kostbaren Besitz dar, den ich bei der Eroberung bei mir wissen wollte. Ich bin ein sogenannter „Blusentyp". Blusen in jeder Form haben mich oft über manche modische Extravaganzen hinübergerettet. Ich raffte sie also aus dem Kleiderschrank und deponierte sie in dem Stollen im Krügarten.

So hörten wir also über uns das Brummen des Aufklärungsflugzeugs. Ich rannte noch einmal zu den Ställen, wo der Stellmacher für den Fall der Fälle Stellung bezogen hatte. Oberhalb des Parks, wo die Landstraße in das Dorf mündete, baute man gerade eine Art Barrikade auf, die ich so sinnlos fand wie nur irgend etwas. Aber der sogenannte Volkssturm, bestehend aus alten Männern, Invaliden und Kriegsverletzten, war bis zum letzten entschlossen. Ich eilte zu ihnen, Palaver hin, Palaver her. Ich versuchte ihnen nahezulegen, ihr Sammelsurium an Waffen in der Wedde, dem kleinen Mühlenbach, der durch unseren Park floß, zu entsorgen. Als jedoch die feindlichen Panzer anrollten, flüchtete auch ich in den Stollen, um mich in Sicherheit zu bringen. Was der Volkssturm dann letztlich getan hat, kam nie zur Sprache, aber ihre kolossalen Waffen traten nie in Aktion.

Ein amerikanischer Panzer hielt plötzlich vor unserem Erdversteck. Beschämend für uns alle war, wie die Ratten aus den Löchern rauskriechen und uns mit erhobenen Händen den Amerikanern ergeben zu müssen. Junge Soldaten trieben meine Mutter und mich ins Haus zurück. Die Arbeiter flüchteten in ihre Wohnungen und Häuser, während Tante Lene mit ihren 80 Jahren energisch Widerstand demonstrierte. Sie war die Gralshüterin meiner verschiedenen Blusen und nahm ihre neue Aufgabe sehr ernst. Kurzerhand kommandierte sie einen amerikanischen GI in den Stollen, um mit ihm meine Kostbarkeiten zu retten. So erschien er mit meinen Blusen vor unserer Haustür. Tante Lene stand hinter ihm, noch immer mit Hut, Mantel und übergroßer Handtasche über dem Arm. Anerkennend sagte sie: „Thank you very much, junger Mann."

Inzwischen waren viele Panzer auf den Hof gerollt, wo wir uns allesamt noch mal mit erhobenen Händen aufstellen mußten – ein Anblick des Jammers! Mit großer Höflichkeit fragte der Offizier, ob wir für zehn seiner Mannen Betten und Unterkunft zur Verfügung stellen könnten. Da ich damals des Englischen schon einigermaßen mächtig war, ließ ich ihn wissen, daß wir schon rund 70 bis 80 Flüchtlinge im Haus untergebracht hätten. Daraufhin kam sein Befehl: „Frauen und Kinder bleiben im Haus, Männer raus!" Ich entgegnete, daß wir eh nur Frauen und Kinder beherbergten – die Männer wären entweder gefallen, in Gefangenschaft, auf der Flucht oder wer weiß wo. Beinahe bittend fragte der Offizier, ob nicht dennoch ein Raum frei stünde. Es half also nichts. In Windeseile bestücken wir den Salon mit Eisenbetten, die in Reserve für die Fremdarbeiter in einem Keller standen. Jede Ecke wurde nach alten Matratzen abgesucht, auch die großen Kisten in den Vorratskammern. Die Flüchtlinge durften in der ersten Etage bleiben, dicht zusammengedrängt und allerlei Verbote beschränkten ihr Tun und Lassen. Meine Mutter, meine Tante, die Mamsell, der Küchenlehrling, die Hausmädchen und ich wurden in zwei schmuck- und komfortlosen Zimmern zusammengepfercht, die zuvor als Büro genutzt worden waren. Mit den letzten geretteten Speckseiten, an denen schon die Ratten im Keller genagt hatten, saßen wir nun in unserer neuen Herberge. Ein Eimer voll Milch wurde von Tante Lene sofort mit einer kleinen Handmaschine zu Butter verarbeitet. Doch trotz der widrigen Umstände und der Enge waren wir glücklich, im Haus bleiben zu dürfen. Andere traf es weitaus härter. Die Salon-Soldaten der kämpfenden Truppe, die bei uns waren, benahmen sich darüber hinaus auch noch sehr anständig, waren manchmal sogar hilfsbereit.

Der Abzug der Amerikaner bahnte sich dadurch an, daß sie im Park ein Loch gruben, in das sie all ihre Vorräte hineinwarfen. Als die Panzer dann vom Hof rollten, wurden diese Vorräte angezündet. Ein Arbeiter sah den Vorgang und kaum waren die Amerikaner außer Sichtweite, standen wir schon mit Löscheimern bereit, um diese Köstlichkeiten zu bergen. So kamen unsere Leute in den Besitz von sicher 30 bis 40 Corned-Beaf-Dosen und ähnlichen Delikatessen – ein wahrer Schatz für die damalige Zeit.

Doch die sanitären Räume waren, da es nur wenige im Haus gab, regelrecht „überschwemmt“, und ein kaum zu ertragener Gestank breitete sich aus. Sofort gingen wir ans Werk, die Klos wieder durchlässig zu machen, alles zu reinigen und sogleich wieder vom Haus Besitz zu ergreifen. Ich hatte die Sorge, daß die Russen, die bei uns gearbeitet hatten, gern die Kaserne gegen die Räume in unserem Haus eingetauscht hätten. Wir mußten also eindeutig Präsenz zeigen und demonstrieren, daß wir wieder da sind und die eigenen vier Wände bewohnen.

Die Freude über die freigewordenen und gesäuberten Räume war indessen nur von kurzer Dauer – die Besatzungsmächte kamen wechselweise in unser Haus und gaben sich die Klinke in die Hand: Rein, raus, sauber machen und schon standen die nächsten vor der Tür.

Eines Tages war der Spuk vorbei, und nur noch ein Nachbargut hatte eine Panzereinheit auf dem Hof. Ideal aber war das auch nicht, denn inzwischen streiften aus dem Salzgitter-Gebiet marodierende, freigelassene russische, polnische und andere Fremdarbeiter durchs Land. Mit ihnen war nicht gut Kirschen essen und nachts brachen sie in unsere Ställe ein, um Kälber, Schweine und Lämmer für ihren Speisezettel zu ergattern. Natürlich hatte jeder Angst vor diesen Leuten, denn sie waren plötzlich frei und wir waren die Verlierer und daher total machtlos. Jede Nacht saß ich mit der Gutssekretärin am Fenster. Sobald wir ein Geräusch hörten, fingen wir an zu schreien und zu schimpfen, um die Einbrecher zu vertreiben. Nach einigen Nächten war das natürlich nicht mehr effizient, und so raffte ich mich auf, die auf dem Nachbargut stationierten Amerikaner um Hilfe zu bitten. Ich stand einem blutjungen Leutnant gegenüber, der meinen Wunsch nach Hilfe süffisant lächelnd ablehnte. Ein fast väterlich wirkender Seargent, der ihm zur Seite stand, kam nach dieser Abfuhr hinter mir her, um mich zu trösten und mir zu sagen, daß er mir helfe. Völlig entmutigt ging ich nach Hause und traute der Freundlichkeit des Sergeanten nicht. Schließlich konnte er ja unmöglich entgegen der Anweisung seines jungen Chef etwas unternehmen. Es vergingen aber kaum fünf Minuten, da hörten wir Panzergerassel auf dem Hof und fünf Panzer nahmen Aufstellung vor der Haustür. Der Sergeant meldete mir: „Fünf Panzer zu ihrer Verfügung!" Ich konnte es nicht glauben, mich durchströmte plötzlich ein Glücksgefühl und am liebsten hätte ich den Kerl umarmt – das war die Rettung für unseren Betrieb.

Ich durfte sogar einen Panzer einsetzen, um unsere Herden, die wir bis dahin in den Ställen gelassen hatten, wieder auf die

Weiden rauszubringen. Es waren zwei Schafherden und eine Schweineherde, die natürlich durch die herumirrenden Fremdarbeiter gefährdet waren. Ich postierte daher in Rufabständen eine Anzahl Dorfjungen, die sofort durch Zuruf Meldung machen konnten, sobald den Tieren Gefahr drohte. In Minutenschnelle konnte ich dann mit dem Panzer zu dem Gefahrenpunkt gebracht werden – eine prima Idee, die tatsächlich Wirkung zeigte.

Mit der Zeit konnte ich ein beinahe vertrauensvolles Verhältnis zu den Besatzern aufbauen. Wegen meines tatkräftigen Einsatzes für den Betrieb nannten sie mich „Scarlett O'Hara". Der Kassenschlager „Vom Winde verweht", der 1939 mit den Filmidolen Clark Gable und Vivien Leigh gedreht wurde, wirkte in den Köpfen der Amis noch nach – mir sollte es recht sein.

Die Bombennächte und die Ängste um Menschen und Tiere waren vorüber. Das einerseits gefürchtete, anderseits auch ersehnte Kriegsende war gekommen und obwohl die Amerikaner offiziell unsere Feinde gewesen waren, entpuppten sie sich für mich als Freunde, die mir in dieser überaus schweren Nachkriegszeit geholfen haben.

Otto, der Frauenmörder

Bei Kriegsende wurden sämtliche Konzentrationslager aufgelöst und ein Zug mit den ehemals Inhaftierten gab kurz vor Schladen seinen Geist auf. Die Insassen, rumänische Jüdinnen und deutsche Häftlinge, suchten sich nun einen Weg in die Freiheit. Viele von ihnen blieben in Schladen hängen. Die Nazis waren in den Behörden schon abgelöst und die neu eingesetzten Männer standen plötzlich auf dem Hof und gaben mir zu verstehen, daß ich noch wenigstens sieben rumänische Jüdinnen und zwei Männer aufnehmen müsse. Für mich war das ein Schock, denn wir hatten ja schon 70 bis 80 Flüchtlinge im Haus. Nur die Kutscherstube, die im Souterrain lag, war noch frei sowie ein Raum neben dem Gutsbüro.

Den sieben Frauen, die in einem großen Zimmer ohne Kochgelegenheit untergebracht werden sollten, sagten wir zu, unten in der Gutsküche kochen zu dürfen – was natürlich von vornherein zu großen Schwierigkeiten mit der Mamsell und dem Küchenpersonal führte. Es war in diesem Chaos nicht leicht, es jedem recht zu machen, und natürlich hatten alle Verzicht zu üben.

Einer der männlichen Häftlinge, Otto Festing, kam in der Kutscherstube unter; der andere wollte gern im Pferdestall schlafen. Beide sahen aus wie Generäle, denn sie hatten rote Streifen an ihren Hosen, deren Bedeutung ich aber nicht kannte. Der „Pferdestallschläfer", der von uns General genannt wurde, stand immer an der Stalltür, als ob es sein Eigenheim wäre. Er behauptete, er hätte nur gesessen, weil er mal schwarz geschlachtet habe. Der andere, Festing, hatte die „Generalshose" schon abgelegt und beim Dorfschneider anständige Hosen und Jacken „requiriert". Er wollte Elektromeister gewesen sein, doch beim ersten Reparaturversuch einer Lampe stellte ich fest, daß er von diesem Gewerbe absolut nichts verstand – was mir schon zu denken gab. Er fiel uns unangenehm auf, weil er in allen Geschäften als ehemaliger KZ-Insasse einfach alles beschlagnahmte, was ihm gefiel. Keiner wagte es, ihn daran zu hindern. Von allem hatte er ein kleines Warenlager in seinem Zimmer. Darüber hinaus überfiel er regelmäßig den Molkereiwagen und kassierte pfundweise Butter.

Immer wieder versuchte er, mir von seinen geraubten Schätzen etwas aufzudrängen, und spielte den Beleidigten, wenn ich nicht sofort zugriff. So nahm ich dann aus Angst vor ihm die Butter, Stoffe und was er sonst noch hatte und gab es in ein Geschäft, wo unsere Leute einkauften. Ich ließ mir dafür eine Ablieferungsbescheinigung geben und hinterließ eine Liste mit Namen von kinderreichen Familien, damit diese die Sachen kostenlos entgegennehmen konnten.

Unser „Kellergenosse", den ich „Herr Otto" rufen mußte, entwickelte sich zu einem „Grenzgänger".

Damals war es noch möglich, über die grüne Grenze zu schleichen. Sie verlief nur einen Kilometer von Schladen entfernt. Dazu mußte man selbstverständlich das Gelände kennen – oder sich einem „Grenzgänger" anvertrauen. Wenn ich abends in der Küche mit der Mamsell die Esseneinteilung für den nächsten Tag besprach, saßen dort oftmals Frauen, die den Wunsch hatten, über die Grenze geführt zu werden. Manche wollten drüben das nach der Vertreibung oder Flucht zurückgelassene Gepäck holen oder Angehörige aufsuchen. Oftmals hieß es auch, daß noch die Kinder bei den Großeltern seien. So gab es viele Gründe, weshalb diese armen Frauen sich dem Grenzgänger Otto anvertrauten. Bevor sie jedoch in der Dunkelheit aufbrachen, sorgte ich dafür, daß sie noch etwas Milch und etwas zu essen bekamen.

Während dieser turbulenten Zeit mußte meine Mutter operiert werden und lag in Goslar im Krankenhaus. Der Chefarzt erklärte mir, daß sie ohne gutes Essen nicht mehr auf die Beine kommen würde. So brachte ich ihr jeden Tag im Rucksack auf dem Motorrad die nahrhaften Sachen, die Mamsell zubereitet

hatte. Eines Tages aber blieb ich länger bei ihr am Bett sitzen, und als ich aufbrechen wollte, war es bereits dunkel geworden.

Damals waren die Straßen durch die vielen freigelassenen Fremdarbeiter aus dem Salzgitter-Gebiet sehr unsicher, und es waren schon viele Menschen überfallen worden, so daß ich mich fürchtete, die 20 km allein im Dunkeln zurückzufahren. So nahm ich all meinen Mut zusammen und fuhr mit meinem kleinen Motorrad in die Zentrale der englischen Militär-Polizei, um sie zu bitten, mir bei der Rückfahrt Geleitschutz zu geben. Sie waren sofort bereit, mich mit einem Jeep zu begleiten. Dank ihrer Hilfe kam ich unbeschadet in Schladen an. Ich lud sie noch zu einem Umtrunk ein und berichtete ihnen von den Gefahren, mit denen ich täglich im Betrieb konfrontiert war: Wie schon erwähnt, schreckten die herumirrenden Fremdarbeiter vor Diebstählen nicht zurück und versuchten, uns des Nachts Tiere aus dem Stall zu holen. Das bedeutete für mich und die junge Sekretärin, Nachtwache zu halten, auf jedes Geräusch zu achten und dann durch Lärmen und Schreien die Diebe zu vertreiben. Ich fragte sie, ob sie wohl am späten Abend hin und wieder bei uns aufzukreuzen könnten. Schon der Anblick eines englischen Jeeps auf dem Hof flöße jedem Langfinger großen Respekt ein. Das taten sie dann auch und aus den ehemaligen Feinden wurden Freunde.

Eines Tages wollte ich Otto Festing meine Freundin anvertrauen, die noch zurückgelassene Sachen aus dem von den Russen besetzten Gebiet holen wollte. Ich bat einen englischen Sergeanten, bei der Unterredung mit Otto dabei zu sein, um dem Gespräch mehr Gewicht zu geben. Ich fragte Otto nach seiner bevorzugten Route und forderte von ihm, mir die ungefährliche Grenzüberschreitung für meine Freundin zu garantieren. Es machte mich stutzig, als er sagte, mittlerweile gäbe es die größten Schwierigkeiten an der Grenze, und er möchte davon absehen, meine Freundin rüberzubringen. Im Laufe des Tages fanden wir dann im Ort einen anderen, mir bekannten Grenzgänger, der sie heil über die Grenze brachte.

So vergingen in dieser turbulenten Zeit die Wochen, und als meine Mutter wieder zu Hause war und die englische Militärpolizei nach einer ihrer Stippvisiten unser Haus verlassen hatte, stand plötzlich „Herr Otto“ vor mir und sagte: „Kommen sie schnell runter in den Keller und sehen Sie, was da passiert ist“. Ich dachte: „So ein Idiot, jetzt ist die Militärpolizei fort und unten soll etwas passiert sein.“

Ich rannte in den Keller und wurde von dem Kerl in seine Kutscherstube geschoben. Er verschloß die Tür von innen, legte seinen Arm um mich, zog mich auf seine Bettkante runter und sagte: „Ach, seien Sie doch mal ein bißchen gemütlich“.

Wutschnaubend erwiderte ich: „Ich bin denkbar ungemütlich. Wenn Sie etwas mit mir besprechen wollen, bin ich morgens ab sieben Uhr im Büro“. Aber ich bekam es doch mit der Angst zu tun und da hatte ich einen rettenden Gedanken. Ich erklärte ihm, daß meine Mutter – vor der er großen Respekt hatte – im Treppenhaus auf mich warten würde. „Aber ich habe in dem Zimmer ihrer Mutter schon Licht brennen sehen“, entgegnete er. „Sie sind im Irrtum, meine Mutter wartet auf mich“, sagte ich mit dem Mut der Verzweiflung. Ich wollte so sicher wie möglich wirken und diesem Kerl meine Angst nicht zu erkennen geben. Durch mein sicheres Auftreten unsicher geworden, schloß er die Tür wieder auf, und ich stürzte aus dem Zimmer. Ich lief zu meiner Mutter und allen anderen und sagte: „Schließt euch ein, der Kerl macht mir Angst“.

Am nächsten Morgen um sechs Uhr stand unsere Dorfpolizei vor meiner Schlafzimmertür und verlangten den Schlüssel für das Zimmer von Herrn Otto. Sie suchten ihn bereits wegen Mordes. Ich erzählte mein nächtliches Angsterlebnis und erfuhr, daß er wohl über Nacht abgehauen sei. Ich ging mit der Polizei ins Souterrain, ins Zimmer von Festing. Wir schauten uns dort ein bißchen um und stellten beim Entleeren des Kanonenofens fest, daß dort viele Briefe und Fotos hineingestopft waren. Anhand der Fotos konnte ich einige Frauen „identifizieren“, Frauen, die ich in unserer Küche vor ihrem nächtlichen Grenzübergang gesehen hatte …

Die Polizei erzählte mir, daß Festing beim Grenzgang immer Station in einem alten Bahnwärterhäuschen gemacht habe, das unbenutzt an der Zonengrenze stand. Dort habe er dann die Frauen ausgeraubt und fünf oder sechs von ihnen mit Schnürbändern erdrosselt. Bei einer gründlichen Durchsuchung seines Zimmers fand die Polizei noch die Taschen und Kleidungsstücke der ermordeten Frauen. Außerdem hingen an seinem Bettpfosten noch einige von den Schnürbändern, die er als Mordinstrument benutzt hatte.

Nach langem Suchen fand man unseren „Hausmörder" im Harz, und er wurde vorübergehend nach Schladen in das kleine Gefängnis im Spritzenhaus gebracht. Dort guckte er aus dem Fenster und rief immerzu: „Ich will Fräulein von Kaufmann sprechen". Ich war der Polizei gegenüber verpflichtet, ihn anzuhören. So ging ich in seine Zelle mit der Gewißheit, daß hinter mir die Polizei die Tür im Notfall sofort öffnen würde. Was ich aber von ihm zu hören bekam, war nur dummes Geschwätz und alberne Entschuldigungen. Er log das Blaue vom Himmel herunter und schnell war ich wieder draußen. Ich habe dann erfahren, daß er Gott sei Dank, nachdem alle Schuld bewiesen war, zu lebenslanger Haft verurteilt wurde.

Noch heute bin ich froh, daß ihm niemand von uns, die mit ihm unter einem Dach gelebt hatten, zum Opfer gefallen war.

Das fliegende Huhn

Bis zum 20. April 1945, dem Kriegsende für Schladen, verfügten wir über 60 Hühner. Beim Abzug der kämpfenden Truppe galt mein erster Gedanke der Frage, wie ich das kostbare Federvieh und weitere 600 Tiere in den Ställen vor dem Zugriffen der russischen Kriegsgefangenen retten konnte, die im „Schützenhaus" untergebracht und bis dahin in der Industrie eingesetzt waren. Ich kam auf die Idee, mit den nunmehr frei gewordenen Menschen eine Vereinbarung zu treffen. Ich ging also in unsere Hofkaserne, in der ca. 100 Russen und Polen wohnten. Dort sah ich mich aber nicht mehr den willigen Arbeitern gegenüber, sondern einem wilden Haufen freigewordener Männer und Frauen, die mich, angetrunken und von einem Freiheitsrausch befallen, umringten. Stephan, von jeher der Unangenehmste unter ihnen, hatte bereits einige Tage vorher zwei seiner früheren Arbeitgeber, ehemalige Parteimitglieder, erschlagen und unseren Buchhalter sowie einen Treckerführer blutig gehauen. Nun stand er vor mir mit angelegtem Gewehr und sagte: „Ich sie jetzt totschieße“. Meine Beine fingen an zu schlottern, meine Hände zitterten und vor Todesangst war ich einer Ohnmacht nahe. Aber mit dem Mut der Verzweiflung antwortete ich: „Stephan, entweder du schießt jetzt oder du stellst das Ding in die Ecke. Ich bin schließlich keine Schießbudenfigur“. Einige lachten wegen meiner verzweifelten und vielleicht komischen Antwort, aber Stephan setzte das Gewehr ab und ich hatte auf der ganzen Linie gewonnen.

Nun konnte ich auch meine Idee zu Gehör bringen. Ich bat die Arbeiter, die Tiere nicht selbst aus dem Stall zu holen und zu schlachten, sie sollten ihren Bedarf vielmehr mit mir besprechen, damit unsere Vorräte entsprechend eingeteilt werden könnten. Meine Ansprache zeigte Wirkung und sie erklärten sich einverstanden. Vielleicht erinnerten sie sich daran, daß ich ihnen in den letzten Jahren immer wieder geholfen hatte. Riesige Fässer Sauerkraut hatte ich für sie einstampfen lassen. Auch war ich mit dem Fahrrad 20 km nach Goslar zur „Spinnstoffsammlung" gefahren, um für sie warme Kleidung zu organisieren, die ich rechts und links in großen Säcken verpackt transportierte. Von diesen Leuten wurde mir in der ersten Nachkriegszeit nichts entwendet, im Gegenteil. Sie paßten noch auf die tausend anderen Russen und Polen auf, die sich, aus den Industriegebieten kommend, seit einiger Zeit in unseren Scheunen niedergelassen hatten.

Nur ein Stall, so fanden sie, sei Allgemeingut, und das war wieder einmal der Hühnerstall. Ich merkte eines Abends am ängstlichen Gegacker unseres Federviehs, daß sich irgendwelche Russen oder Polen zur Selbstbedienung in den Stall eingeschlichen hatten. Die Mamsell und ich, bewaffnet mit Stöcken, Säcken und Taschenlampen, sausten sofort zu den Hühnern. Lärmend und schimpfend schlugen wir die Diebe in der Dunkelheit in die Flucht, sackten unsere kostbaren 60 Hühner ein und brachten sie kurzerhand auf unseren Dachboden. Außer den Flüchtlingen im Haus und uns wußte keiner von unserem heimlichen Hühnerstall, und so wurde manches weiße Hühnerei zur Freude aller schwarz im Hause verbraten.

Als später die Besatzungstruppe unser ganzes Haus beschlagnahmte, wurde es etwas brenzlig mit unseren Hühnern. Ein Teil der Flüchtlinge mußte anderweitig untergebracht werden, was ihnen gar nicht in den Kram paßte. Andere teilten mit uns die wenigen Zimmer im Anbau. Keiner durfte mehr während der Besatzungszeit das Haus betreten. Immer wieder rotierte die Frage in meinem Kopf: „Was mache ich mit den Hühnern, damit sie von den Soldaten nicht gefunden werden? Wer sollte sie füttern und wer konnte uns die begehrten Eier vom Boden holen?"

Fieberhaft sann ich auf einen Ausweg. Ich fand ihn dann in dem jungen und hübschen Mädchen Helga, das mit ihren Eltern in den obersten schrägen Zimmern direkt unter den Hühnern wohnte. Besagte Helga hatte in den letzten Kriegswochen Scharlach gehabt.

Obwohl längst gesund, wurde sie von uns schnell wieder ins Bett gesteckt und von den Eltern bestens „auf Scharlach" hergerichtet. Die Treppe, die sowohl zu Helga wie zu den Hühnern führte, versperrte ich mit einem dicken Seil, an das ich ein Schild mit einem leuchtend roten Kreuz und der Aufschrift: „Pay attention. Scarlet fever" hängte. Das verfehlte seine Wirkung auf die Amerikaner nicht. Sicherheitshalber wollten sie jedoch das Mädchen von einem ihrer Ärzte untersuchen lassen. Gott sei Dank hatte der an Helgas Bett geschickte amerikanische Regimentsarzt vorher sein Inneres gut mit Alkohol desinfiziert. Und als dann noch Helga im zarten Negligé ihn mit Märchenaugen ansah, waren unsere Hühner gerettet. Die „scharlachverseuchte" Flüchtlingsfamilie bekam den Befehl, in ihren Räumen zu bleiben, was sie mit Wonne tat, denn auf diese Weise brauchte sie nicht das Massenlager mit uns zu teilen. Diese Familie war es, die nun die Hühner fütterte und nachts die Eier in einem Körbchen am Seil aus dem Fenster herunterließ. Der leere Korb wurde dann, mit allem Notwendigen für die Familie gefüllt, wieder nach oben gezogen.

Doch das Unglück geschah am siebten Tag, als die Truppe abrückte. Ein Offizier hatte mich im Eilschritt mit dem Eierkorb über den Hof rennen sehen – obwohl ich immer beteuert hatte, leider, leider gar keine Hühner mehr zu haben, „alles gestohlen". Ich mußte meinen Korb in einen Stahlhelm entleeren. Just in diesem Moment kam ein ängstlich flatterndes Huhn aus dem zur Durchlüftung geöffneten Fahnenloch im Direktflug auf uns nieder. Ich erstarrte vor Schreck über das blöde Huhn und erwartete ein Donnerwetter. Aber es war kaum zu fassen: Die Offiziere und Soldaten wollten sich ausschütten vor Lachen. Sie schlugen mir kräftig auf die Schulter und meinten: „Dieses Mal hast du deine Hühner noch gerettet. Wenn wir wiederkommen, essen wir sie alle auf."

Aber sie kamen nicht wieder und ich bin sicher, daß sie sie am Leben gelassen hätten. Ich jedenfalls war froh, daß wir mit einer List unsere ergiebigen Eierlieferanten gerettet hatten.

Ein Zoo auf dem „Holzkocher“

Nach sechs Jahren Krieg fehlte es natürlich an allen Ecken und Enden. Was gab es in unserer Gegend schon zu kaufen für den landwirtschaftlichen Betrieb? Weder Stacheldraht noch neue Maschinen und schon gar keine Pferde, die sie uns aus dem Stall requiriert und die wahrscheinlich, wie das damals üblich war, schwere Geschütze zu ziehen hatten. Gerade aber die Pferde fehlten uns für die landwirtschaftliche Arbeit, die dicken, fetten Belgier. Mein Bruder war noch in amerikanischer Gefangenschaft, und so beschloß ich, neue Pferde – Fohlen, Dreijährige oder was auch immer – zu organisieren.

Unser fabelhafter Landrat, mit dem ich mich besonders gut verstand, stellte mir einen sogenannten „Holzkocher“ zur Verfügung. Das war ein Lkw, dessen Motor man mit einem aufmontierten Holzofen antrieb. Alle 100 Kilometer mußten kleine Holzscheite in den Glutofen geworfen werden. Dieses Fahrzeug hatte herrenlos an einer Straße gestanden und war für meine Zwecke bestens geeignet. Mit ihm konnte ich meinen geplanten Pferdekauf verwirklichen und Fohlen transportieren. Meine Freundin Ines, die als Flüchtling von einem Nachbargut, das von Russen enteignet worden war, bei uns Unterschlupf gefunden hatte, war sofort Feuer und Flamme, mir bei diesem abenteuerlichen Unternehmen zu helfen. Ein Treckerfahrer fuhr uns, und so konnte das kleine Abenteuer beginnen.

Mein Ziel war die Umgebung von Geldern, denn dort wurde bekanntermaßen die Kaltblüter-Pferdezucht betrieben. Als erstes beluden wir unseren Lkw mit Säcken kleiner Holzscheite. Um Handelsgut an Bord zu haben, nahmen wir ausreichend Weizen und Hafer mit. Die Strapazen der Fahrt machten uns keinerlei Sorgen.

Nach vielen Stunden kamen wir am Niederrhein an und sofort fing bei mir Handel und Wandel an. Wir erreichten den ersten Hof

– eine Niete, also weiter, und schon kam der nächste Hof in Sicht, auf dem zwei Fohlen standen. Im Tausch gegen Hafer und Weizen konnten wir sie erwerben. Die Bauersleute waren nett und meinten, daß wir vielleicht auch mal schlafen müßten. Sie boten uns einen Platz im Kuhstall an, was wir dankbar akzeptierten. Nach einer wunderbaren Bauernvesper legten wir uns dann neben den Kühen ins Stroh, und da wir hundemüde waren, schliefen wir paradiesisch wie auf Daunendecken gebettet.

Zuversichtlich ging es am nächsten Morgen weiter, und wieder gab es zwei Fohlen und das Bett des Bauern und der Bäuerin, in dem wir zu Dritt – meine Freundin, der Fahrer und ich – einen traumlose Nacht verbrachten. Ein Fohlen fehlte uns noch zu unserem Glück – wir fanden es am nächsten Tag auf einem kleinen Hof. Damit hatten wir fünf Prachtexemplare. Da ich noch Weizen und Hafer übrig hatte, konnte ich mit dem Bauern noch ein wenig handeln. Ich fragte ihn, was ich wohl noch für meine Naturalien bekommen könnte. Es hieß, er hätte die besten Milchziegen weit und breit. O Himmel, Ziegenmilch war für mich der große Graus, trotzdem ging ich auf sein Angebot ein. Nach diesem Tausch hatte ich noch immer einige Körner übrig, wofür mir drei Gänse angeboten wurden. Zusätzlich bekam ich noch drei Hühner und einen Hahn. Damit war der Handel perfekt und meine kleine „Arche Noah" vollzählig. Doch dann aber kam die Kalamität: Wie sollte ich dieses ganze Viehzeug auf dem Lkw unterbringen? Die Gänse fanden ihren Platz im Führerhaus – vor den Beinen des Fahrers, wo sie alles vollkeckerten. Die Hühner brachte ich zusammen mit dem Hahn in einem großen Karton unter, den wir unter der Decke des Lasters aufhängten. Wir hatten große Luftlöcher da hineingeschnitten, aus denen uns das Federvieh abwechselnd beäugten. Die Ziege kam zu den Fohlen, die wir nun allmählich von den Höfen „aufrollten".

Natürlich hatte ich noch nie einen Viehtransport begleitet, und wie man einjährige Fohlen im Lkw transportieren kann, war mir fremd. Wir mußten die Tiere quer zur Fahrtrichtung stellen, denn nur so fanden sie Platz auf der Ladefläche. Die arme Milchziege lag hinten an der Ladeklappe. Die Pferdchen schwankten nun bei jedem Bremsmanöver hin und her. Um sie davon abzuhalten, unsere arme Ziege totzutreten, standen Ines und ich über der Ziege und drückten den Po nach hinten, gegen den Bauch des ersten Fohlens – und über uns schwankten die Hühner.

Nach einiger Zeit nagte der Hunger an uns, und so hielten wir auf der Autobahn an. Ich weidete die Gänse auf dem Grünstreifen. Damals nach dem Krieg herrschte ja kaum Autoverkehr auf Deutschlands Straßen, und so konnten sich die Gänse dort tummeln und genüßlich das Gras verspeisen. Die Milchziege wurde

Der „Holzkocher" – ein Mercedes-Benz-LKW L300S

aus dem Wagen gehoben, den Fohlen und natürlich auch den Hühnern gaben wir etwas von dem restlichen Hafer und für das nötige Wasser sorgte ein kleiner Bach, den wir schon vorher entdeckt hatten. Dann saß ich auf der Autobahn, hatte einen kleinen Krug parat und melkte die Ziege. Danach ging ich auf den angrenzenden Acker, auf dem es reichlich Kartoffeln zu stibitzen gab. Für uns hatten wir nichts Eßbares mehr, aber mit den Erdäpfeln verfügten wir über eine kleine Reserve für den großen Hunger. Wir hofften natürlich, sie unterwegs irgendwo braten zu können.

Nachdem wir das Viehzeug wieder eingeladen und verstaut hatten, fuhren wir weiter. Plötzlich sahen wir einen feuerspuckenden Brennofen für Asphalt am Straßenrand stehen. Wir hielten an und rösteten in dem Feuerchen unsere Kartoffeln – was für eine Delikatesse für unsere hungrigen Mägen! Nach diesem frugalen Mahl ging's weiter und einige Stunden später erreichten wir dann Schladen.

Die Freude war riesengroß, als unser Futtermeister die schönen Fohlen sah, die nun den Pferdestall bereichern würden. Sie wuchsen dann später zu prächtigen Belgiern heran und wurden der Stolz unseres Stalles. Die Gänse schnatterten noch eine Zeit lang auf unserem Gut herum, ehe sie bei unserer Mamsell in der Küche landeten. Die Milchziege fand sogar noch einen willigen Bock, um sich zu vermehren. Zwei der Hühner waren leider wegen der Enge im Karton eingegangen, aber der Hahn und ein Huhn hatten den Transport unbeschadet überstanden.

Schock – Unser Haus soll Casino werden

Der Krieg war vorüber, die „Amis“ waren durchs Haus gezogen und alles, was nicht niet- und nagelfest war, hatten sie entweder zerklopft oder mitgenommen – wie die besten Sessel, die ich auf einem Panzer davonfahren sah. Ein großer Teppich lag noch darüber – ade!

Es verging nur eine kurze Zeit, bis die Engländer – adrett, sauber und wohlerzogen – das Bild von unserem Haus zu verändern suchten. Ich war reichlich erstaunt über das, was die Offiziere mit unserem Haus vorhatten. Mir fehlte jegliches Verständnis für die Frage, ob ich mit einem Casino für das englische Eliteregiment „Horseguard“ einverstanden wäre? Ich brachte zunächst nur ein ängstliches „No“ hervor, dann ein streitbares „No, no!“ und schließlich ein vehementes „NO!“ Mein charmantes Lächeln war im Keime erstickt. Aber ganz schnell holte ich es wieder aus meiner Reithosentasche zurück, denn nur so, das war mir klar, konnte ich die Eisen, die mich schon fast verbrannt hatten, wieder aus dem Feuer holen. Der Oberst meinte: „Sie sind ja eine kämpferische Scarlett O'Hara.“ Anscheinend amüsierte es den Oberst, in mir die berühmte Südstaaten-Lady zu sehen. Gott sei Dank, denn das machte mich ihm wohl sympathisch und statt ein Casino zu fordern, wollte er mir nun einen Gefallen tun: Er fragte, wem von den Nachbargütern ich eins auswischen möchte. Ich bräuchte nur die Adresse zu nennen und er würde das genannte Haus für sein geplantes Casino requirieren.

„Nix da – alles Freunde!“, sagte ich. Um meinem Oberst den Verzicht auf Schladen und unserem Haus schmackhaft zu machen, bot ich ihm und seinem Regiment Entenjagden an. Das war's, das fanden sie fabelhaft! Abends wanderte ich mit dem Oberst an die Schlammteiche in unserem Feld, wo das Schlammwasser von der Zuckerrübenfabrik aufgespeichert wurde: Der warme Teich war ein bevorzugter Tummelplatz der Enten. Bevor es jedoch ans Schießen ging, stellte ich eine Regel auf: Eine Ente für mich, der Rest fürs Regiment.

Wir trennten uns fast als Freunde, obwohl ich das Casino abgewehrt hatte. Wir brauchten das Haus nicht zu räumen und alles war in Ordnung. Zwei Tage später bekam ich die Nachricht „Casino gefunden!“ Für mich war es eine frohe Botschaft, für den betroffenen Gutsbesitzer wohl eine niederschmetternde. Mit meiner nicht gerade salonfähigen Arbeitskluft schwang ich mich sofort auf mein Motorrad und fuhr zum Oberst, der mir strahlend sein requiriertes Gutshaus zeigte, das natürlich Freunden von uns gehörte. Stolz führte mich der Engländer durch die weitläufigen Salons, in denen wir so manches Mal „Gesellschaften“, so nannte man damals die Dinner-Parties, oder Tanzfeste gefeiert hatten. Die Freunde taten mir ausgesprochen leid, aber zum Glück mußte ich mir nicht selber leid tun.

Bei uns hingegen waren nun Entenjagden angesagt. Schuß um Schuß fiel, und jedes Mal bekam ich eine Ente. Nach der Jagd brachte ein Bursche sehr gepflegte Lopschuhe (elegante, handgefertigte Halbschuhe) in die Halle, auch Kekse und Tee wurden angeliefert. Die Tea-time fand dann im sogenannten kleinen Blumenkabinett statt, unserem Repräsentationsraum, der uns während der Flüchtlingsbesetzung noch geblieben war. Tee wurde gereicht und das Gebäck – eine größere Verwöhnung hätte ich mir in der damaligen Zeit gar nicht vorstellen können. Die Engländer wurden für mich zu Freunden, und oft wurde ich mit den beiden Schwestern Petersdorf, die die Russen von ihrem Gut vertrieben hatten, zum Abendessen eingeladen. Die Schwestern waren hervorragende Reiterinnen, die den Engländern die Pferde zuritten und bewegten.

Es war für mich eine Zeit voller Dankbarkeit, schöner Erfahrungen und eines freundschaftlichen Umgangs mit den Engländern, die großzügigerweise auf ihren Casino-Anspruch in unserem Haus verzichtet hatten.

Ein neuer Lebensabschnitt mit Huschke

Neue Aufgaben

Nach fünfjähriger Gefangenschaft kehrte mein Bruder Georg 1949 heim. Drei Jahre waren wir ohne Nachricht von ihm. Während des Krieges war er in Italien gefangen genommen worden, dann, 1946, nach Amerika transportiert. Dort saß er bis zu seiner Freilassung in Arkansas im Gefangenencamp. Bis zu seiner ersten Nachricht beherrschte uns die Angst, daß er gefallen sein könnte. Seine Rückkehr war für uns, vor allem für meine Mutter, die ihren Sohn abgöttisch liebte, ein Freudentag. Er stand im Zimmer mit einem sogenannten „Wundersack“: Georg hatte alles, was er in der Gefangenschaft zusätzlich bekam – Zahnbürste, Zahnpasta, Zigaretten, Schuhbürste, Schuhcreme, Rasierschaum oder Rasierer und Kamm usw. – unter seinem Bett gehortet, um uns damit bei der Rückkehr eine Freude machen zu können. Es war schon erstaunlich, was er sich alles vom Munde“ abgespart hatte. Während des Schifftransportes nach Deutschland hatte er auf den gehorteten Schätzen geschlafen, um sie gegen fremden Zugriff verteidigen zu können.

Nachdem die erste Wiedersehensfreude verraucht war, kam der harte Schlag für mich, denn am Abend sagte mein Bruder zu mir: „Nun kannst du endlich ausschlafen, brauchst nicht mehr morgens die Leute anzustellen und keine Verantwortung mehr auf dich zu nehmen. Ich kann dir nur danken für alles, was du getan hast, aber jetzt hast du deine Ruhe“.

Natürlich konnte er nicht nachempfinden, wie es ist, nach acht Jahren leitender Tätigkeit plötzlich alle Felle davonschwimmen zu sehen. Von heute auf morgen sollte sich nun mein Leben total ändern: Keine Autorität mehr, keine Pflichten und dahin die Überzeugung, daß man etwas geleistet hat und noch immer leisten könnte. So sah eben die andere Seite der Medaille aus.

Ich fuhr zur Erholung in den südlichen Schwarzwald, wo ein Vetter von mir eine große Hochzeit feierte. Mit dem Brautpaar zusammen ging ich dann auf Hochzeitsreise; unser Ziel war das wunderschöne Feldberg-Gebiet. Ich war ganz begeistert von dieser Landschaft, die ich mir immer als finster, langweilig, eben als „schwarzen Wald“ vorgestellt hatte. Nun sah ich das genaue Gegenteil: Herrliche Wiesen, viele Kühe auf den Weiden, eine ländlich-friedliche Atmosphäre.

Als ich nach vierzehn Tagen zu Hause ankam, besprach ich mit meinem Bruder die Möglichkeit, einen Schwarzwaldhof zu kaufen. Er würde mir Freude bereiten, und ich hätte wieder Arbeit und könnte nach Herzenslust organisieren. Es sollte zudem ein „Häuschen für alle Fälle“ sein, denn nur ein Kilometer von Schladen entfernt verlief bereits die ostzonale Grenze – wir hatten einfach Angst vor der Unberechenbarkeit der Russen.

Mein Bruder war sofort bereit und willens, und so fuhren wir mit einem Makler den Schwarzwald ab. Nach rund zehn Höfen fanden wir endlich, was wir gesucht hatten: den Schürberg, mit einem schönen alten Schwarzwaldhaus – natürlich reparaturbedürftig, aber himmlisch gelegen auf einer Anhöhe von 900

Der Schwarzwaldhof „Schürberg“

Metern, mit 30 Morgen Ackerland und einer wunderbar großen, etwas buckligen Wiese hinter dem Haus. Das war es, was ich mir ausgemalt und gesucht hatte.

„Aller Anfang ist schwer" – und alle Arbeiten im Haus und auf dem Feld lagen nun bei mir. Um ehrlich zu sein: Ich hatte mir den Betrieb nicht so mühsam vorgestellt. Ein halbes Jahr versuchte ich den Hof zu bewirtschaften, aber das, was da auf mich zukam, überstieg oft meine Kräfte: der Haushalt, die Ochsen anspannen, die Felder bestellen, Mist streuen gegen den Wind, so daß mir alles ins Gesicht flog ... Es war über die Maßen anstrengend, zumal die wirtschaftlichen Nutzflächen allesamt am Hang lagen. Es gab zwar Bauern, die mir freundlich entgegenkamen und auch Hilfestellung gaben. Aber nach einigen Wochen mußte ich einsehen, daß ich die Arbeit nicht allein würde bewältigen können, und so engagierte ich ein Flüchtlings-Ehepaar, Herrn und Frau von Wartenberg, mit denen ich das Los der bäuerlichen Idylle teilte.

Das Haus war natürlich noch primitiv ausgestattet, die Badewanne in der Küche war dunkelrot, weil man darin die Früchte für das wunderbare „Schwarzwälder Kirschwasser" weiterverarbeitet hatte. Dort stand auch die Gemeinschaftsdusche. Selbst der kleine Hütejunge, der in seinen Ferien die acht Kühe auf der Weide bewachte, stand in unserer Dusch-Schlange. Der Wandschmuck indessen erforderte ein sofortiges Eingreifen. Darum ließ ich die mit Geflügelzeitungen tapezierten Wände durch eine Schwarzwälder Holzverkleidung veredeln.

Die Wand meines Schlafzimmers war die Trennwand zum Stall, und so hörte ich nachts das Prusten und Muhen sowie das Kettengerassel der Kühe, als ob die Viecher neben meinem Bett stünden. Nach Isolierung und Verdoppelung der Wände hörte ich dann kein Muhen mehr und der Stallgeruch, der das ganze Haus durchzog, wurde gemildert.

Der wunderbare Kachelofen und die sogenannte „Kunscht"* hatten einen Reinigungsprozeß dringend nötig. Die Vorgänger, die abends und morgens melken mußten, hatten im Winter ihre kalten Hände an dem Kachelofen gewärmt, so daß Mist- und Melkschmutz tief in die Rillen und Ornamente des alten Ofens eingedrungen waren. Nach einigen Wochen war nun alles sauber, obwohl die Mäuse ihre Zugehörigkeit zum Hause verteidigten und sich gelegentlich über die Würste in der Vorratskammer hermachten. Aber eine solide Katze sorgte einigermaßen für Ordnung in der Mäusewelt.

Mit der Zeit erkannte ich, daß auch mit Hilfe der von Wartenbergs der Hof nicht zu führen war. In diesem Notstandsgebiet lohnte sich auf dem kleinen bäuerlichen Hof der Aufwand einfach nicht. Gegen Speck und Eier überließ ich den Bauern den größten Teil der Wiesen und der Äcker sowie das liebe Vieh. Ich behielt nur das Haus, den Garten und die große Wiese dahinter. Nach einem Gespräch mit den Wartenbergs fanden diese eine sehr gute Stelle auf einem Bauernhof in Mitteldeutschland. Das von mir auf Vordermann gebrachte Häuschen ist der ganzen Familie sowohl im Sommer als auch im Winter für Erholung und Ausspannung erhalten geblieben.

* beiheizte, zweietagige Steinbank neben dem Ofen

Hochzeit auf dem Nürburgring

Der kleine primitive Schwarzwaldhof Schürberg war der Ausgangspunkt unserer Ehe. Während der eineinhalb Jahre, in denen ich dort wirtschaftete, war ich aus Huschkes Revier entschwunden und wegen der Entfernung wurden unserer Treffen immer rarer. Früher war es nach Schladen nur ein Katzensprung von seinem damaligen Flüchtlingsdomizil in Calenberg, nun aber saß ich 800 Kilometer entfernt im Schwarzwald.

Als mich Huschke dann eines Tages auf dem Schürberg besuchte und wir auf der Küchenbank hockten, beschlossen wir zu heiraten. Der Grund dafür war nicht allein die große Liebe, sondern auch der Widerwille meiner Mutter gegen dieses Techtelmechtel, das sich zwischen Huschke und mir aufgebaut hatte.

Das Leben mit Huschke war bis dato recht aufregend für mich, und die ersten Rennen, die ich mit ihm erlebte, waren das reinste Abenteuer. Ich erinnere mich noch genau an den Rennwagen von Petermax Müller, einen Eigenbau, den Petermax seinem Freund Huschke für einige Rennen zur Verfügung gestellt hatte. Für Huschke war das „ein Geschenk des Himmels". Motorsportbesessen wie er war, nahm er alle Primitivitäten, alle Mühen und Schwierigkeiten auf sich, um nun an den Rennen teilnehmen zu können. Ich genoß diese für mich neue Atmosphäre zwischen den Sportfahrern in vollen Zügen.

Noch focht mich nicht die Angst um Huschke an. Ich fand es einfach nur spannend und erregend und wollte ihn zu gerne als Sieger sehen, um auch ein bißchen an diesem Glanz teilhaben zu können.

Beim ersten Karlsruher Dreieck-Rennen, das auf der abgesperrten Autobahn ohne besondere Sicherheitsvorkehrungen gefahren wurde, saß ich noch an der Strecke und mußte die wenigen Werkzeugschlüssel, die wir für alle Eventualitäten mitgebracht hatten, vor Langfingern bewachen.

70

Dann kam das Schottenring-Rennen, das auf einem alten Rennkurs – natürlich auch ohne die heute üblichen Sicherheitsmaßnahmen – veranstaltet wurde. Für die Trainingstage bis zum Rennsonntag bezogen wir ganz einfache Quartiere bei Bauern oder bei Leuten, die ein bißchen Geld dazu verdienen wollten. Die Primitivität war uns egal, denn auch ich hatte inzwischen Benzingeruch in der Nase.

Diese Epoche war für meine Mutter eine einzige Enttäuschung, denn sie hatte sich für mich einen Mann gewünscht, der erstens Landwirt, zweitens adelig und drittens vermögend sein sollte. Und nun präsentierte ich ihr diesen „Mann von Welt". Zweifellos war Huschke damals schon mit allen Wassern gewaschen, auf jedem Parkett konnte er sich sicher bewegen, ein charming boy eben, der mehrere Sprachen perfekt beherrschte. Mutter meinte jedoch, daß ich diesem Hallodri den Laufpaß geben müsse.

Inzwischen waren Huschke und ich uns einig, vor die Bürgermeister unserer Gemeinden zu treten, um in geheimer Absprache die notwendigen Hochzeitsformalitäten zu besprechen. Allerdings wollten wir nicht in den sogenannten „Kasten" kommen, der alle dörflichen Trauungen anzeigte. Jeder von uns hatte noch „Muffensausen" und beide hatten wir Angst vor einer Bindung.

Kurzerhand entschlossen wir uns, während eines Rennwochenendes auf dem Nürburgring zu heiraten. Am Tag vor dem großen Ereignis waren wir Gast bei unserem Freund Baron Brümmer auf Schloß Sommerberg bei Wiesbaden. Dort kriegte ich mich mit Huschke noch schnell in die Wolle. Der Hausherr versuchte die Wogen zu glätten und gab uns löffelweise Brom – damals ein Beruhigungsmittel -- zu schlucken. Es wirkte, und friedlich zogen wir am nächsten Tag zum Nürburgring, um dort in den Hafen der Ehe einzulaufen.

Meine Mutter informierte ich telefonisch über die bevorstehende Hochzeit. Mein Anruf muß sie wohl sehr geschockt haben, denn sie hatte sich ja, wie gesagt, für mich einen soliden Landwirt mit Besitz und Geld gewünscht und nicht diesen Flüchtling, der mit seinen weltmännischen Allüren so gar nicht ihrer Vorstellung entsprach.

Der Bürgermeister von Adenau wurde von Ingrid Bretz auf einer Vespa abgeholt – damit begann die Zeremonie. Nachdem wir unsere Unterschriften geleistet hatten, erhielten wir neben schnell organisierten Blumen noch eine originelle Kindersportkarre! Sie trug die Startnummer 70, die Nummer von Huschkes BMW-Sportwagen, mit dem er 1940 die Mille Miglia gewonnen hatte. Auch die Fotografen waren am Werk und ein „Hochzeitsfoto" mit umgehängten Siegerkranz und dem symbolischen Kinderwagen ging durch alle Zeitungen. Beim Anblick ihres Morgenjournals packte meine Mutter das Entsetzen im Hinblick auf all die vielen Menschen, die sie mit einem süffisanten Lächeln auf das offensichtliche Ergebnis meines abenteuerlichen Lebens ansprechen würden …

Im Anschluß an die Trauung haben wir natürlich noch fröhlich auf dem Nürburgring gefeiert und getanzt. Abends luden wir unsere Freunde zu einem gemeinsamen Essen ein. Wir waren glücklich, unbeschwert und froh. Auf Anfrage bestätigte der Pfarrer in Adenau, ebenso schnell sein zu können wie der Standesbeamte; gleich am nächsten Morgen würde er uns im Kreise unserer Trauzeugen seinen kirchlichen Segen geben.

Am nächsten Tag, dem Sonntag, wurde das Glück unserer Hochzeit jedoch von einem tragischen Unfall überschattet. Zu unserem Entsetzen verunglückte beim Rennen ein uns bekannter Fahrer tödlich. Das war ein Schock für mich, der mir die andere Seite dieses Sportes sichtbar vor Augen führte. Bis dahin kannte ich die Gefahr des Motorsports immer nur vom Hörensagen. Nun aber mußte ich sie hautnah miterleben – und das an meinem Hochzeitstag! Am Abend legten dann mein Mann und ich alle unsere Blumen auf den Sarg des Toten – für mich ein düsteres Omen, denn ich bin in vielen Dingen abergläubig. Nach diesem erschütternden Erlebnis konnte ich die vielen Motorsport-

Rennen meines Mannes nie mehr unbeschwert und ohne Angst verfolgen. Um so dankbarer bin ich, daß Huschke alle Starts heil überstanden hat.

Die Ankunft in Schladen war leider sehr bitter für uns. Meine Mutter war nicht nur verletzt, weil ich ohne ihre Genehmigung geheiratet hatte. Hinzu kam, daß ich die Hochzeit nicht in Weiß, mit ihrem Wunsch-Landwirt und in der Schladener Kirche zelebriert hatte. Um so glücklicher aber war ich, als meine Mutter schon nach wenigen Wochen große Zuneigung zu Huschke faßte – und mir damit das Leben schwer machte: Bei allen kleinen Hitzköpfigkeiten, die ich mir mit Huschke leistete, stand sie stets auf der Seite meines Mannes. Er wurde für sie fast wie ein eigener Sohn, der sie auch immer durch Briefe und Postkarten aus aller Welt erfreute.

Die ungewöhnliche und 46 Jahre währende Ehe, die uns zu allen Orten der Welt führte und uns mit Hunderten von netten Leuten bekannt machte, ließ uns alle Turbulenzen überwinden und schmiedete uns zu einem glücklichen Team zusammen. Von diesen 46 Jahren mit Huschke möchte ich nicht eines missen.

Tante Vally –
das schwarze Schaf der Familie

Die Familienattraktion war Tante Vally, die weder besondere Eigenschaften noch gravierende Interessen hatte – außer ihre amourösen Abenteuer. Durch ihre vielen Techtelmechtel hatte sie und ihre Geschichten einen hohen Stellenwert bei allen Generationen in der Familie.

Als ich 13 Jahre alt war, zog Tante Vally mit meiner Großmutter, die einen Schlaganfall erlitten hatte, ins Schladener Haus ein. Meine Mutter fürchtete Tantes schlechten Einfluß, denn jeder wußte von ihrer Leichtlebigkeit und ihren vielen Eskapaden. Sie war es, die mich aufklärte, verbotene Briefe für mich abfing und die mir für die damalige Zeit anrüchige Geschichten erzählen konnte, denen ich mit Wonne zuhörte. Sie war wirklich das „schwarze Schaf" in der Familie und hat auch die nachfolgende Generation mit ihren herrlich-schlüpfrigen Geschichten erfreut. Tante Vally hat nie geheiratet, konnte aber im ständigen Wechsel Kavaliere vorweisen, die meine Mutter nur sehr ungern im Haus sah – Vally nahm nämlich alles, was ihr vor die Flinte kam.

Schon während ihrer Zeit in Berlin zu Anfang der zwanziger Jahre, als ihr älterer Bruder, von uns Onkel Org genannt, noch ihr Aufpasser war, verschwand sie im Aufzug des Hauses und malte sich verführerisch an. Oftmals saß sie dann in dem Amüsierlokal „Femina". Dort stand auf jedem Tisch ein Telefon, mit dem man reihum die anderen Tische anrufen konnte. Das genoß sie in vollen Zügen. In Schladen war der Herrenzulauf natürlich geringer. Meine Mutter warf trotzdem ein scharfes Auge auf Vally – was jedoch kaum etwas verhinderte. Sie fand die tollsten Verstecke, um sich mal mit einem Mann zu amüsieren.

Darüber hinaus war sie aber auch ein fabelhafter Kumpel. Als Sechzehnjährige hatte ich mit unserem Eleven Jobst v. I. eine verbotene Flirt-Fahrt unternommen. Wir waren mit seinem

Wagen über Land gefahren, als Jobst plötzlich beim Überholen einen Ford streifte, aufs Gas trat und uns auf den nächsten Feldweg hinter einer Hecke rettete. Natürlich hatte sich der Fordfahrer unsere Nummer notiert und die Unfallflucht gemeldet. Einige Tage später wurde damit ein langes Polizeiverhör in Gang gebracht. Aus Angst vor meiner Mutter schwindelte ich mit sehr schlechtem Gewissen die Polizei an und bestritt, in dem Wagen gesessen zu haben und mit meinem Kavalier unterwegs gewesen zu sein. Tante Vally unterstützte mich in dieser prekären Situation nach Kräften. Sie erklärte sich kurzerhand bereit, die Schuld auf sich zu nehmen und für mich notfalls ins Kittchen zu gehen. Diese „Geheimabsprache" hatte zuvor auf der abgeschlossenen Toilette stattgefunden. Natürlich hatte sie vollstes Verständnis für meine Tat gezeigt und mir sofort „Feuerschutz" zugesichert.

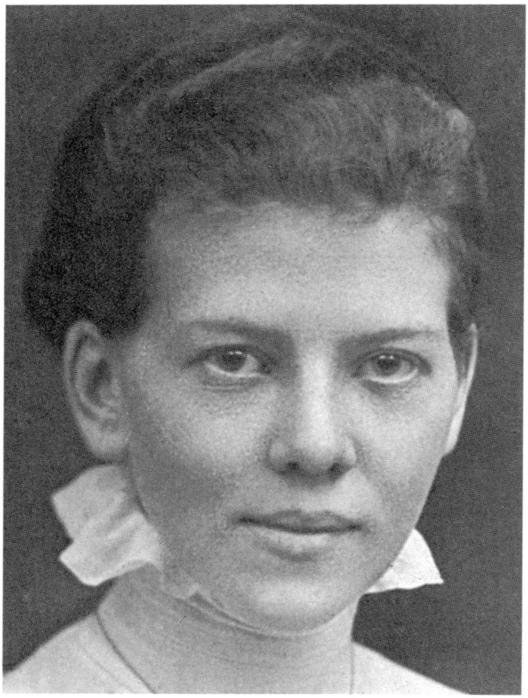

Die flotte Tante Vally

In meinem Leben bin ich zweimal unter eine Amnestie gefallen. Das erste Mal betraf glücklicherweise diese Unfallflucht im Jahre 1932. Damals wurde gerade die Hindenburg-Amnestie erlassen, so daß Tante Vally nicht für mich ins Kittchen gehen mußte. Viel später, als ich schon einen schnellen Porsche fuhr, war ich mit 220 km/h über die französische Autobahn gebraust – 120 km/h waren allerdings nur erlaubt. Just zu dieser Zeit entschlossen sich die Franzosen zur Giscard d'Estaing-Amnestie, so daß mein Verstoß nicht mehr weiter verfolgt wurde.

Nachdem meine Großmutter 1938 gestorben war, wechselte Vally wieder nach Berlin, wo sie die Kriegsjahre verbrachte. Erst Ende der vierziger Jahre zog sie erneut nach Schladen.

1949 kauften mein Bruder und ich den kleinen Hof im Schwarzwald, den Schürberg, den ich anfangs auch bewirtschaftete. Nach relativ kurzer Zeit aber überließ ich die Ländereien und Wiesen den benachbarten Bauern. Wir behielten das schöne Bauernhaus als „Sommer-Ausspann".Als ich dann den Hof verließ, fragte ich Vally, ob sie nicht auf dem Schürberg das Regiment übernehmen wollte. Dieses Angebot kam ihr sehr entgegen, konnte sie doch so den wachsamen Augen meiner Mutter entfliehen.

Schon nach einem Vierteljahr war das Haus von Mäusen bewohnt. Dank der von Tante fettgefütterten Katze blieben sie allesamt am Leben. Sie hatten sich mittlerweile in den mit Faserwolle isolierten Doppelwänden eingenistet und des Nachts hörte man ihr Rutschen, Rumoren und Quietschen zwischen den Wänden. Aber das störte Tante Vally nicht – Hauptsache ihr Schlafzimmer war mäusefrei. Zu diesem Zweck hatte sie vorher alle Löcher zugestopft und den Mäusen damit den Zutritt in ihr Schlafgemach verwehrt.

Auch im Schwarzwald war Vally beliebt bei jung und alt und wir genossen jedes Mal die Ferientage, die wir mit ihr zusammen in der Einfachheit des Schwarzwaldhauses verlebten. Als ich sie wiedermal besuchte, hatten die Mäuse vollends das Regiment im

Haus übernommen. Sie saßen brütend in unseren Suppentellern, und in der großen, offenen Suppenterrine tummelten sich die Neugeborenen. Dieses gute englische Geschirr stand in einem Schränkchen, so daß die Mäuse vor der ohnehin fetten und trägen Katze geschützt waren, die nur noch selten eine Gastrolle im Haus gab. Erst durch das Quieken der Mäusekinder war ich auf sie aufmerksam geworden. Mich packte der Ekel, und ich kaufte sofort zehn Mausefallen. Wir bauten daraus sogenannte „Guillotinen". Das Patent bestand darin, die Falle mit einem längeren Bindfaden an einen schmalen Balken im Stall zu befestigen und die mit Speck bestückte Falle auf den Balken zu stellen. Schnappte die Falle dann zu, fiel sie mitsamt der Maus vom Balken herunter und baumelte an dem langen Faden. Bei dem großen Andrang waren die Fallen immer voll besetzt. Das Einsammeln der toten Mäuse überließ ich gern Tante Vally, die sich davor gar nicht graulte.

Nachdem innerhalb von knapp 14 Tagen 300 Mäuse und acht Ratten ihr Dasein beendet hatten, war unser Haus wieder „nagerfrei". Unsere kostbaren Limoge-Teller wurden gründlich geschrubbt, so daß wir sie ohne Widerwillen wieder verwenden konnten.

Tante Vally war sicherlich unsere originellste Tante und sie selbst sagte immer: „Wenn ich einmal nicht mehr lebe, habt ihr wenigstens immer was zu lachen und zu erzählen. Meine amourösen Geschichten werden sicher immer in eurer Erinnerung bleiben." – Wie wahr, wie wahr! Wir erinnern uns ihrer noch gern und ich kenne niemanden, der ihr in seinem Herzen kein Denkmal gesetzt hätte.

Die erste Rallye – Wie zerronnen, so gewonnen

Nachdem ich glücklich mit einem Renn- und Rallyefahrer verheiratet war, bekam ich natürlich auch sportliche Ambitionen und wollte selber Rallyes fahren. Huschke meinte allerdings, ich sei noch nicht reif dafür und ließ mich zunächst nur in einem „Käfer" bei einer Nachtorientierungsfahrt um Hildesheim starten. Nächtliche Orientierung war allerdings nicht mein „cup of tea" – trotzdem kam ich mit meiner Beifahrerin Ilse Müller, der unterwegs furchtbar schlecht wurde, als Sechste an.

Huschke fand meine Leistung wohl nur mittelmässig, gab mir aber die Chance, meine Passion als Beifahrerin bei der legendären Rallye Monte Carlo unter Beweis zu stellen. Er hatte mich einer etwas ungewöhnlichen „Dame" zugeteilt, die rothaarig und arg zurecht gemacht war und einen Jargon sprach, der für mich neu war und die „Dinge" klar beim Namen nannte. Sie hatte einen steinreichen Freund, dessen Porsche sie bewegte. Huschke versprach sich von dem Team auch eine pressewirksame „Damen-Equipe" – Werbung für Porsche.

Bei der Rallye Monte Carlo schlitterten wir über Schnee und Eis und landeten schließlich im Chausseegraben. Damit war die Rallye für uns beendet. Die darauffolgende Rallye Travemünde beendeten wir indessen als zweites Damen-Team. Endlich hatte ich mir meine ersten Sporen im Rallyesport als Beifahrerin verdient.

1952 bekam ich von Porsche die Chance – natürlich durch Huschkes „Gnade" –, eine 356er „Dame" mit dem nur 60 PS starken 1,3-Liter-Motor bei der Rallye Soleil-Cannes zu fahren. Das Thema Beifahrerin löste sich zu meinem Glück nicht nur in Windeseile, sondern auch auf die beste Weise: Es war die sympathische, fahrerisch tüchtige und kameradschaftliche Ingrid Bretz, die Tochter des damaligen Vizepräsidenten des ADAC.

FÉDÉRATION INTERNATIONALE
DE L'AUTOMOBILE (F.I.A.) PARIS

O. N. S.

Oberste Nationale Sportkommission
für den Automobilsport
in Deutschland

Frankfurt a. M., Bockenheimer Anlage 1a

Automobilclub von Deutschland
Allgemeiner Deutscher Automobil-Club

Nr. 0034

Internationale
Fahrer-Lizenz
Licence de conducteur

Gültig bis 31. Dezember 1952

O. N. S.
Oberste Nationale Sportkommission für den Automobilsport in Deutschland

für Herrn Frau Baronin
Ursula von Hanstein
Pseudonym ----
10. Februar 1916
Braunschweig
Schladen/Harz
...rt/M. den 7.12.51

Der Präsident
der Obersten Nationalen Sportkommission für den Automobilsport in Deutschland
Le Président
de la commission sportive

Der ersehnte Tag kam, da ich den Wagen übernehmen durfte und zu einer Probefahrt beordert wurde. Der Werkstattleiter sah meinem Start mit Besorgnis entgegen. Er meinte, mit meiner „Käfer“-Erfahrung auf eine schnelle „Porsche-Dame“ umzusteigen, würde mich in einen Geschwindigkeitsrausch versetzen, dem ich sicher nicht gewachsen wäre. So spulte ich aus Trainingsgründen erst einmal 200 Autobahn-Kilometer ab. Dabei fühlte ich, daß diese „Porsche-Dame“ mir, wie man so schön sagt, direkt auf den Leib geschnitten war.

Endlich kam der Tag X und Ingrid und ich fuhren mit tausend Ermahnungen von Huschke und dem Werkstattleiter in Richtung Reims, wo am nächsten Tag der Start war. Am Abend vorher gab es einen großen Empfang in der Sektkellerei Ruinard, wo sich sämtliche Rallye-Fahrer einfanden. Auch einige besonders nette Porsche-Fahrer lernten wir kennen. Ärgerlich aber war, daß diese mit dem stärkeren 1500er Porsche an den Start gehen konnten.

An diesem Abend fielen uns auch zwei Ehepaare auf, die von Monsieur Ruinard besonders hofiert wurden und die wir sofort sehr sympathisch fanden. Mit unseren notdürftigen Französischkenntnissen verstanden wir, daß die Damen zu unseren Konkurrentinnen zählten. Auch ihre Begleiter hatten sich als Team in der Herrenwertung gemeldet.

Am nächsten Nachmittag sahen wir am Start die tollsten Wagen, die 2.5-Liter-Citroens, die Simcas, Peugeots, Frazer Nashs usw. Wir reihten uns bescheiden aber stolz mit unserer 1300er „Dame" ein. Kaum sah ich das Startzeichen, trat ich hitzig auf die Pedale und mit durchdrehenden Rädern preschte ich los – im Nu hatte mich das Rennfieber gepackt. Ingrid, mit einem dürftigen „Gebetsbuch" auf den Knien, visierte die erste Kontrollstelle an. Bei meinem rasanten Tempo waren wir natürlich zu früh dort, und so zügelte ich allmählich meine mit mir durchgehenden Auto-PS.

Die Nacht brach herein und in der Morgendämmerung fing dann die richtige Kurvengeigerei in den Seealpen an. Es gab noch keine Leitplanken an den Straßen, und so drohte die Gefahr rechts und links – Abgründe, die sich auftaten und uns Respekt einflößten.

Sturzhelme gab es damals noch nicht und so machte uns die Not erfinderisch: Wir schnallten uns einfach die von daheim mitgebrachten Kissen mit Gürteln auf dem Kopf fest. Wir hofften, auf diese Weise bei einem Absturz wenigstens unser Kleinhirn schützen zu können. Gott sei Dank brauchten wir mit unserer Konstruktion nie den Ernstfall zu proben.

So ausstaffiert, rasten wir durch den anbrechenden Morgen und da passierte es: Plötzlich tauchten vor uns das französische Damen- und Herrenteam auf, das wir bei Ruinard kennengelernt hatten. Als wir sie überholten, mußten wir uns doch arg wundern: Am Steuer saßen jeweils die Ehemänner, die ihre Frauen kutschierten und ihnen zum gesunden „Beischlaf" verhalfen. Natürlich waren wir sauer, denn 2.000 Kilometer zu fahren war für die damalige Zeit schon eine rechte Anstrengung; es gab ja nur wenige Autobahnen, so daß man auf kleinen, nicht abgesperrten Straßen fahren mußte. Und nun sahen wir, wie die Herren für das „Damenteam" die Rallye fuhren.

Am nächsten Tag kamen wir in Cannes an. Am Abend fand die Preisverteilung in eleganter Aufmachung statt. Wir hörten, daß unsere beiden französischen Damen, deren Mogelei wir nun kannten, den ersten Preis gewonnen hatten. Sicher waren wir darüber recht enttäuscht, doch Ingrid und ich waren uns sofort einig, gegen diesen klaren Regelverstoß nicht zu protestieren; erstens waren wir Gäste in diesem Land, und zum anderen lag es uns sowieso nicht, jemanden in Verlegenheit zu bringen. So wurden wir nur Zweite und waren trotzdem froh und glücklich und gratulierten der französischen Damen-Equipe „von ganzem Herzen". Sie schienen peinlich berührt, waren aber sicher froh, daß wir den Fahrertausch, von dem sie wußten, daß wir ihn beobachtet hatten, nicht publizierten.

So bekamen sie den großen Pokal überreicht. Als „zweite Gewinner" mußten wir mit einem kleineren Silberpreis Vorlieb nehmen, über den wir uns aber auch riesig freuten.

Nach kurzer Zeit wurden wir noch einmal auf die Bühne gebeten, wo man uns zu unserer Überraschung mitteilte, daß für uns eine anonyme Einladung eingegangen wäre: zu dem drei Tage später stattfindenden „Concours d'Elegance" in Cannes. „Man" lud uns für drei Tage ins elegante Carlton-Hotel ein und zudem sah „man" für mich ein schickes Kleid von Jacques Heim zur Präsentation unseres Autos vor. Wir waren fast sicher, daß hinter dieser großzügigen Einladung das schuldbewußte französische Damen-Team stand.

Huschke, dem ich telefonisch diese abenteuerliche Geschichte mitteilte, wollte es fast nicht glauben, daß uns drei Tage Carlton sowie die Teilnahme an diesem „Stelldichein der Millionäre“ geschenkt worden waren.

Mit Lampenfieber sah ich dem Start zum „Concours d'Elegance“ entgegen. Benotet wurde u. a. die Schönheit des Wagens sowie der Pfiff und der Chic der Fahrerinnen und Fahrer. Vor mir fuhr die allererste Auswahl an hochglanzpolierten amerikanischen Luxus-Cabriolets, oft begleitet von klangvollen Namen und livrierten Chauffeuren, auf.

Ein ängstlicher Blick auf die Jury sagte mir sofort, daß ich bestimmt keinen Blumentopf gewinnen würde. Ich sah die Begum, Dior, Prinz Rainier und andere Prominente. Am liebsten hätte ich Kehrt gemacht. Der Präsident unterwarf mich noch einer Prüfung und fand, daß ich dank Jacques Heim elegant genug angezogen war. Der silbergraue Porsche, der als einziger Schönheits-Konkurrent an der Rallye teilgenommen und noch das Rallye-Schild an der Stoßstange hatte, war ohne jeden Kratzer und blitzsauber. Während es die Dollarfürsten aus aller Herren Länder verstanden, sich entweder selber und ihren Wagen mit Dalmatinern oder weißen Pudeln effektvoll in Szene zu setzen, schmückten andere ihre eleganten Autos mit Super-Mannequins, die mit Charme und Chic den Part des Laufstegs übernahmen.

Nun schlug meine Stunde. Der Präsident machte mir Mut und gab mir noch die letzten Tips, mit Schwung auf die Rampe zu fahren, lächelnd natürlich, die Tür langsam zu öffnen und im Mannequin-Schritt graziös und mit „cheese“ auf den Lippen die „Porsche-Dame“ zu umrunden. Ich gab ihm zur verstehen, daß ich alles tun würde – aber bestimmt nicht um das Auto herumtänzeln. Als ich an der Rampe vorfuhr, kam der Präsident überraschend zu mir, öffnete die Tür und half mir als Kavalier aus dem Auto. Indem er mir „sourire, sourire“ zuflüsterte, führte er mich an der Hand mit einigen Drehungen unter seinem Arm hindurch und um den Porsche herum, wofür wir einen Sonderapplaus bekamen.

Endlich saß ich wieder in meinem Porsche und fuhr erlöst nach diesem Auftritt vom „Schauplatz“ herunter. O Schreck, plötzlich verkündete der Lautsprecher, daß ich mit zwei anderen Wagen nochmals auf die Rampe gebeten werde. Ich glaubte, nicht recht gehört zu haben.

Am Ende stand ich als Erste auf dem Podest, im Blitzlicht der Kameras. Ich bekam fast zittrige Knie, als die Begum mir mit herzlichen und anerkennenden Worten den „Grand Prix Concours d'Elegance“ überreichte. Meine Freude über dieses außergewöhnliche und unfaßliche Ereignis war natürlich riesengroß. Ich konnte gar nicht schnell genug ans Telefon kommen, um Huschke diese Sensation mitzuteilen. Völlig ungerührt aber sagte er: „Das ist gut, das können wir werbemäßig prima gebrauchen“. Das war's. Anerkennung war nur für Porsche angesagt, nicht für mich – typisch Huschke.

Bei unserer Rückkehr wurden wir bei Porsche begeistert empfangen und Huschke war stolz, wieder einen Presse-Aufhänger zu haben. Vor der Presse lobte er die 356er „Dame“ über den grünen Klee, als Rallye-Porsche und als „Schönheitskönigin“.

Dieses glückliche Ende meines ersten fahrerischen Einsatzes verschaffte mir die Möglichkeit, für Porsche noch weitere Rallyes zu fahren.

Geliebte Vierbeiner – „Tante“ und „Onkel“

Eines Tages war es soweit, daß „Queen“ mit „Bongos“ Hilfe sechs kleine Dalmatiner zur Welt brachte. Bodo – kein Hund, sondern unser Freund – hatte uns als nachträgliches Hochzeitsgeschenk eine kleine Hündin aus diesem Wurf versprochen. So fuhren wir auf den Sommerberg zu unserem Freund Baron Brümmer, um die Wahl unseres Vierbeiners zu treffen. Glücklicherweise wurde uns aber die Qual der Wahl erspart, denn ohne Ansehen von Geschlecht oder Schönheit verguckten wir uns in das Hundebaby, das uns sofort vertrauensvoll auf viel zu langen Beinen und dicken Pfoten entgegen gesprungen kam. Es schnupperte an unseren Beinen rauf und runter und blieb uns auf den Fersen. Es war eine Hündin, die wir in unser Herz schlossen. In das weiße Fell mit den vielen schwarzen Punkten, in die schwarzen Schlappöhrchen und die Nase, die wie eine schwarze Steckdose aussah, verliebten wir uns sofort.

Da wir sie nicht gleich mitnehmen konnten, wurde sie einige Wochen später mit dem Chauffeur zu uns geschickt – gerade so, wie es einem Kind aus königlichen Geblüt zukommt. Aber ihr Benehmen auf ihrer ersten Reise war absolut nicht ladylike, denn von Ängsten und Übelkeit geschüttelt fiel ihr der vorher reichlich verschlungene Kindsbrei aus dem Schnäuzchen. Gottlob war der Chauffeur nicht nur ein Hundenarr, sondern auch ein gestandenes Mannsbild, den weder der Anblick noch der Geruch des „Geopferten“ umschmiß.

Mit leerem Magen, fröstelnd und ohne ihre geliebte Familie zog die kleine Dame bei uns ein. Wir gaben ihr den Namen „Bonga", riefen sie aber nach einiger Zeit nur noch „Tante“. Schon in jungen Jahren hatte sie etwas sehr Tantenhaftes an sich – eine Eigenschaft, die sie mit zunehmendem Alter zu einer etwas zickigen alten Jungfer machte.

Viele Jahre lebte Tante mit uns zusammen – und brachte uns oft an den Rand der Verzweiflung. Sie gehorchte einfach nicht. Erst nach längerer Zeit stellten wir fest, daß entweder ihr Gehör falsch herum im Kopf lag oder sie durch ihre Schlappohren unsere freundlichen Zurufe nicht hören konnte. Eines Tages kamen wir dann auf die Idee, ihrem Gehör entsprechend die Befehle zu erteilen. Wir drehten uns einfach um, zeigten dem Hund dadurch den Rücken und siehe da – Tante gehorchte prompt. Unsere Freunde, Bekannte und auch Fremde hielten uns für nicht ganz zurechnungsfähig, wenn wir uns bei jedem Zuruf umdrehten, gegen eine Wand sprachen oder in den dunklen Wald hineinriefen, während Tante hinter uns stand und aufs Wort gehorchte. Merkwürdig war das zweifellos – aber wirksam.

Tante war so stubenrein, wie nur selten ein Hund. Aber manchmal irrte sie sich, wie z.B. in der Commerzbank in Stuttgart. Dort schmückten Büsche den Innenraum aufs Schönste und Tante hockte sich einfach hin, um eine Riesenwurst zu hinterlassen. Ich stand da mit meinen Überweisungen und sah, wie sich alle Blicke auf unsere Tante hefteten. Als ich mich dann umdrehte, sah ich das Malheur. Dank einer aktiven Putzfrau wurde ich sofort der Peinlichkeit enthoben.

Dasselbe passierte im Hotel „Beau Rivage" in Genf, wo wir nur widerwillig mit einem Hund akzeptiert wurden. Unter Beschwörungen mußten wir erklären, daß es der feinste und stubenreinste Hund aller Zeiten wäre. Kaum gesagt, stellte sich Tante vor dem Empfang zu den Blumen und Kastenpflanzen und gab wieder eine Riesenwurst von sich. Trotzdem wurden wir im Hotel aufgenommen, weil der Portier meinte, jetzt hätte sie sich ja entleert und da wir nur für eine Nacht bleiben wollten, würde wohl nichts mehr passieren. Er sollte recht behalten.

Eines Tages, als mein Mann zu einem Rennen ins Ausland fahren mußte und somit für einige Tage von der Bildfläche verschwunden war, hatte ich mal wieder Sehnsucht nach kleinen Hunden, vor allen Dingen nach Dackeln, die ich als junges

Mädchen selber gezüchtet hatte. Ich wußte in unserer Nähe von einem Dackelzüchter. Den bat ich, mir doch einmal seine Brut zu zeigen. Die quirligen Vierbeiner stürzten in das Büro des Züchters und ich war hingerissen von der Wuseligkeit und dem Temperament der kleinen Krummbeiner. Einer wurde zurückgeschickt mit den Worten: „Den können wir zur Zucht nicht gebrauchen, die Haare sind zu lang und auch sonst hat er noch einige Merkmale, die züchterisch nicht anerkannt werden." Ich wußte, daß dieses arme Tier über die Klinge springen mußte, denn welcher Züchter würde einen „Außenseiter" in seiner Zucht dulden? Somit war mein Entschluß gefaßt: „Den will ich und keinen anderen." Der Züchter war außer sich und gab mir zu verstehen, daß es unmöglich sei, einen solchen „Fast-Bastard" meinem Mann zuzumuten, der inzwischen ja schon einen gewissen Bekanntheitsgrad erlangt hatte. Ich schwor ihm tausend Eide, daß ich nicht sagen würde, von wem ich den Hund hätte. Dann bezahlte ich ihm den normalen Preis und zog mit meinem süßen kleinen „Fehltritt" ab.

Am nächsten Tag, als Huschke nach Hause kam, stand mein kleines Ungeheuer im Garten. Huschke meinte, es wäre doch besser, wenn ich das Tor auf machen würde: Das Vieh gehöre doch irgend jemandem, der es sicher zurück haben wolle. Kleinlaut mußte ich zugeben, daß das unser Hund sei. Die Frage nach einem Namen hatte ich mir eigentlich noch gar nicht gestellt und so sagte ich resolut: „Das ist der Onkel, der nun mit Tante zusammenleben wird." Der Gedanke, daß mit Onkel und Tante nun eine richtige Hundefamilie bei uns leben würde, bewog Huschke schließlich, Onkel zu akzeptieren. Von da an waren Onkel und Tante unzertrennlich, schliefen in einem Korb zusammen und heckten auch so allerhand aus.

Unsere große Hundeliebe gehörte von nun an dem „Kleinen" und dem „Großen" und wir waren glücklich und stolz auf unser „Duo".

Situation gerettet

Sommer, Wärme, Sonnenschein, der Blick aufs Meer und die Blumen blühten: Mehr Gründe brauchten wir nicht, um unsere Freunde einzuladen – nicht nur zu einem Aperitif, sondern gleich zu einem richtigen Abendessen. Seit dem Vormittag rührte ich in den Töpfen. Auf dem Programm standen Seezungen-Filets, Reis und verschiedene Salate – alles für den strapazierten Magen, der dank der wunderbaren Restaurants in Frankreich schon arg gebeutelt war; und davon, daß die Hüften beängstigend runder wurden, einmal ganz zu schweigen. Aus diesem Grunde war ich dafür, daheim den Aufwand zu reduzieren und mit viel Gewürzen, Kräutern und ähnlichem ein leichtes und farblich schönes Essen herzurichten.

Wir hatten ja das große Glück, mit Zwillingsfrauen, die um die 60 und ausgesprochene Putzteufel waren, gesegnet zu sein. Unsere geliebte Jenny konnte darüber hinaus noch nach guter Etikette servieren, während ihre noch vornehmere Schwester Loulou stets im Hintergrund stand und ihrer Schwester Hilfestellung gab.

Der Tisch war unter dem Blätterdach bereits „zierlich“ gedeckt und schön dekoriert. Nun konnten wir uns fein machen. Bei der Benutzung des „Häusels“ allerdings drang von unten her ein grauenhaftes Gegurgel nach oben und wie von einer Pumpe hochgetrieben, lief Wasser und alles mögliche in das Toilettenbecken. Der Schreck der Abendstunde! Wir erwarteten 20 Gäste und unser „Häusle“ war verstopft. Wie konnte das sein?

Wir waren noch nicht an die Kanalisation angeschlossen und hatten einen riesigen Betonkübel im Garten vergraben. Drei Sickergruben schlossen sich daran an, in denen alles „Menschliche“ verschwand. Die Wurzeln der umstehenden Bäume wurden natürlich von dem kühlen und nahrhaften Naß magisch angezogen. So durchdrangen sie die Gruben und verstopften manchmal die Zuflüsse. Wir dachten sofort an unsere letzte Rettung: Christian, der Mann „für alle Fälle", ein Schlitzohr, der uns auch mal von Zeit zu Zeit eine Flasche Wein aus dem Keller klaute. Aber er war „ein Mann, der alles kann". Schon nach fünf Minuten stand er auf der Matte. Ich hatte ihm natürlich schon von unserem Unglück erzählt, so daß er sich wappnen konnte und nun mit einem riesigen Eisenstab in der Hand vor mir stand.

Es war fünf vor acht, die Gäste marschierten an und Christian stand neben der Garage, wo die schrecklichen Sickergruben angelegt waren. Die Gäste kamen durch unser ländliches Tor und schritten, um auf die Terrasse zu kommen, an selbiger Garage vorbei – wo Christian just mit aufgekrempelten Ärmeln und Hose und mit dem Stab in der Hand der Verstopfung kräftig zu Leibe rücken wollte. Ich hatte unsere Gäste schon am Tor empfangen und wollte sie zur Terrasse führen. Wir waren nur vier Meter von der Stelle entfernt, als Christian endlich das verstopfte Rohr fand und mit der Eisenstange kräftig hineinhaute. Plötzlich entsprang diesem Rohr eine Fontäne aus braun-grauer Masse mit einem sagenhaften Geruch direkt vor den Gästen – ein Aufschrei allerseits.

Huschke stand oben auf der Terrasse, schaute auf uns herab und sah das furchtbare Malheur. Aber wie immer begriff er die Situation sofort und rief, während die Fontäne über den Rasen schoß, zu den Gästen herunter: „Öl, Öl, Öl, endlich werden wir reich!" Damit war die ganze Situation gerettet. Alles bog sich vor Lachen und keiner hätte die „Einlage" missen wollen. Es wurde schließlich ein traumhafter Abend, wir waren vergnügt und amüsierten uns prächtig. Und auch das „Häusel" konnte wieder frequentiert werden und der gesunde Meerwind vertrieb das „Gerüchle".

Die Wespen in der Unterhose

Endlich hatten wir uns 'Am Kräherwald' in unserem späteren Haus vom Dachgeschoß ins Erdgeschoß runtergedient. Aller Anfang war schwer und deshalb fing unsere Ehe unterm Dachjuchhe an. Den zwei gemieteten Zimmern waren wir nach einem Jahren entwachsen, für die vielen Besucher wurde es allmählich zu eng und zu spartanisch. Mit schönen Möbeln aus meinem Elternhaus richteten wir unser neues Domizil im Erdgeschoß ein und sie standen seitdem wie die Pferde im Stall. Als Landkinder waren wir nicht gewohnt, unseren „Standort" – die Stadt, das Viertel oder das Haus – zu wechseln. Ein anderer „Stall" kam für uns somit überhaupt nicht mehr in Frage.

In das freigewordene Dachgeschoß zog ein befreundetes französisches Ehepaar ein. Eigentlich lebten die beiden in Paris, wollten jedoch noch ein Bein in Stuttgart, der Porschemetropole, haben. Unser Freund Jules war Porsche-besessen und fuhr auch gelegentlich Rallyes. Das Ehepaar lebte vom Vertrieb sogenannter „Rattenköttel". Das waren Lakritzpastillen, die in den französischen Apotheken reißend Absatz fanden, denn auf der Packung stand „gut für den Magen, gut für die Nerven, gut gegen Alkohol und gut für alles". Sie schmeckten scheußlich, aber Roseline, die Ehefrau, war es, die mit ihrem Charme und ihrer Überredungskunst diese Pastillen an den Mann brachte – während Jules nur als Chauffeur fungierte. Er war ein solider, bäuchelchen-tragender, sparsamer und etwas nervöser Franzose, während sie in lamettaartigen langen Hosen, extravaganten Blüschen und Jackets ein bißchen wie ein „Glamourgirl" auftrat. Für uns als Freunde waren sie eine Bereicherung. Allein, wie sie die Farbe ihres Porsches aussuchten, war eine tolle Geschichte. Roselines grünlackierte Fingernägel standen dabei Pate, und Jules bestellte dieser Farbe entsprechend den Wagen. Alles an ihr war sensationell, während er die Ausstrahlung eines soliden französischen Bürgers hatte. Gegensätze ziehen sich bekanntlich an.

Jules hatte gerade auf Geheiß von Roseline den besagten grünen Porsche gekauft, den er bei Rallyes einsetzen wollte. Mit beiden hatten wir eine Abend-Verabredung im Restaurant „Himmelreich", das an der Solitude-Rennstrecke lag. Als erfahrener Rallye-Porsche-Experte sollte Huschke Jules Rallye-Porsche auf dem Weg dorthin testen. Roseline, die „Grünnägelige", und ich folgten der Herren-Equipe auf dem Weg ins „Himmelreich". Ich gab unserem Porsche ordentlich die Sporen, um den Herren folgen zu können. Noch hatte ich sie im Blickfeld, aber schon nach der zweiten Kurve auf der Solitude hatte ich die beiden aus den Augen verloren. Ich fuhr ungerührt weiter, kam aus der Kurve heraus – und plötzlich sah ich keinen Porsche mehr vor mir. Ich bremste, machte eine Kehrtwendung, raste im Schnellgang ein paar hundert Meter zurück und schon sah ich einen umgeschmissenen Begrenzungsstein vor einer tieferen Böschung. Er stand in einer Kurve. Davor eine kurze Bremsspur: Mein Gott, da muß etwas passiert sein, Vollbremsung, aussteigen. Roseline und ich standen Hand in Hand am Abhang und riefen mit verlöschender Stimme: „Huuuuschke, Juuuules!" Nach rund einer Minute hörte ich Huschkes Stimme: „Fahrt doch weiter, fahrt doch weiter, wir liegen hier unten. Es ist nichts passiert, fahrt weiter, sonst wird uns noch die Polizei erwischen".

Wir stellten unseren Wagen in einem nahegelegenen Waldweg ab und machten uns auf der Straße so klein wir irgend möglich. Wir wollten keinen Verdacht bei einer eventuell vorbei kommenden Polizeistreife erregen. Endlich hörten wir auch die ersten Töne von Jules, der seine Roseline beruhigte und sagte: „Nein, nicht so schlimm, nicht schlimm."

Huschke kletterte den Abhang rauf und meinte: „Wir müssen einen Wagen zum Abschleppen holen. Also, ihr Frauen bleibt hier und wir holen mit eurem Wagen Hilfe". Inzwischen hatte auch der dicke Jules die Böschung erklommen, plötzlich aber rannte er mitten auf die Straße und schrie immerzu: „Pick, pick, pick." Mir war klar, daß er auf den Kopf gefallen und nicht mehr zurechnungsfähig war. Auch Roseline war voller Sorge. Jules öffnete seine Hose, ließ sie runter und schrie immer wieder: „Pick, pick, pick." Was war passiert? Er war in ein Wespennest gefallen und alle seine edelsten Teile waren zerstochen. Das war außerordentlich schmerzhaft, aber Jules war zu allem auch noch ein bißchen theatralisch: Er rannte in Unterhosen um uns herum und Huschke versuchte, ihn zur Raison zu bringen, aber er war wirklich arm dran. Dutzende von Wespen kamen aus seiner Unterhose heraus, und nach einer Stunde sah er im unteren Bereich aus wie ein Streuselkuchen.

Nun waren wir des Wagens ledig. Roseline und ich blieben in der Waldeinfahrt stehen. Sie hatte noch schnell ihr Beauty aus unserem Wagen geholt, und so harrten wir dort der Dinge, die nun hoffentlich passieren würden. Es war finster um uns herum, ein Käuzchen rief entfernt „Komit, komit, komit", und es wurde reichlich gruselig. Viele Wagen fuhren auf der Straße vorbei, aber plötzlich schwenkte ein Auto in unseren Waldweg ein. O Schreck! Als es jedoch näher kam, konnten wir aufatmen: Es war kein Privatauto, sondern die Polizei. Sie stiegen aus und kamen auf uns zu, und es entwickelte sich eine aufregende Unterhaltung. Der Chef sagte als erstes: „Zeigt mir erstmal eure Lizenz". Was wußten wir von Lizenzen? Wir ahnten nicht, was man uns zutraute: Roseline mit ihrem Beauty in der Hand und den grünen Fingernägeln entsprach in den Augen der Polizisten genau dem Typ Dame, der sich blendend darauf versteht, einen Herren zu kapern.

Entgegen dem Anschein konnten wir also mit Lizenzen nicht dienen. Und da Roseline kein Deutsch sprach, oblag es mir zu beteuern, ganz bestimmt nicht in irgendeinem ehrenrührigen Gewerbe tätig zu sein. Natürlich trat sofort die Frage auf, was wir denn sonst am Waldesrand zu tun hätten. Es war reichlich schwer, eine plausible Erklärung zu finden. Huschke und Jules hatten uns strikt verboten, über diesen Unfall zu sprechen, da dies für Huschke sehr peinlich gewesen wäre. So standen wir recht bedripst da, und ich stotterte etwas von einem befreundeten Ehepaar, das in Kürze vorbei kommen würde. Natürlich glaubte mir die Polizei kein Wort. Nach wenigen Minuten erhielten wir sodann den „dringenden Befehl", uns sofort aus der Waldschneise zu entfernen und wehe, wir zögen uns an dieser berüchtigten Kurve noch einen Galan an Land.

Nach dieser eindringlichen Mahnung verabschiedete sich die Polizei, und Roseline und ich versteckten uns hinter einem Busch. Uns war klar, daß die Polizei noch mal vorbeischauen würde, um zu kontrollieren, ob wir unserem „Gewerbe" tatsächlich abgeschworen hätten.

Nach einer Stunde kamen unsere Männer. Der Wagen wurde aus dem Abgrund raufgezogen und Jules sagte mit hängenden Backen etwas gemässigter „Pick, pick, pick". Die Bilanz des Abends war ernüchternd: Nichts war mit Rallye, Auto kaputt, nichts war mit „Himmelreich", nichts mit Essen – nur traurig ins Bett!

Jules und Roseline blieben unsere originellsten Freunde, und wir erlebten noch Jahre lang die abenteuerlichsten Geschichten mit ihnen.

Die gestörte Predigt

Es war mal wieder Sonntag morgen. Wie immer wurden wir viel zu früh von Onkel und Tante geweckt. Die beiden saßen nun schon seit einer Stunde drohend vor unseren Betten. Sie beobachteten jede unserer Bewegungen, die sie nur allzu gern als Erwachen gedeutet hätten. Wir wagten also nicht, uns zu rühren, denn dann hätten wir verloren und die große morgentliche Begrüßungszeremonie wäre sofort gestartet.

Ihr betont lautes Schnaufen, das von leisen Piepstönen untermalt wurde, drückte ihren Unwillen über unser „Nicht-wach-werden-wollen“ aus. Mit aller Gewalt wollten sie uns munter machen. Sie wußten aber ganz genau, daß das streng verboten war. Raffiniert versuchten sie daher, durch ein „Sich-schütteln“ und „Von-einem-Fuß-auf-den-anderen-treten“ Unruhe in unseren Schlaf zu bringen.

Tante schlich von einem Bett zum anderen, blieb eine Weile in Sitzstellung vor dem jeweiligen Kopfende sitzen und warf fast hypnotische Blicke auf unsere Köpfe. Manchmal kam sie so nahe, daß man ihren Atem spürte, und man wünschte sich, dieses „Tantentier“ möge einen doch endlich mal ausschlafen lassen. Wie gerne hätte man sich noch einmal umdrehen wollen – aber dann hätte man ja verspielt. Also harrten wir so lange wie irgend möglich in Ruhestellung aus, bis wir endlich verkrampft und lahm kapitulierten.

Dann ging der Freudentanz los, Onkel quietschte vor Wonne in den höchsten Tönen, sprang auf und über die Betten, und Tante stand mit den Vorderpfoten abwechselnd über Huschkes oder meinem Kopf und verteilte zärtliche Nasenstüber. Und dann lachte sie, zog die Lefzen ganz hoch, so daß die Zähne nur so blitzten – bis der Lacher in mehrfaches Niesen überging, was uns mit lauwarmen Dusche aus ihrer Nase beglückte. Mit aller Kraft mußten wir uns der Hunde erwehren, um Herr der Lage zu bleiben. Hatten wir uns dann mit den Hunden restlos wachgetobt – natürlich viel zu früh –, gingen Onkel und Tante, glücklich darüber, daß Herrchen und Frauchen endlich munter waren, zurück in ihre Körbe, legten sich nieder und schliefen schon nach zwei Minuten tief und zufrieden ein – diese Schurken!

Über so viel Unverfrorenheit konnte einen natürlich die Wut ankommen, wenn man im Nachtgewand und mit noch vielen müden Stellen im Gesicht einfach so stehen gelassen wurde. Onkel allerdings raffte sich meistens nach einem Viertelstündchen wieder auf, nahm Aufstellung vor der Badezimmertür und tat durch freches Kläffen kund, daß er sich zu einem Stellungswechsel entschlossen hatte. Ich durfte dann pitschnass aus der Badewanne kriechen, um dem „Herrn" die Tür zu öffnen, der dann seinen müden Körper in die Nähe der Heizung schleppte, sich dort zufrieden stöhnend niederließ und augenblicklich wieder in tiefen Schlaf versank – so ein Mistkerl!

Tante hingegen hielt nichts vom Badezimmer. Ging sie auch mit uns recht vergnügt bei strömendem Regen spazieren, so ärgerte und erschreckte sie doch der kleinste Wasserspritzer aus der Badewanne oder der Dursche maßlos.

Dann folgte das sonntägliche Frühstück, sprich Brunch, zu dem sich, wie bei jeder Mahlzeit, der „D-Zug" in Marsch setzte. Manchmal marschierten wir zu viert, nämlich dann, wenn Huschke alle Jubeljahre mal den Teewagen zog, auf dem all die guten Sachen standen, die zu einem Brunch gehören. Dann ging er voran in Richtung Eßzimmer, gefolgt von mir – da ich den Teewagen nicht gut aus den Augen lassen konnte. Die Gefahr war groß, daß Huschke die nächste Ecke erwischen und alles zu Fall bringen würde. Tante schnüffelte mit lang vorgestrecktem Hals und mit schon allen guten Brunchgerüchen in der Nase hinter uns her. Als Schlußlicht kam der kleine Onkel, der sich ab und zu auf die Hinterbeine stellte, um auch ein bißchen guten Geruch mitzubekommen. Das war unsere feste Reihenfolge, auch wenn wir mal in den Keller runter gingen oder den Dachboden erklommen – die Hunde folgten uns immer in der gleichen Marschaufstellung.

Zu meinem Ärger, muß ich gestehen, fiel Huschke beim Frühstück meistens „zufällig" etwas aus der Hand. Das animierte die Hunde natürlich zum Betteln, was ich abscheulich fand. Huschke begann immer mit der sogenannten „Nagelprobe", einem trockenen Stück Brot, das beide mit langen Zähnen gnädig hinnahmen, um es hinter Huschkes Rücken in irgendeiner Ecke angewidert abzulegen. Schnell waren sie dann wieder zur Stelle, und Herrchen war stolz auf seine Hunde, die angeblich trockenes Brot fraßen. Darum bekamen sie auch feinere „Beißer" in Form von Wurst und Fleisch, das ihnen natürlich besser schmeckte und wovon sie immer noch mehr haben wollten.

Onkel, der beim Essensempfang bei Tisch „Männchen" machen mußte, hatte diese Stellung bis zur Perfektion ausgebaut: Er setzte sich erst auf die Hinterbeine, streckte den Schwanz als Stütze nach hinten weg und ließ sich dann auf die kleinen Hinterschenkel nieder. Es sah aus, als ob er es sich in einem Sessel bequem gemacht hätte. So konnte er es lange genug aushalten, um einen durch seine Dauerbittstellung weich und nervös zu machen.

Am Rückmarsch nach dem Frühstück nahmen die Hunde nicht teil. Für sie war die Sache gelaufen. Ihr einziges Interesse galt jetzt dem üblichen Spaziergang. Da konnte es gar nicht schnell genug gehen. Die Leine wurde heruntergerissen und sich um die Ohren geschlagen, und Onkel kläffte, daß das Haus erzitterte. Wir fielen über die Hunde und die eigenen Füße, Leinen verwickelten sich zu unentwirrbaren Knäueln, aber nach einiger Zeit ging es endlich los. Für Huschke und mich aber stand noch ein Kirchgang auf dem Sonntagsprogramm, und so fiel der Spaziergang etwas magerer aus.

Unsere nette kleine Waldkirche lag nur 300 Meter vom Haus entfernt. Da die Pfarrkinder gerne lange schliefen, hatte der Pastor den Anfang des Gottesdienstes auf elf Uhr verlegt. Wir entschlossen uns, die Hunde auf Grund des kurzen Spazierganges im Garten zu lassen, wo sie toben und leider auch graben konnten.

Als wir das Gotteshaus betraten, waren schon fast alle Plätze besetzt. Nur weit vorn fanden wir noch zwei freie Plätze. Die ersten Lieder wurden gesungen, dann stand der Pfarrer auf der Kanzel und Huschke kämpfte mit dem ersten Schlaf. Auch ich konnte mich nur schwer konzentrieren, denn vom Garten her drang das Gekläffe von Onkel und Tante herüber. War etwa jemand zu Besuch gekommen, oder standen Kinder vor dem Zaun und neckten die Hunde, damit sie ordentlich bellen? Wenn wir nur nicht die Hunde im Garten gelassen hätten!

Nach kurzer Zeit aber ließ der Lärm nach, ich versetze Huschke einen kleinen Rippenstoß, denn sein Kopf hing etwas zu andächtig vornüber, und endlich konnten wir der Predigt ungestört zuhören. Doch, oh Schreck, plötzlich hörte ich ein halb trauriges und halb ärgerliches Jaulen und Jammern direkt vor der Kirchentür – das konnten nur Onkel und Tante sein. Sicher hatte sie jemand aus dem Garten herausgelassen. Wieder stupste ich Huschke an, das Gesangbuch fiel mit lautem Knall zu Boden. Huschke sah mich wütend an und ich flüsterte „Onkel und Tante“ und schmiß die Augen vielsagend in Richtung Kirchentür. „Na und?“ war seine laute Antwort in die Stille. Nein, war das alles peinlich. Ich fühlte alle Augen auf uns gerichtet. Zu allem Übel machten die Hunde ihrem Unwillen durch noch größere Lautstärke Luft. Und dann fing Onkel auch noch an zu singen, was wir ihm mit viel Geduld beigebracht hatten: ohohohohohohuhuhuhuh, ohohohohohuhuhuhuh, lang und anhaltend, jammervoll. Die Andächtigen wurden unruhig, rückten hin und her, eine Frau machte laut „pscht“ – als ob das die Hunde beruhigt hätte!

Endlich stand der Kirchendiener auf, um nach dem Rechten zu sehen. Ich hörte ihn das Portal öffnen. Das war der Moment, auf den Onkel und Tante sehnlichst gewartet hatten. Ich ahnte, was passieren würde und schon hörte ich ein handfestes Gedrängel an der Tür, die hin und her flog. Der Kirchendiener schreit nur etwas hilflos „Raus", aber die Hunde waren schon drin. Nun begann das Suchen durch sämtliche Kirchenbänke. Ohne Rücksicht stürzten sie sich durch die langen Reihen, schnüffelten und hechelten, um endlich unseren Geruch in die Nase zu bekommen. Der Pfarrer unterbrach seine Predigt, jemand quietschte, einige lachten und wir schnellten von unseren Sitzen hoch. Im Mittelgang versuchten wir, uns Onkel und Tante bemerkbar zu machen. Aber die beiden schnüffelten in Richtung Seitengänge und rannten rauf und runter, glücklich über das „Fangermann“ spielen. Huschke und ich hatten Köpfe wie Tomaten, fühlten uns von Blicken durchbohrt und wollten diesem peinlichen Spiel nur zu gerne ein Ende machen.

Endlich sahen uns die Hunde, und ein lautes Freudengeheul hallte durch die „heilige Halle“. Über die springenden Hunde stolpernd, erreichten wir die Kirchentür, drehten uns noch einmal um und stotterten im Duett: „Tausend Mal Entschuldigung“ – was der nette Pfarrer mit einem Schmunzeln quittierte: „Auch Tiere sind Kinder Gottes, darum zürnen wir ihnen nicht. Außerdem scheinen es ja auch fromme Tiere zu sein.“

Nach 4.380 Tagen kam der traurige Abschied von Onkel. Plötzlich konnte er nicht mehr richtig beißen und somit auch nicht fressen. Ich war allein im Hause, Huschke war in Argentinien. So ging ich mit Onkel zum Tierarzt. Unser Haustierarzt war leider im Urlaub und so suchte ich seine Vertretung auf. Diese wollte unserem Hund eine Beruhigungsspritze verpassen, um die Zähne behandeln zu können. Das kam mir sehr suspekt vor, denn unser süßer kleiner Kerl war ja nicht mehr der Jüngste. Hinzu kam, daß uns ein Tierarzt in Frankreich bereits gewarnt hatte, Onkels Herz wäre nicht mehr von allerbester Güte. Trotz meiner Mahnung gab der Arzt unserem Onkelchen eine Beruhigungspritze – der kleine Kerl fiel sofort ins Koma, aus dem er leider nie mehr zum Leben erwachte. Welch große Traurigkeit überkam mich, als ich unseren allerliebsten Lebensgefährten in einem Karton nach

Hause brachte. Tränenüberströmt stand ich dann an dem kleinen Grab im Garten und fühlte mich plötzlich sehr allein.

Nun war es an mir, auch Huschke, sein Herrchen, zu informieren. Weinend wählte ich die Nummer der Telegramm-Annahme und stotterte schluchzend als Depeschentext in die Hörmuschel: „Unser geliebter Onkel ist im Hundehimmel", und wieder schluchzend: „Onkel im Hundehimmel“. Daraufhin wollte mir die irritierte, aber freundliche Telefonistin mit beruhigenden Worten klar machen, daß unser geliebter Onkel sicher im Himmel beim lieben Gott sei und nicht im Hundehimmel. Aber schluchzend wiederholte ich immer wieder: „Nein, im Hundehimmel, im Hundehimmel.“ Wahrscheinlich hielt mich die Dame für verrückt, bis ich ihr endlich unter herzzerreißendem Weinen erklärte, daß Onkel doch ein Hund sei.

Das war das Ende unseres geliebten Onkels.

Der Große Preis von Monte Carlo – Hunde unerwünscht

Nachdem wir glückliche Besitzer eines Hauses in Croix Valmer geworden waren, fuhr ich mit den Hunden schon einige Tage vor dem Rennen in Monaco zu unserem dortigen Haus. Huschke traf ich einige Tage später in Monte Carlo. Er stand bei Porsche noch im Dienst und konnte somit nicht mit mir zusammen nach Südfrankreich fahren.

Schon die Abreise nach Croix Valmer erforderte große Vorbereitungen. Einmal mußten die Koffer für mich und Huschke gepackt werden, d. h. Smoking, Frack, all die eleganten Hemden mit Durchsteck-Knopflöchern, in denen er die schönen, kleinen Saphire auf seiner Heldenbrust trägt, dazu Orden und Ehrenzeichen und alles, was für ein großes Auftreten in Monte Carlo notwendig war; für mich hatte ich an die Abendkleider, Kostüme und Blusen zu denken, um an Huschkes Seite glänzen zu können.

Das Hauptproblem blieben aber die Hunde, denn inzwischen hatten wir ja einen Dalmatiner und einen Dackel, genannt „Tante" und „Onkel". Onkel, der Dackel, wollte immer das große Wort führen und war nicht damit einverstanden, im Fond des Autos als David neben Goliath zu sitzen. Dann wurden sofort die Zähne gefletscht, und es begann eine wilde Rauferei. So baute ich mit Hilfe eines Ledersacks, den ich mit meinen Kostbarkeiten füllte, eine Art Hochsitz am Fenster. Darauf kam Onkels Körbchen, alles mühselig mit Expandern und Lederriemen verschnürt, damit es in den Kurven nicht rutschen konnte. Das war absolut nach Onkels Nase, denn nun war er in gleicher Höhe mit Tante und der Frieden war hergestellt.

In dieser Aufmachung ging dann die Reise los. Natürlich mußte ich während der Fahrt die Hunde pieseln lassen, ihnen Wasser und Futter geben, was immer eine zeitraubende Geschichte war. Gegen Abend hatte ich dann nach ungefähr sechs- bis siebenhundert Kilometern den verständlichen Wunsch, mein müdes Haupt irgendwo betten zu können.

Hielt ich jedoch an einem einigermaßen passablen Hotel an, konnte ich nie sicher sein, aufgenommen zu werden. Auch wenn mir bereits ein Zimmer zugewiesen worden war und der Portier oder der Besitzer mit zu meinem Wagen kam, hieß das nicht, das Zimmer tatsächliches beziehen zu können: Nicht nur drang ein würziger, starker Hundegeruch aus dem Fenster, nein, hinten saßen auch noch Tante und Onkel und fletschten die Zähne, um unseren Zigeunerwagen zu verteidigen. Dann spätestens hieß es: „Nein, ich habe mich geirrt, unser Haus ist leider ausgebucht".

Im Laufe der Zeit kannte ich aber einige Fernfahrerhotels auf der Strecke, die zwar an Primitivität und Schmutz nicht zu übertreffen waren, mich und die Hunde aber mit Kußhand aufnahmen. Zum Schlafen zog ich mich nicht aus, sondern ließ meine strapazierten Reiseklamotten an und setzte für die Nacht eine Bademütze auf den Kopf, um mit meinen Haaren nicht in Kontakt mit dem schmutzigen Kopfkissen zu kommen.

Onkel und Tante fanden diese „Stuben" herrlich, lagen am Bett und waren auch sofort bereit, das Bein zu heben. Ich schätze, der Fernfahrergeruch animierte sie dazu, ihren Platz in diesem Milieu zu markieren.

Niemand hatte in diesen Hotels was dagegen, wenn ich mit den Kötern in der Kneipe erschien und mir dort einen Tisch mit Fernfahrern teilte. Die Hunde fanden es wunderbar: Regelmäßig wurden sie mit den Essensresten gefüttert, so daß sie mit dicken Bäuchen und Schlafaugen sofort in einen traumlosen Schlaf verfielen.

Am frühen Morgen animierten sie die stampfenden Schritte der Männer auf dem Flur zu einem Bell-Konzert, das die Wände erbeben ließ. Da ich ja fertig angezogen im Bett lag, konnten wir sofort runter rasen, wo Onkel und Tante, beginnend bei der Eingangspforte, alle Sträucher, die im nächsten Umkreis standen, bewässerten.

In Croix angekommen herrschte dann Jubel, Trubel, Heiterkeit. Die Hunde rasten durchs Haus und machten sich sofort auf, die Nachbarschaft zu besuchen – die Hunde vom Apotheker sowie den kleinen, weißen Pudel von dem etwas weiter entfernt liegenden Nachbargrundstück.

Schon rückte der Tag zur Abreise nach Monte Carlo näher. Huschke verordnete telefonisch von Monte Carlo aus Vollbäder für Onkel und Tante, damit sie in dem feinen „Hotel de Paris" nicht zu sehr stinken würden. So war ich erst einmal damit beschäftigt, die Hunde auf Vordermann zu bringen, zu schamponieren, zu bürsten, zu kämmen und vor allen Dingen sicherzustellen, daß sie keine Flöhe haben und sie nicht in der Hotelhalle anfangen, sich zu kratzen. So fein gemacht und mit Onkel auf dem Thron fuhren wir im „Passat" vor dem Portal des „Hotel de Paris" vor. Dienstbeflissen stürzten die Portiers die Treppe hinunter. Sie sahen nicht nur aus wie Generäle oder englische Lords, sie benahmen sich auch wie solche. Ein so einfaches Auto und dazu noch mit zwei bellenden Hunden waren so gar nicht nach ihrem Gusto. Die Hunde sprangen aus dem Wagen und schüttelten sich, daß die Haare flogen, sie rissen mich an den Leinen, durstig wie sie waren, zur nächsten Pfütze, in der sie herumschlabberten, um dann anschließend sofort die gepflegten Marmorsäulen vor dem Treppenaufgang zu bepieseln – und kein Huschke weit und breit, der mir in dieser Situation hätte helfen können.

Ich gab den „Generälen" zu verstehen, daß uns, wie jedes Jahr, ein ebenerdiges Zimmer erwartete. Die „Generäle" befahlen den Gepäckträgern, mein Auto zu entleeren und gaben mir den Wink, mit den Hunden durch die Hintertür ins Hotel zu gehen. Rechts ein Hund, links ein Hund, dazu meine Handtasche – mit diesem fürchterlichen Gewirr, betrat ich durch die Hintertür das Haus. Aber wir waren immerhin im vornehmsten Hotel aller Zeiten gelandet.

Einer der Kellner brachte mir den Schlüssel. Sie waren froh, wenn wir drei uns nicht in der Halle sehen ließen. Endlich erreichten wir unser Zimmer und die Gepäckträger brachten die Koffer. Sofort stürzten sich die zwei Köter auf sie, ein neues Gewusel und Durcheinander entstand. Endlich fand ich auch einen Obolus für die Träger und sperrte die Köter ins Bad ein. Hier stiegen sie an der Tür empor und ich mußte sehen, daß ich sie beruhigte. Ich war froh, als ich endlich allein war. Als nächstes holte ich die Tüten und Taschen mit frischem Fleisch, Hundekuchen und Wassernäpfen hervor – und schon ging das Gerangel um das Fressen los. Endlich kam Huschke, den ich kaum begrüßen konnte. Die Hunde ergriffen sofort Besitz von ihm, sprangen an ihm hoch und zogen an seiner Hose. Huschke war die Seligkeit in Person. Diese Begrüßung war ihm lieber, als wenn ich ihm einen Kuß auf die Wange gehaucht hätte. Er liebte Turbulenzen und Aktivitäten.

Als nächstes mußte nun gepieselt werden. Da wir ebenerdig wohnten, öffneten wir das Fenster und ließen die Hunde in den kleinen Garten vor dem Hotel springen, wo ein großes Schild stand: „Für Hunde verboten“. Dann begann das Hin- und Hergerenne und die Hunde entleerten nicht nur ihre Blasen, sondern legten auch noch feine Würstchen auf dem vornehmen Rasen. Schon kam ein „General“ und machte darauf aufmerksam, daß dies nicht im Sinne des Hauses wäre. Wir holten die Vierbeiner befriedigt wieder ins Zimmer. Nun konnte das gesellschaftliche Leben beginnen.

Abends war „kleiner Ball“ angesagt und beim Umziehen merkte ich, daß mein langer glockiger Rock in die Länge gebügelt und zu einem Schlepprock ausgeartet war. Ich konnte keinen Fuß vor den andern setzen, ohne zu stolpern. Mit einer mir vom Zimmer-Service ausgeliehenen Schere schnitt ich einfach ringsherum einen breiten Streifen ab, so daß der schöne Rock in glockigen Bögen meine Beine umspielte. Später bekam ich von zwei Damen ein großes Kompliment wegen der Orginalität des Rockes. Sie hatten nicht geahnt, daß ich ihn mit einer ziemlich stumpfen Schere traktiert hatte.

Im Hotelzimmer bellten Onkel und Tante voller Sehnsucht nach Herrchen und Frauchen, denn diese feine Umgebung war ihnen suspekt. Am nächsten Morgen baten wir unsere Zimmernachbarn um Entschuldigung. Da es aber alles Formel-I-Enthusiasten waren, die großenteils auch Huschke kannten, erhielten wir Generalpardon.

Während eines Abend-Diners im „Hotel de Paris" hatte sich zum Entsetzen der vornehmen Oberkellner ein Straßenköter eingeschlichen. Er rannte von Tisch zu Tisch in der Hoffnung, einen Happen erwischen zu können. Er erreichte so auch unseren Tisch, an dem er stehen blieb und uns von oben bis unten beschnüffelte – wir rochen wohl nach unseren Hunden, und so war er nicht gewillt, diesen Platz wieder frei zu geben. Aber es wurde immer peinlicher, denn der Ober glaubte, daß es unser Hund wäre. Der Köter ließ sich nicht vertreiben, und wir konnten nur immer wieder beteuern, daß dieses Vieh nicht zu uns gehörte. Endlich kam ein resoluter Piccolo und führte unter allgemeinem Gelächter den Hund ab.

Der Höhepunkt unseres Auftenthaltes war selbstverständlich das sonntägliche Formel-I-Rennen, das wir viele Jahre hindurch mit und auch ohne Hunde genossen haben. So lange wir mit Hunden kamen, erhielten wir immer das gleiche Zimmmer im Erdgeschoß. Ohne Hunde hatten wir uns dann raufgedient in die zweite Etage. Dort konnten wir dann vom Balkon aus das spannende Rennen verfolgen und die befreundeten Nachbarn ließen die Champus-Flasche kreisen und hielten stets ein Häppchen mit Kaviar oder Hummer bereit.

Montags dann fuhren wir wieder mit allen Koffern und den Hunden nach Croix, wo wir vier dann endlich unser Haus genießen und Onkel und Tante sich nach Herzenslust austoben konnten.

Kaminholz, billig und gut

Der Winter rückte näher, die kalten Tage durchzogen schon Stuttgart und wir rückten unsere gemütlichen Sessel an den brennenden Kamin. Als Huschke eines Tages einen Berg Holz ins Haus trug, stellte er fest, daß unser Vorrat arg geschmolzen war und wir nunmehr daran denken sollten, neues Kaminholz zu organisieren. Natürlich war das wieder meine Aufgabe, und ein paar Tage später fand ich in der „Stuttgarter Zeitung“ eine Annonce: „Billigangebot: Bestes Kaminholz, das man sich selber aus dem Wald holen kann“. Das schien ein Volltreffer zu sein, „billig und gut“ überzeugte selbst Huschke.

Das Wochenende stand bevor, meine Schwägerin war zu Besuch gekommen und Huschke lieh sich einen kleinen Transporter von unserer Autowerkstatt, um das sicher zierlich zugeschnittene, für uns reservierte und schon bezahlte Kaminholz aus dem Wald zu holen.

Zu dritt fuhren wir mit dem Transporter und einem Pkw in den Stuttgarter Wald hinein. Schlammige Wege und aufziehender Regen erschwerten die Suche nach dem Holz. Schließlich fanden wir den mit unserer Nummer gekennzeichneten riesigen Holzstoß. Der aber war nicht etwa in feine Scheibchen geschnitten, sondern in Stücken von zwei Meter Länge! Das war für uns nicht zu bewältigen, und so fuhr ich mit dem Pkw los, um zwei kräftige Kerle zu holen, die uns das Holz auf den kleinen Transporter laden konnten. Ich fand zwei freundliche Türken, die Söhne meiner Näherin, mit denen wir uns ans Werk machten. Durch die anständige Bezahlung der türkischen Handlanger aber wurde unser Kaminholz schon etwas teurer.

Nach einigen Stunden stand der Transporter in unserem kleinen Garten zum Abladen bereit. Aber wohin mit dem Holz? Huschkes ganzer Stolz im Garten war der „English lawn“, auch wenn er nur ein paar Quadratmeter bedeckte. Er mähte ihn selber, er bewässerte ihn und tat alles, um seinen Gästen diese kleine Fläche als ein Prachtstück präsentieren zu können.

Leider blieb uns aber an diesem Tag nichts anderes übrig, als das Holz, Stück für Stück, auf den gepflegten Rasen zu werfen – wobei Huschkes Herz arg blutete. Zu allem Unglück verletzte ich mir noch die Hand und mit schmerzenden Fingern rannte ich ins Haus, um einen Schnaps auf diesen Schrecken zu trinken.

Nach dem Abladen mußte Huschke den Wagen, den er inzwischen maulend gesäubert hatte, wieder zurückbringen. Ich stand an der Terrassentür und hörte einen Riesenknall. Mir war sofort klar, daß Huschke, der kein Rückwärts-Fahrer war, den neben unserer Einfahrt stehenden Laternenpfahl erwischt hatte. Das Auto war kaputt, aber der Motor lief noch, also ab in die Werkstatt – zum Preis von 2000 Mark konnte der Wagen repariert werden. Es war entsetzlich – das Kaminholz war noch teurer geworden.

Nun kamen auf Bestellung zwei stämmige Waldarbeiter mit einer Motorsäge, um die Holzkloben zu zerschneiden. Nach getaner Arbeit lagen appetitliche Rundhölzer vor uns. Die Späne aber waren in unseren Oleander geflogen, der Rasen sowieso ruiniert, die Rosen bedeckt mit Borke und nach Bezahlung von 200 Mark für einen halben Tag zogen die beiden wieder ab. Der Preis für unser Kaminholz stieg damit noch einmal an.

Doch damit nicht genug. Ich mußte noch jemanden organisieren, der die Rundhölzer in Scheite hackte: vier Tage Arbeit – 500 Mark.

Nach langem Hin und Her fanden Huschke und ich schließlich ein Plätzchen, wo wir das viele Holz aufstapeln konnten. Aber kaum hatten wir den Holzstoß aufgeschichtet, fiel er wieder um. Lustlos gingen wir beim zweiten Versuch fachmännischer zu Werke, mit Erfolg. Es kostete uns viel Arbeit, viel Gestöhne und schmerzende Hände! Aber immerhin: Den Holzstoß bekamen wir ohne Bezahlung aufgestapelt.

Wir zogen Bilanz: Der Rasen war kaputt, das Auto war kaputt und wir hatten viel Arbeit und Geld investiert – aber nun lag das erste Scheit im Kamin und all das sollte vergessen sein. Aber ach: Mit tausend Streichhölzern, mit Papier und Feueranzündern versuchten wir, diesen Holzklotz zum Brennen zu bringen – leider ohne Erfolg, er war viel zu frisch!

Schlußendlich hatten wir die zündende Idee, zum Trocknen des Holzes ein Dach über den Holzstapel bauen zu lassen – das machte noch einmal 650 Mark. Dafür aber lag das Holz unter Dach und Fach und nach zwei Jahren hatten wir das wunderbarste, trockenste und teuerste Kaminholz der Welt, das uns eine gemütliche Wärme bescherte. Und so etwas nennt man dann „billig und gut".

Apropos Rückwärtsfahren: Dazu fällt mir noch eine sensationelle Begebenheit ein. Während einer Fahrt durch Frankreich hatten wir uns verfahren und Huschke mußte nun die große Wende machen. Auf einer kleinen Straße ist das nicht so einfach, und da vor uns eine Baustelle lag, befanden sich in unserem Wendekreis auch noch mehrere Schilder. Beim Rückswärtsfahren verklemmte sich dann an der hinteren Stoßstange ein besonders hübsches Schild „Durchfahrt verboten". Wir hatten das gar nicht bemerkt, aber beim Weiterfahren sagte ich: „Da hat es doch hinten ziemlich geklappert!" Huschke spielte meine „dumme Bemerkung" herunter – bis uns ein Polizeiauto anhielt. Die Polizisten lachten Tränen, weil wir mit unserem Schild hoch oben über dem Porsche zeigten, daß man auch mit solch einem Verbotsschild überall durchkommt. Die amüsierten Polizisten ließen Gnade vor Recht ergehen und erteilten keine Strafe. Aber wie peinlich war es, den Führerschein zu zeigen und das polizeiliche Staunen sehen zu müssen, daß Huschke, auch dort ein bekannter Rennfahrer, mit einem Verbotsschild am Porsche durch Frankreich fährt.

Schnelle Rennstrecken im Höchsttempo zu fahren war seine Stärke; im Rückwärtsgang scheiterte er jedoch meistens, und es gab keinen Wagen bei uns, der nicht ganz schnell einen „Blödschen" am Hinterteil aufweisen konnte.

Onkel, der Perlenkäcker

Als wir von einer längeren Reise zurückkamen, traf uns die niederschmetternde Nachricht völlig unvorbereitet. Unser studierende Neffe überbrachte sie uns, der während unserer Abwesenheit mitsamt seinen klugen Büchern das Haus gehütet hatte. Nun stand er da am Flughafen, mit einem einem großen Blumenstrauß, der unseren zu erwartenden Schmerz mildern sollte: Unsere geliebte „Tante“ war im 13. Lebensjahr verschieden, teilte er uns schonend mit. Für mich brach die geliebte Hundewelt zusammen. „Tante“ war ein Familienmitglied gewesen und nun fühlten wir uns genauso vereinsamt wie „Onkel“, unser Dackel.

Einige Wochen später hatten wir mal wieder eine Einladung zu einer eleganten Dinner-Party. „Onkel“ sah uns mürrisch an und jaulte: Ihm schwante ein Abend, den er – verlassen und einsam wie so häufig in letzter Zeit – mit Bellen und herzzerreißendem Jammer verbringen würde.

Übel gelaunt, strich er immer wieder um unsere Beine herum, um uns von unserem Vorhaben abzubringen. Stolpernd schafften wir es aber doch, im langen Abendlkleid und Smoking manierlich auszusehen. Zuletzt mußte ich mich noch, wie wir immer sagten, „anschirren“, d. h. mit Schmuck behängen. Ich dachte dabei immer an unsere Pferde, wie sie vor einem Turnier mit dekorativen Scheuklappen, Chromketten und mit bestem Geschirr herausgeputzt wurden. Ketten, Ringe, Armbänder gaben auch mir den festlichen Anstrich. Dann gingen wir schnell hinaus zu unserem Porsche, damit wir nicht länger den traurigen Sologesang von „Onkel“ mit anhören mußten. Sein „Konzert“ konnte einem schon ziemlich den Abend vergällen.

Es wurde ein wunderschönes Dinner, aber auch das Heimkommen war ein Genuß. Freudig wurden wir von Onkel begrüßt. Wir schmissen die eleganten Schuhe von den Füßen und genossen ein gemütliches letztes Glas Wein vor dem Einschlafen. Danach legten wir uns alle drei in die jeweiligen „Körbchen". Im letzten Moment nahm ich noch die Perlenkette vom Hals und legte sie auf das Tischchen neben dem Bett. Wir drei schliefen hervorragend. In der Nacht schlich sich Onkel allerdings noch zu uns ins Bett, um die traute „Dreisamkeit" zu genießen.

Am nächsten Morgen, nach dem Frühstück, wollte ich alle meine Präziosen wieder sachgerecht verschließen. Aber siehe da, meine gute, kostbare Perlenkette, ein Erbstück meiner Großmutter, lag nicht mehr dort, wo ich sie am Vorabend hingelegt hatte. Zusammen mit der Putzfrau ging ich auf die Suche, überall und überall schauten wir nach. Plötzlich fanden wir auf dem Teppich des Schlafzimmers das Schloß der Perlenkette. Meine Vermutung: Onkel hatte das Strafgericht vollzogen und die Kette einfach aufgefressen. Nun war guter Rat teuer. Der Waldspaziergang fiel aus und die Putzfrau und ich schickten Onkel in den Garten „auf Weide". Mit Luchsaugen verfolgten wir all sein „Beinchenheben", aber von einem herausgedrückten Würstel war nichts zu sehen. So ging es fast den ganzen Tag, und zu allem entschlossen verfolgten wir Onkel mit der Kehrschaufel. Doch er war einfach nicht gewillt, endlich einen Verdauungsvorgang vorzunehmen. Als Huschke abends nach Hause kam, besprach ich mit ihm das Dilemma. Wir beschlossen, nochmals den Garten abzusuchen und siehe da, ein Teil der noch aufgefädelten Kette lag in einem großen Häufchen obenauf als Krone.

Kette und Würstchen trug ich auf einer Schaufel ins Haus. Mit Todesverachtung wusch ich die Kette. Onkel blieb nunmehr unter Verschluß, denn beim Zählen der Perlen fehlten noch etliche. Als die Kette soweit es ging gereinigt war, sah ich, daß aus den ehemals weißen Perlen graue geworden waren – eine Kostbarkeit!

Nach einem weiteren Tag kamen auch die restlichen Perlen zum Vorschein, und nachdem ich auch sie geputzt hatte, ging ich zu dem Stuttgarter Juwelier Jakobi. Ich wollte mit ihm beraten, was man aus diesen wunderbaren grauen Perlen machen könnte.

Ihm verschlug es die Sprache, als er hörte, daß diese Kette von Onkel „gefärbt" war. Er erklärte mir, daß in Onkels Magen Säure wäre, die das Wunder vollbracht hätte. Er kam sofort mit einem Teil seiner Perlenketten und meinte lachend: „Geben Sie das dem Onkel zu fressen – billiger kann ich nicht an graue Perlen kommen".

Diese Geschichte machte natürlich beim Juwelier die Runde, und da auch viele unserer Freunde bei ihm Kunden waren, sind wir noch oft auf diese graue Perlenkette angesprochen worden. Viele Jahre habe ich mit Vergnügen dieses ungewöhnliche Schmuckstück getragen, das bei uns nur noch „Onkels Hundehalsband" hieß.

Er hat zwar die Perlen gefressen – aber wer kann bei so einem Blick nachtragend sein?

Der Schlüssel für „open house“

Immer mehr Freunde drängten sich durch unsere Haustür, entweder zum Schlafen oder zum Essen, und wir genossen es – ich manchmal weniger, weil ich natürlich in den Töpfen rühren mußte. Oft gab es auch großes Bedauern, wenn wir mal wieder auf Reisen waren und unsere Freunde vor verschlossener Tür standen. So kamen wir auf die Idee, Hausschlüssel herauszugeben. Den ersten bekam Heli, ein Freund aus Südafrika, der oftmals anreiste und uns sehr ans Herz gewachsen war. Er war Fabrikbesitzer in Johannesburg und Vizeweltmeister im Segelfliegen. Den nächsten Schlüssel ließen wir für Anton von Döry aus Puerto Rico anfertigen. Auch er setzte gern seine Füße unter unseren Tisch – ebenso wie ein Feundespaar aus Thailand, das uns immer wieder mit seinem Humor zum Lachen brachte. Kurdt hatte ein schier unerschöpfliches Repertoire an zweideutigen Witzen auf Lager. Oft flüsterten Huschke und er nur, so daß wir Frauen an ihrem anschließenden Gelächter leider nicht teilhaben konnten.

So waren drei Schlüssel in der Welt verteilt und wir freuten uns, daß in unserem Haus auch während unserer Abwesenheit Tür und Tor für unsere Freunde offen standen. Daß aber eines Tages zwei „Schlüsselkinder“ gleichzeitig unserem Gästezimmer zustreben sollten – damit hatten wir nicht gerechnet. Zwar waren unsere Freunde mehr oder weniger vermögend, so daß sie sich leicht die Luxus-Suite im besten Hotel hätten leisten können, aber die Hanstein'schen Gästebetten waren wohl beliebter und die ganze Atmosphäre „more homely“ – auch wenn sie den Kühlschrank plündern mußten, um ihren Hunger zu stillen.

Nun hatte Toni von Döry – vertrauensselig und leichtgläubig bis ins Mark – von uns die strikte Order bekommen, keinem Menschen die Tür zu öffnen, geschweige denn, jemanden ins Haus zu lassen. Als aber ein verschwitzter, etwas desolat aussehender Herr mit Schlüsselgewalt in das Haus eindrang, war guter Rat teuer. Toni verteidigte als „Platzhirsch“ sein Anrecht auf das Gästezimmer, während Heli, der Segelflieger, die Welt nicht mehr verstand, denn schließlich kam er aus Südafrika, hatte trotz Zeitverschiebung und weiter Reise noch neun Löcher Golf gespielt und wollte nun endlich sein müdes Haupt in Hanstein'sche Kissen betten. Toni blieb Sieger, schmiß ihn raus und war stolz darauf, unsere Order so mutig befolgt zu haben. Nach unserer Heimkehr am nächsten Tag schilderte er uns, wie schockierend es für ihn gewesen sei, daß ein offenbar fremder Mann mit einem Nachschlüssel einfach ins Haus kommen konnte – schließlich hätte er ihn aber hochkantig rausgeworfen. Natürlich ahnten wir, daß wir mit unserer „Schlüsselhilfe“ ein Eigentor geschossen hatten, denn seiner Personenbeschreibung nach konnte es sich nur um unseren Freund Heli Lasch handeln. Es war uns klar, daß unser südafrikanischer Gast, wenn nicht bei uns, dann in der Stadt in einem Super-Hotel gelandet war, wo wir ihn schließlich telefonisch erreichten. Er war noch immer empört darüber, daß ein unfreundlicher, gräßlicher Mensch ihn nicht in „sein“ Bett lassen wollte, worauf er doch bestimmt einen bei uns erworbenen Anspruch hätte.

Ein gemütliches Abendessen bei uns, zu dem wir die beiden Kampfhähne eingeladen hatten, war der Beginn einer neuen Freundschaft zwischen Toni und Heli. Es war ein unvergleichlicher Abend – an dem Toni zu Helis Freude seine Abreise nach Puerto Rico bekanntgab und somit das Bett räumte.

Nach diesem Vorfall informierten wir die „Schlüsselgewaltigen“, sich vorher zu erkundigen, ob nicht schon andere Nachteulen“ ihr Nest bei uns gebaut hätten.

Außer unseren Freunden gingen auch Rennfahrer und profilierte Journalisten in unserem Haus ein und aus. Wenn wir mal ein paar Tage in Stuttgart waren, konnte es durchaus vorkommen, daß Huschke vom Büro aus anrief und drei bis vier Journalisten zum Essen ankündigte. Es war für ihn selbstverständlich, daß ich – wenn auch säuerlich – zustimmte. Er, der nicht einmal ein Spiegelei braten konnte, hatte ja keine Ahnung von Koch- und Zubereitungszeiten. In einer halben Stunde ein anständiges Essen für mehrere Personen auf den Tisch zaubern zu müssen, war für ihn kein Problem. Ich kratzte im Kühlschrank alle Ecken leer – immer rein in den Topf –, rührte, würzte und schmeckte ab. Irgendwas Essbares kam dabei immer heraus.

Als ich in meiner Zeitnot wieder einmal ein sogenanntes „knappes" Essen zubereitet hatte, flüsterte ich Huschke vorher zu: „Bitte halte Dich zurück. Trockenes Brot ist genug da, damit Du Deinen Magen füllen kannst". Aber kaum saßen wir bei Tisch, Huschke war schon im Gespräch vertieft, nahm er sich, welch ein Faux-pas, als Erster – und reichlich! Unsere Gäste schielten schon gierig auf die halbleeren Schüsseln, denn Huschke hatte sich einen sogenannten „Mount Everest" auf den Teller gepackt. Ich trat ihn unter dem Tisch auf den Fuß und warf ihm entsetzte Blicke zu, woraufhin er nur blauäugig fragte: „Was willst Du denn mit Deinem Fuß unterm Tisch?" Oh Gott, wie peinlich! Ich versuchte ihm dennoch zu verstehen zu geben, daß das Essen so nicht reichen würde. Endlich hatte er verstanden, und ohne Hemmungen nahm er den Löffel aus der Schüssel und gab alles bis auf einen „Anstandshappen" wieder in die Schüssel zurück. Mir war das natürlich schrecklich peinlich, die Journalisten aber hatten ihren Spaß an Huschkes umwerfender Natürlichkeit. Somit war die Situation mal wieder gerettet. Der weitere Abend verlief zwar nicht unbedingt hungerstillend, dafür jedoch besonders amüsant – zudem zog er noch einen witzigen Kommentar in der Zeitung nach sich.

So kamen im Laufe der Jahre noch viele, viele Freunde zu uns. Einen jedoch muß ich noch erwähnen, weil er leider zu Gast kam, als ich auf Reisen war. So nahm das „Unglück" seinen Lauf. Huschke wollte ihn unbedingt bewirten, und so holte er als nicht gewappneter Gastgeber aus dem Kühlschrank verlockend aussehende Konservendosen. Den Inhalt tat er in einen Topf, und zusammen mit seinem Freund Arthur Keser, damals Pressechef von Daimler-Benz, kochten sie sich ein köstliches Abendessen, das sie mit großem Appetit verzehrten. Es muß ausgesprochen delikat gewesen sein, denn auch ein Telefongespräch mit mir verdarb ihnen – nicht einmal im Nachhinein – den Appetit. Ich erklärte kurz und bündig, daß sie wohl gerade das gute Hundefutter von „Onkel“ und „Tante“ gegessen hätten. Die beiden hatten keine Ahnung, daß Chappi eine Delikatesse für Hunde war. Für „Onkel“ und „Tante“ hingegen war es weniger komisch als wir nach Hause kamen – sie fanden den Kühlschrank leer vor und mußten hungrig an ihren Pfoten saugen.

Was dem einen sin Uhl, ist dem anderen sin Nachtigall

Die Gäste in unserem Feriendomizil in Croix Valmer waren gerade mit Kind und Kegel abgereist. Huschke konnte kleine Kinder nur schwer ertragen, deshalb hatte er sich schon sehr bald nach ihrem lärmenden Einfall abgesetzt. Eine strapaziöse Motorradtour über die Schweizer Pässe Richtung Stuttgart war für ihn erholsamer als das Gewusel kleiner Kinder um seine Beine.

Nun stand ich alleine da und das Großreinemachen auf dem Programm, denn ein paar Tage später mußte auch ich die Wärme und das Meer verlassen.

Die beiden ungleichen Zwillinge Loulou und Jenny, unsere beiden „femmes de chambre", kamen um zu helfen. Dabei spielte es keine Rolle, daß der so beliebte sonntägliche Markttag stattfand, an dem man im Dorf schick herausgeputzt Gott und die Welt, Freunde und Verwandte traf. Loulou, immer elegant, charmant, gut frisiert, mit Perlenkette um den Hals – deswegen von uns nur die „Duchesse", die Fürstin, genannt –, sagte „Alors en route" und schon schmiß sie sich zum Scheuern auf die Knie, was mich jedes Mal wegen ihrer Eleganz aus der Fassung brachte. Aber sie war für's Anpacken. Jenny war nicht so elegant wie Loulou, aber genauso liebenswert, unverheiratet und zur „amour" von Huschke erklärt. Sie hatte viele Jahre bei einem russischen Prinzen in Paris gedient und konnte deswegen perfekt servieren.

Beide waren „extraordinaire", wie man auf französisch sagt, und wir alle mochten sie sehr. Darum umarmten und küßten wir sie auch bei Ankunft und Abschied.

Während Loulou mit ihrem Auto aus dem Dorf kam, zog es Jenny vor, „per pedes" zu kommen. Manchmal holte ich sie auch mit dem Polo ab, in Begleitung von Willy, unserem schwarzen Teufel aus dem Tierheim. Zum Haus hinauf fuhren wir auf einem schlechten Feldweg durch die Weinberge. Hier durfte Willy vor oder neben dem Wagen herlaufen. Jenny und ich kannten all seine „Touren“: Wo er an die reifen Weintrauben pinkelte – der Wein wurde sicherlich ein besonders guter Jahrgang –, wann er den Feldweg von rechts nach links querte und wo er seine Geschäfte machte. Alles hat bei ihm seine „habitude“. Jenny klatschte jedesmal in die Hände und meinte, Willy sei ein „chien fou“, aber sie liebte ihn.

Es war heiß und wir putzten wie die schwäbischen Hausfrauen um die Wette, gründlich und schnell; schnell, denn die Mittagszeit ist den Franzosen heilig. Loulou's Mann sowie Jennys Mutter, die von uns „la reine“ genannt wurde, wohnten im Dorf und wollten ihr déjeuner haben: Vorgericht oder Suppe, Fleisch oder Fisch, Reis oder ähnliches, Salat, Käse, Nachspeise und Kaffee, dann ein Schläfchen.

Unsere Kuckucksuhr, die Huschke 1934 bei einem Motorradrennen im Harz als Ersten Preis gewonnen hatte, zeigte 12 Uhr an und schon „kuckuckte“ unser Vögelchen. Das war das Signal für Loulou und Jenny, fluchtartig dem heimatlichen Herd entgegenzustürzen.

Am Nachmittag folgte die Fortsetzung: Wäscheleine in die Garage bringen, die Gartenmöbel sauber verstauen, die Betten neu beziehen, alle elektrischen Stecker wegen Gewitter aus den Steckdosen ziehen, Waschmaschine saubermachen und abstellen, Motorräder geputzt in der Garage aufbocken, Auto waschen und tausend Dinge mehr – das waren die Qualen der Abreise – aber ich bin nun mal eine „Frau Saubermann“.

Schließlich war alles vollbracht! Mit vielen Umarmungen, Gesundheitsbezeugungen und „Grüßen an alle“ verabschiedete ich mich von Jenny und Loulou. Nachdem ich noch einmal alles bis zum Überfluß im Garten bewässert hatte, wurden die Türen geschlossen und die Alarmanlage angestellt. Doch ach, kaum war die Außentür zu, fiel mir ein, Willy im Haus vergessen zu haben. Die Bewegungsmelder schlugen sofort Alarm! Den ganzen Vers von vorn. Endlich war es geschafft und Willy und ich konnten im Auto Platz nehmen. Normalerweise stand Willy schon lange vor der Abreise in den Startlöchern, weil er fürchtete, vergessen und nicht mitgenommen zu werden. Nur in dem Moment des Starts, da trödelte er im Haus herum und löste den Alarm aus.

Ich startete den Motor und fuhr los in Richtung Heimat. Schon nach den ersten fünf Minuten wollte Willy vorne Platz nehmen. Ich schubste ihn immer wieder zurück, aber so lange wir auf normalen Straßen fuhren, brach dieser Drang auf die vorderen Plätze nicht ab. Erst als ich nach einer halben Stunde die Autobahn erreicht hatte, beendete Willy den Kampf und legte sich gemütlich schlafen.

Ich war müde, Arbeit, Sonne und Wärme ließen meine Augendeckel langsam aber stetig nach unten klappen. Ein Apfel und Bonbons hielten mich nur mühsam wach, aber in Valence gab ich auf. Das Novotel wurde angesteuert, wie schon so oft. Kaum hatte ich den Wagen abgestellt, war Willy schon voll im Einsatz, schnüffelte hier, schnüffelte da, mein Gott, gab es hier gute Geruchsnoten. Er ließ nicht mehr mit sich reden, hören tat er schon überhaupt nicht mehr. Dann begann das Spiel mit der automatischen Tür: Tür auf, Tür zu, rein, raus. Ich wurde ganz verrückt, nicht zuletzt, weil ich noch mit dem Gepäck kämpfen mußte. Endlich fand ich einen Karren. Ich lud alles auf und Willy zerrte an der Leine, mal nach rechts, mal nach links. Es war einfach nervenaufreibend.

Ich bekam ein Zimmer und war froh, als ich endlich darin war. Sofort servierte ich Willly das Abendessen: Leckeres angebratenes Gehacktes, Trockenfutter und vor allem Wasser. Er nahm von allem reichlich und war nun zu weiteren Taten bereit. Also ging ich mit ihm raus zum Spaziergang. Er hob sein Bein, als ob er das Wasser eimerweise getrunken hätte. Dabei kam fast gar nichts mehr, aber Willy war ein Sparer. Am Swimmingpool gefiel es ihm besonders gut. Am Poolrand saß eine flotte, junge Dame in der Abenddämmerung in einem Stefan Grimaldi-Badeanzug, dunklem Lidschatten und straffer Haut. Sie stieß plötzlich einen schrillen Schrei aus, weil ihr Willy in Verkennung des Objektes den ausgeschnittenen Rücken angepieselt hatte. Dafür hatte er noch etwas aufgespart, und nun trat er noch mit den Hinterbeinen kräftig in Richtung Rücken aus. Nein, wie peinlich!

Ich ging entschuldigend auf die Dame zu. Mir fiel aber gar nichts Rechtes ein, was ich hätte sagen können. So erklärte ich nur: „Excusez Madame, mon chien est vraiment un sal boche“, was sie trotz allem Ärger zum Lachen brachte.

Ich riß Willy an der Leine zu mir, und wir schritten der automatischen Eingangstür zu. Tür auf, Tür zu, Willy innen, ich außen – es war zum Verzweifeln. Endlich konnten wir zu Tisch gehen: Dinnertime. Willy saß brav zur Rechten neben meinem Stuhl. Der Wein kam und die Suppe, Willy wurde unruhig. Noch waren die Tische rechts und links nicht besetzt, ich ließ die Leine etwas länger. Dann kamen Franzosen, Mutter und Sohn, und nahmen neben mir Platz. Willy legte sich brav nieder. Ich fragte die Dame: „Est-ce que le chien vous gêne?“ „Mais non, Madame, quel chien joli et sage“. Ich war zufrieden. Der nächste Gang kam. Willy stand mal wieder auf und ich hörte Würgetöne. Dann sah ich unter dem Tisch das gute Gehackte liegen, das ich ihm gerade im Zimmer serviert hatte – ein stattlicher Haufen von fester Konsistenz. Mir schnürte es den Hals zu und mir wurde so übel wie Willy. Trotzdem mußte ich weiteressen. Noch hatte es niemand gesehen. Ich überlegte, ob ich meine Serviette über den „Sündenfall“ legen oder so tun sollte, als ob dieser Haufen nicht zu Willy und mir gehörte. Ich entschied mich für Letzteres. Ich kniff die Augen zu und trank schnell ein ganzes Glas Wein in einem Zug aus, aber der Haufen zog meine Blicke hypnotisch an. Noch hatten ihn weder die Ober noch die Tischnachbarrn entdeckt. Von dem Hühnchen quälte ich mir ein paar Bissen runter, nichts rutschte mehr, der warme Haufen lag zu meinen Füßen. Ein Tischtuch war nicht zur Hand, das die Schande ein wenig hätte verdecken können – nackt und bloß lag das Gehackte da. Meine Nachbarin sagte noch einmal: „Votre chien est vraiment sage". Sie wußte es nicht besser, denn sie hatte als „Sichtblende" eine große Tasche neben sich auf den Tisch gestellt.

Willy roch die gute Hähnchenbrust und sofort packte ihn ein nagendes Hungergefühl. Er schubste mich und sah mich auffordernd an. Diese Bettelei hatte ihm Huschke beigebrachte. Ich fauchte nur leise „Pfui Teufel" durch die Zähne, worauf er sich anschickte, sein Gehacktes ein zweites Mal zu fressen. Welch glückliche Lösung, dachte ich, obwohl ich ein großes Würgen im Hals hatte. Aber auch ihn ekelte es, und er machte sich auf und davon auf meine linke Seite.

Der Ober hatte noch nichts entdeckt, war von besonderer Liebenswürdigkeit und schwatzte mir noch ein Eis auf. Ich war zum Letzten entschlossen, stocherte und löffelte in dem Eis herum, bestellte noch einen großen Fernet Branca, um dann über meinen Abgang nachzudenken.

Der Speisesaal war bis auf den letzten Platz besetzt, als ein altes Ehepaar mit einem entsetzlich traurig aussehenden Beagle hereinkam. Das war meine Stunde. Ich sprang auf, zog Willy hinter mir her, der sich sofort mit dem Trauerkloß anlegen wollte. Mühsam zerrte ich ihn aus dem Raum und zurückschauend sah ich, wie der Beagle sein Herrchen und Frauchen energisch zu meinem Platz zog. Sie standen noch und diskutierten darüber, wer wo sitzen sollte, als der Beagle schon Willys Gehacktes genüßlich in sich hineinfraß. Was dem einen sin Uhl, ist dem anderen sin Nachtigall.

Es dreht sich alles um Porsche

So viele Jahre schon liegt meine Kindheit und Jugend zurück und immer wieder fing ein neues Kapitel an. Die Welt veränderte sich mit meiner Hochzeit, es begann ein vollkommen anderes Leben – mit PS, schönen Autos, Rallyes, Rennen und vielen, vielen Menschen, die von nun an zu unserem Leben gehörten.

Die entscheidende Rolle in Huschkes Leben spielte sein Eintritt in die Firma Porsche. In diesem damals noch verhältnismäßig kleinem Unternehmen, in dem jeder mit größtem Einsatz arbeitet, konnte er sein Talent entfalten und vertrat als erster PR-Mann die Firma international als Porsche-Botschafter. Dies war eine gute Ergänzung für den genialen Konstrukteur Ferry Porsche, dem öffentliche Auftritte nicht immer gelegen kamen, so daß die beiden Herren ein gutes Team bildeten.

Mit dieser repräsentativen Tätigkeit von Huschke begann auch für mich eine ganz neue Zeit. Sehr bald wurden wir von Herrn und Frau Porsche in ihr Haus am Feuerbacher Weg eingeladen.

Immer vergnügt – Frau Porsche und Huschke

Eine seiner Stärken – Ferry Porsche war ein geduldiger Zuhörer

Natürlich ging ich mit einem gewissen Vorbehalt dort hin, denn Ferry Porsche war ja der erste Chef in unserem Leben. Die große Freundlichkeit, die er und seine Frau uns entgegenbrachten, ließen aber schnell alle Unsicherheiten schwinden.

Genossen haben wir, die vier Porsche-Buben Ferdinand, Gerd, Peter und Wolfgang heranwachsen zu sehen. Wie alle Kinder und Jugendlichen waren sie oft nicht sehr von der Schule und ihren Lehrern begeistert. Dies fand bei Herrn Porsche – der stets auf der Seite seiner Söhne stand – zwar absolutes Verständnis, Frau Porsche hingegen legte großen Wert auf eine gute Schulbildung, Erziehung und vor allen Dingen auch auf Sparsamkeit.

Nach einigen Jahren wurde aus dem Vorgesetzten ein guter Freund für Huschke und es entstand eine enge, freundschaftliche Verbindung zwischen den beiden Familien. Bewundert habe ich Frau Porsche für ihre stets gleichbleibende Liebenswürdigkeit, ihre Fürsorge für die Familie und auch als charmante Gastgeberin.

Alles in allem ...

Aus Huschkes und meiner gemeinsamen Zeit schwirren mir noch so viele Geschichten durch den Kopf. Wir hatten ein so schillerndes, ereignisreiches Leben und der Gesprächsstoff im Kreise unserer Gäste ging nie aus. Autos, Rennen und Rallyes waren natürlich die vordergründigen Themen, bei der Politik kriegten wir uns oft mit unseren Freunden in die Haare. Huschke liebte es, seine Meinung offen zu sagen, auch wenn er andere damit schockierte; aber ihm wurde „Narrenfreiheit" zugestanden. Wollten wir der Unterhaltung eine Wende geben, meinte Huschke: „Ursel, erzähl doch mal" – und schon konnte ich mit meinen kleinen Anekdoten die Gäste zum Lachen bringen.

Huschkes oft stressige Wochen bei Rennen und Rallyes ließen mir noch genügend Zeit für abenteuerliche Unternehmungen. Sei es, daß ich mit einem 356er Porsche allein durch Südafrika bis Angola fuhr oder von Miami auf kleinen Straßen bis nach Toronto – all das war Teil meines aufregenden Lebens.

Es hat mir große Freude gemacht, bei der Niederschrift dieser Geschichten und Anekdoten einen großen Teil meines Lebens noch einmal Revue passieren zu lassen.

Epilog

Meine kleinen Anekdoten spielen natürlich mehr oder weniger im Familien- und Freundeskreis. Aber auch Lehrer, Hausmädchen und andere Bedienstete, die in meiner Kindheit eine besondere Rolle gespielt haben, lasse ich Revue passieren.

Ich war knapp zwei Jahre alt, als mein Vater im Alter von 35 Jahren während des Ersten Weltkrieges starb. Er hatte mich nur ein einziges Mal kurz nach der Geburt gesehen. Angeblich fand er mich nicht besonders schön, was meine Mutter mir immer wieder vorhielt. Was auch immer mein Vater über mich gesagt haben mag – ich vergötterte ihn in meiner kindlichen Phantasie. Wenn ich ihn mir vorstellte, sah ich immer einen jungen, sportlichen Mann – „meinen" Vater, an dem Georg, mein Bruder, keinen Anteil hatte. Nachdem mir der Kutscher Otto, sein ehemaliger Bursche, so viele Begebenheiten aus seinem Leben geschildert hatte, war mein Vater mir in jeder Situation und bei allen Schwierigkeiten nahe. Ich spürte, daß er bei mir war. Als Rittmeister im Husarenregiment war er für mich ein großer Feldherr, darüber hinaus natürlich auch ein toller Reiter. Wie gern wäre ich später, als ich Freude am Reitsport gefunden hatte, mit ihm über die Stoppelfelder geritten!

Meine Mutter, geborene von Engelhard, wuchs in Braunschweig auf und war in ihrer Kindheit glücklich über jeden ihrer Geburtstage, den sie am 27. Januar feierte – wie der deutsche Kaiser. Sie war überzeugt, daß die Beflaggung der Stadt und die Paraden nur ihrem Geburtstag galten.

Mein Vater und meine Mutter lernten sich bei einem Wohltätigkeitsfest in Braunschweig kennen. Mutter hatte als junges Mädchen ein sehr niedliches Gesicht, und die Stupsnase gab ihr bis ins hohe Alter ein jugendliches Aussehen. Als Zigeunerin verkleidet, verkaufte sie während des Festes Veilchen für einen guten Zweck. Als mein Vater sie sah, war es wohl Liebe auf den ersten

Blick, denn er nahm ihr mit einer großzügigen Geldspende den ganzen Blumenkorb ab. Schon bald darauf wurde die Verlobung bekannt gegeben. Natürlich wollte mein Vater einer Städterin das Leben auf dem Lande näher bringen, und so wählte er als erste „Lektion" die Scheußlichkeit eines Schlachtefestes, um ihr alle städtischen Illusionen zu nehmen. Als „Trostpflaster" versteckte er in ihrer riesengroßen Schürze, die sie sich hatte umbinden müssen, kleine Schokoladentäfelchen. Für meine Mutter war diese Konfrontation mit dem sogenannten „Fest" schrecklich. Sie gab sich aber alle Mühe und wollte sich daran gewöhnen.

An einem eiskalten Februartag erblickte ich das Licht der Welt. Meine Mutter war stolz darauf, daß mein Kinderwagen bei klirrender Kälte auf der Terrasse stand – sie war der Überzeugung, daß man mit dem Abhärten nicht früh genug beginnen könne. Heute halte ich mehr von saunawarmen Temperaturen – als Stadtmensch gewöhnt man sich eben sehr schnell an gewisse Bequemlichkeiten.

Dreieinhalb Jahre vor mir wurde mein Bruder Georg geboren. Auf ihn war meine Mutter besonders stolz, denn mit ihm als Stammhalter hatte sie Vaters größten Wunsch erfüllt. So stand meine Geburt im Schatten des „Kronensohnes", weshalb ich auch nur einen kleineren Teil von der Liebe meiner Mutter abbekam. Nach dem Tod ihres Mannes galt ihre Liebe vor allem ihrem Sohn. Mir wurde immer gesagt, daß eine Tochter nur durch die Heirat mit einem entsprechenden Mann eine gesicherte Zukunft hätte.

Verehrt habe ich meine Urgroßmutter, die noch als Witwe im Haupthaus lebte. Sie war eine geborene von Löbecke und verheiratet mit dem Landesökonomierat von Hoppenstedt, dem sie sieben Töchter schenkte. Sie alle wurden später zu eleganten, schlanken und großen Damen, die sich mit Offizieren und Gutsbesitzern verheirateten. Von uns Kindern wurden sie wenig respektvoll „Die dreistöckigen Marien" genannt. Ein herber Verlust für meine Urgroßmutter war der Tod ihres kleinen Sohnes.

Als achtes Kind zur Welt gebracht, starb er kurz nach der Geburt.

Geliebt habe ich auch meine Großmutter väterlicherseits, von uns Omi genannt. Sie war eine der „dreistöckigen Marien“, die meinen Großvater Fritz von Kaufmann geheiratet hatte. Er war nicht nur ein hervorragender Landwirt und die Güte in Person; er war auch Mitglied des Berliner Reichstages, in den er berufen worden war. Meine Großeltern hatten fünf Kinder: meinen Vater Fritz, Onkel Org, Tante Lene, später verheiratete Gräfin Schulenburg, Tante Öhm, später Frau von Kayser, und das enfant terrible, Tante Vally.

Omi legt viel Wert auf Eleganz. Ich erinnere mich noch, daß sie sogar im Park in Schladen mit einem höchstmodernen Hut mit Schleier spazieren ging. Als Landkinder fanden wir das natürlich sensationell. Leider brachte sie nach dem Tod meines Großvaters mit viel Geschick das Rittergut Linden unter den Hammer. Sie war eine schöngeistige Frau und hochintelligent – aber geldliche Angelegenheiten waren ihr fremd und suspekt. Daß sie einmal in der Woche die Mamsell zur Seeliger-Bank nach Wolfenbüttel schickte, um Geld abzuholen, war oft Thema in unserer Familie. Aber eines Tages kam die Mamsell mit leeren Taschen zurück und sagte, daß nun leider nichts mehr da wäre. Das aber warf Omi nicht um. Sie verkaufte kurzerhand das Rittergut Linden und zog nach Berlin, wo sie, entzückt über die vielen kulturellen Angebote, recht glücklich lebte. Mit ihr ging ihr zweiter Sohn nach Berlin, Onkel Org, dem wir als ehemaligem Offizier und ewigem Junggeselle nur mit großem Respekt begegnet waren. Dort fand er sehr bald schon eine berufliche Tätigkeit. Kurze Zeit später folgten seine Schwester, Frau von Kayser, und Tante Vally. Zusammen lebten sie dann mit ihrer Mutter in der schönen großen Wohnung in Wannsee.

Omi las von morgens bis abends, ging ins Theater, genoß das Berliner Leben und war herzensgut und voller interessanter Geschichten. Ihr größter Liebling war die berühmte Tante Vally, eine sogenannte „Nachgeburt“. Omi hatte sie just zu der Zeit zur

Welt gebracht, als auch ihre Tochter, Gräfin Schulenburg, niederkam – ebenfalls mit einem kleinen Nachzügler. Die Kindheit verbrachte Tante Vally in Linden. Sie wurde völlig verzogen, und die Ungezogenheiten wurden von ihren nunmehr alten Eltern beinahe bewundert – auch dann, wenn sie zum Beispiel das wertvolle Porzellan vom Tisch schmiß. Tante Vally hatte einfach Narrenfreiheit.

Nachdem Omi einen Schlaganfall erlitten hatte, sorgte meine Mutter dafür, daß sie zu uns kam – und mit ihr im Gefolge Tante Vally, die sie pflegen sollte. 1937 verstarb dann die geliebte Omi in Schladen.

Das große Glück meiner Kindheit war aber Tante Litta, die auf Bitten meiner Mutter zu uns zog. Sie war unverheiratet und von einer großen Güte, die sie vor allen Dingen mir zuteil werden ließ. Sie brachte Sonne und Wärme in mein kindliches Leben, und leider starb sie viel zu früh; aber von ihrer Liebe habe ich mein Leben lang gezehrt.

Tante Lene, Frau von Bischoffshofen, war die Schwester meiner Großmutter und damit auch eine der „dreistöckigen Marien". Wir nannten sie auch „Exzellenz", weil ihr Mann General gewesen war. Nach dem Tode ihres Mannes zog sie während des Krieges zu uns nach Schladen. Sie integrierte sich sofort in das Landleben und stellte für ihre Person überhaupt keine Ansprüche. Sie war in der Tat eine Exzellenz, preußisch-diszipliniert und vor allem während der schrecklichen Fliegerangriffe furchtlos und immer gewappnet. Sie war eine große Bereicherung unseres Hauses.